国家出版基金项目
NATIONAL PUBLICATION FOUNDATION

朱旭东　丛书主编

中国教育改革开放 40 年

民办教育卷

周海涛　等 著

China
Education Reform
and Opening-up
40 Years

北京师范大学出版集团
BEIJING NORMAL UNIVERSITY PUBLISHING GROUP
北京师范大学出版社

丛书编委会

主　　任　顾明远

丛书主编　朱旭东

编　　委　(以姓氏笔画为序)

王本陆　王永红　王英杰　朱旭东
刘云波　刘宝存　余胜泉　余雅风
陈　丽　林　钧　和　震　周海涛
胡　艳　施克灿　洪秀敏　袁桂林
曾晓东　蔡海龙　魏　明

总　序

今年是改革开放 40 周年，40 年来我国教育取得了辉煌的成就。现在各个教育研究机构和出版机构都在总结 40 年的经验，出版各种丛书。这 40 年的成就是写多少书也说不周全的，但我想用五句话来做一个简要的概括。

第一，教育观念的转变。在解放思想的路线指导下，我们对教育的认识越来越深刻、越来越全面。特别是党的十八大以来，习近平总书记提出以人民为中心、教育公平是社会公平的重要基础、教育强则国家强的主张。今年教师节时，习近平总书记在全国教育大会上的讲话中首先强调教育对新时代坚持和发展中国特色社会主义的战略意义。他指出，教育是民族振兴、社会进步的重要基石，是功在当代、利在千秋的德政工程，对提高人民综合素质、促进人的全面发展、增强中华民族创新创造活力、实现中华民族伟大复兴具有决定性意义。教育是国之大计、党之大计。习近平总书记同时指出，教育的根本问题是培养什么人、怎样培养人、为谁培养人。中国共产党领导的社会主义教育，就是要培养德智体美劳全面发展的社会主义建设者和接班人。

第二，教育事业的发展。40 年来，我国全面普及了九年义务教育；学前教育已提前完成了《国家中长期教育改革和发展规划纲要（2010—2020 年）》提出的到 2020 年的指标，2017 年学前毛入园率达到 79.6％；高中阶段教育基本普及，2017 年毛入学率为 88.3％；高等教育，包括研究生教育实现了跨越式发展，2017 年各类高等教育在学总规模达到 3 779 万人，高等教育毛入学率达到 45.7％。2017 年，全国有 2.7 亿人在各级各类学校学习，我国成为世界上受教育人口最多的教育大国。

第三，教育制度的创新。改革开放以来，我国逐步制定教育法律法规并不断完善。1980 年通过了《中华人民共和国学位条例》，之后，我国逐步制定了《中华人民共和国义务教育法》《中华人民共和国教师法》《中华人民共和国教育法》《中华人民共和国职业教育法》《中华人民共和国高等教育法》《中华人民共和国民办教育促进法》等，并根据教育事业的发展进行了修订或修正，使教育治理有法可依。现在希望尽早制定学前教育法、学校法，使幼儿园和学校的发展得到法律保障。

第四，教育科学的繁荣。改革开放之前，教育理论界人数很少，缺乏对教育实践中的理论问题和实际问题的研究。40 年来，中国特色社会主义教育理论体系初步形成，教育理论有了较大发展。教育科学的繁荣呈现出如下一些特点：一是改变了以前一本《教育学》一统天下的局面，恢复和创建了许多新兴学科，如教育哲学、教育经济学、教育社会学、比较教育学、课程与教学论等，研究成果丰硕；二是教育理论研究重视宏观战略研究，为我国教育事业发展的科学决策做出了一定的贡献；三是教育科学研究从书斋走向基层，教育理论工作者与广大教师共同开展教育研究，把教育改革落到实处，不仅提高了教育质量，而且积累了丰富的经验。

第五，从请进来到走出去。改革开放初期，我们打开窗户，发现世界教育已经走向现代化，于是我们如饥似渴地引进西方教育的先进理念、教育改革的经验，逐渐使我国的教育恢复起来，教育事业得到迅速发展。20 世纪 90 年代，我国教育学界开始走自己的路，创造中国特色社会主义教育理论和经验。特别是上海在 PISA（国际学生评估项目）中数次名列前茅，让外国学者对中国教育刮目相看。世界也在学习中国的教育经验。讲好中国教育故事是今后教育工作者的任务。我国多部教育著作已经被译成外文出版。2006 年，高等教育出版社就与 Springer 出版社合作出版了英文版杂志 *Frontiers of Education in China*，至今已 12 年，杂志受到外国学者的重视。这些都是中国教育走出去的标志。我们既要不断吸收世界优秀文明成果，又要讲好中国教育故事，让世界了解中国。

今后中国教育界应以习近平新时代中国特色社会主义思想为指导，贯彻落实党的十九大精神，深化教育改革，发展素质教育，推进教育公平，让每个孩子享有公平而有质量的教育。

北京师范大学出版社组织教育学术界同人，编写这套"中国教育改革开放 40 年"丛书，包括学前教育、义务教育、高中教育、高等教育、教师教育、职业教育、民办教育、终身教育、教育技术、课程与教学、政策与法律、关键数据与国际比较 12 卷。它是 40 年教育改革开放的总结，丰富了教育学术宝库。出版社要我写几句，是为序。

2018 年 11 月 5 日于北京求是书屋

目　录

第一章

总体概况

改革开放 40 年来，我国民办教育经历了复苏兴起和蓬勃发展的历程，并以分类管理为契机开启了新征程。40 年来，在政治、经济、社会变革和文化传承创新等多方面因素的推动下，我国民办教育规模不断扩大，办学条件逐步改善，办学水平不断提高。民办教育作为我国教育事业的重要组成部分，是我国教育综合改革的重点领域，也是新时代教育改革与发展的着力点之一。

第一节　民办教育恢复发展的历史背景

改革开放作为我国当代命运转折的战略决策和重要国策，覆盖教育等各领域。自 1976 年 10 月"文化大革命"结束到 1981 年 6 月党的十一届六中全会召开，党和政府率先在教育领域启动思想上的拨乱反正，并在全国教育、政治、经济等领域进行战略调整，结束了全国混乱的局面。自此，国家教育指导思想不断与时俱进，并适时出台重大措施，推进教育体制机制改革，推动教育事业不断发展。在这一历史性改革进程中，民办教育复苏发展。

一、思想上拨乱反正

（一）政治上拨乱反正

1978 年 12 月，党的十一届三中全会重新审查和解决了一大批历史遗留问题，撤销了一批错误文件，纠正了一批冤假错案。同时，肯定了对"实践是检验真理的唯一标准"问题的讨论，确定了"解放思想，开动脑筋，实事求是，团结一致向前看"的指导方针。这从根本上冲破了"左"倾错误的长期束缚，提出了改革开放的基本思路和要求，重新确立了马克思主义的思想路线、政治路线和组织路线。

（二）教育领域拨乱反正

伴随着政治思想上的拨乱反正，教育领域率先践行拨乱反正。1977 年，邓小平同志在与时任教育部部长刘西尧的谈话中指出了"两个估计"和"工宣队"的问题，即 1971 年《全国教育工作会议纪要》中所谓的"两个估计"（即"文化大革命"前十七年教育战线是"资产阶级专了无产阶级的政"，是"'黑线'专政"；知识分子的大多数"世界观基本上是资产阶级的"，是"资产阶级知识分子"）是不符合实际的，要求教育部解放思想，解决具体的思想问题和实际问题。在邓小平同志的领导下，教育部组织开展了对"两个估计"的批判。1978 年，刘西尧部长在全国教育工作会议报告中指出："'两个估计'是'四人帮'在教育战线上反动思想的核心，影响最深，危害最大。他们制造的许多谬论和事件，都是由此派生的。"[1]1979 年中共中央转发教育部党组《关于建议中央撤销两个文件的报告》，撤销了《全国教育工作会议纪要》和《河南省唐河县马振扶公社中学情况简报》两份文件。围绕谈话中邓小平同志提出的"工宣队"撤出问题，1977 年 11 月，中共中央转发教育部党组《关于工宣队问题的请示报告》，决定从学校撤

---

[1]　刘英杰：《中国教育大事典（1949—1990）》，289 页，杭州，浙江教育出版社，1993。

出工宣队。根据中央批示，"文化大革命"期间为在大、中、小学中占领上层建筑阵地而进驻的工宣队全部撤出。[1]

随着一系列纠偏工作的推进，党和政府逐渐拨正在"文化大革命"中对知识分子角色和地位的认知偏差，平反了教育领域一批冤假错案。1978 年 10 月，胡耀邦在中共中央组织部召开的落实党的知识分子政策座谈会中指出，我国知识分子队伍的状况已经发生了一系列根本变化，因此，我们党在 1949 年前后提出来的"以旧社会过来的知识分子为主要对象的团结、教育、改造"这个方针，已经不适用。1979 年 1 月 4 日，《人民日报》发表特约评论员文章《完整地准确地理解党的知识分子政策》，进一步指出绝大多数知识分子是"从事脑力劳动的工人阶级，是党的依靠力量……是实现四个现代化的基本条件之一"。这一系列纠偏工作为恢复教育领域工作秩序奠定了基础。

二、经济建设为中心

自 20 世纪 50 年代实行计划经济以来，一切以计划为纲，生产效率低下，政企职责不分，价值规律和市场调节作用失灵，社会经济发展缓慢；"文化大革命"时期以阶级斗争为中心，加剧了社会不稳定，妨碍了生产力的发展，人民温饱问题难以解决。党和国家完成思想上的拨乱反正之后，十一届三中全会做出了把全党工作重心从"以阶级斗争为纲"转移到"以经济建设为中心"的轨道上来、进行社会主义现代化建设的战略决策，开启了对内改革、对外开放的新局面。

(一)对内改革

经济体制改革的浪潮首先从农村开始，主要内容是实行家庭联产承包责任制。该制度从 1978 年年底在安徽试行，并迅速扩展到全

---

① 高奇：《新中国教育历程》，233 页，石家庄，河北教育出版社，1996。

国农村，极大地提高了农民的生产积极性和农村粮食产量，运行多年的人民公社制度逐渐解体。农村经济状况改善后，乡镇企业异军突起，成为国民经济的一支重要力量。在农村改革的推动下，城市经济体制改革也拉开序幕。以扩大国有企业生产经营自主权为重点，国家逐步下放计划管理权限。国有企业按照政企分开、经营权和所有权适当分离的原则，打破"大锅饭"制度，开始实行股份制、承包制、租赁制等多种形式的经营责任制，提高了生产和经营效率。

随着农村和城市改革的深入，以公有制经济为主体、多种经济成分共同发展的多元的所有制结构逐步形成。尤为重要的是，经济体制改革直接推动开启了新一轮教育体制改革，加快了教育领域办学体制多元化进程，为民办教育的发展奠定了所有制基础。

（二）对外开放

十一届三中全会后，对外开放成为加速我国现代化建设的基本国策。1980 年，深圳、珠海、厦门、汕头四个城市开始试办经济特区；1984 年，大连、秦皇岛等 14 个沿海港口城市开放；1985 年以后，长三角、珠三角等经济开放区相继开辟；1988 年新增海南经济特区……逐步形成"经济特区—沿海开放城市—沿海经济开放区—内地"这样一个多层次、有重点、点面结合的对外开放格局，有力推动了我国改革开放和社会主义现代化建设的进程。

三、教育上恢复发展

"文化大革命"结束之后，教育发展的状况和建设现代化社会主义强国的要求很不相适。面对教育质量不高、教育经费短缺、办学条件不好等问题，教育主管部门开展了一系列整顿工作，全面推动教育的恢复与发展。

（一）初步完成教育恢复工作

在 1977 年 8 月召开的科学和教育工作座谈会上，邓小平同志指示恢复被"文化大革命"中断十年的高等学校本科和研究生全国统一招生考试制度。随着高考制度的恢复，与之相关的规章制度也逐步恢复，新建学位制度，新增一批科研机构和高校。同时，政府积极发展高等专科教育、短期职业大学和各类成人高校，初步改善高等教育层次、结构不合理的状况，高等教育事业逐步恢复并快速发展。面对小学教育尚未普及、新文盲继续大量产生的状况，政府开始对基础教育领域进行改革。1978 年，全国统一了秋季入学始业制度，并制定和修订中小学教学计划和大纲，明确了学制与中小学入学年龄。同年秋季，全国中小学开始使用通用教材，进一步推动结束全国教育工作的混乱局面。针对中等教育结构单一、难以适应经济社会发展需要的状况，政府开始调整普通中学结构，压缩普通高中，发展农业中学和职业中学。一些地方开始恢复和建立教育督导制度，推动提高基础教育工作质量。1980 年，中共中央、国务院做出的《关于普及小学教育若干问题的决定》，推动基础教育逐渐步入正轨。

随着教育恢复整顿工作逐步推进，各类教育模式开始蓬勃发展，为以后的教育发展和改革以及民办教育的恢复发展打下了坚实的基础。

(二)提出新时期的教育工作要求

随着教育整顿工作的开展，党和国家以"实践是检验真理的唯一标准""实事求是"为指导思想，以"科学技术是第一生产力"为理论基础，以"服从和服务于经济建设这个中心"为依据，开始探索新时期的教育工作方针。

1977 年，邓小平提出"尊重知识，尊重人才"的口号，指出"要反对不尊重知识分子的错误思想"。1983 年 10 月 1 日，邓小平在景山学校题词"教育要面向现代化，面向世界，面向未来"；1985 年，全国共青团思想政治工作会议提出，"培养和造就一代有理想、有道德、有文化、有纪律的共产主义新人"；1985 年颁发的《中共中央关于教育体制改革的决定》提出，"教育必须为社会主义建设服务，社会主义建设必须依靠教育"。进入 20 世纪 90 年代，改革开放和现代化建设步伐加快，党和国家又及时制定了新的教育方针政策。1993年，中共中央、国务院印发的《中国教育改革和发展纲要》规定"各级各类学校要认真贯彻'教育必须为社会主义现代化建设服务，必须与生产劳动相结合，培养德、智、体全面发展的建设者和接班人'的方针""培养有理想、有道德、有文化、有纪律的社会主义新人"。这一系列要求成为改革开放后我国新时期的教育工作方针，指导教育事业的改革与发展，也为民办教育提供了发展空间。

第二节　民办教育发展的历程和成就

一、民办教育发展历程

开启改革开放"总开关"后，沉寂的民办教育涌动复苏，民办学校数量迅速增加，办学范围逐渐从成人教育向普通高等教育、基础教育、职业教育等领域延伸。从整体来看，我国民办教育的恢复和发展大致经历了恢复起步期（1978—1992 年）、快速发展期（1993—2002 年）、规范发展期（2003—2016 年）和内涵式发展期（2017 年至今）四个阶段。

（一）恢复起步期（1978—1992 年）

从 1978 年党的十一届三中全会召开到 1992 年邓小平发表南方谈话，是我国民办教育的恢复起步期。1978 年，十一届三中全会做出了将全党工作重点转移到经济建设上来的决定，重新开启四个现代化建设。但有限的公办教育资源和初步恢复的教育体制难以支撑经济建设对人才和知识的需求，在这种背景下社会力量办学开始兴起，并得到政府的默许和鼓励。1982 年，全国人大通过的《中华人民共和国宪法》第一次以宪法的形式肯定了社会力量办学的合法性，明确了国家对民办教育的鼓励态度。1980—1985 年，《中共中央、国务院关于普及小学教育若干问题的决定》《中共中央关于经济体制改革的决定》《中共中央关于科学技术体制改革的决定》《中共中央关于教育体制改革的决定》相继出台，继续鼓励社会力量办学。1986 年颁布的《中华人民共和国义务教育法》，重申鼓励企业、事业单位和社会力量办学的相关规定。1987 年，国家教委颁布的《关于社会力量办学的若干暂行规定》界定了社会力量的范畴，并指出"社会力量办学是我国教育事业的组成部分，是国家办学的补充"，正式将民办教育纳入国家教育体系，进一步推动了民办教育的恢复和发展。这一时期出台的民办教育系列政策，一扫民办教育发展的阴霾，彰显了政府对社会力量办学的支持，形成了良好的舆论导向。

在此背景下，沉寂 30 年的民办教育机构悄然萌发。一批以自考助学、文化补习和职业技能培训等为主要办学形式的民办教育机构在全国各地陆续出现。比如，1978 年于湖南长沙成立的中山业余大学、1982 年于北京成立的中华社会大学等，后者的成立被视为我国民办高等教育复兴的标志。1984 年，第一所国家承认学历的民办高校——北京海淀走读大学成立。从 1980 年至 1986 年，短短几年内，全国民办高等教育机构从 30 所迅速发展到 370 所。[①] 在民办教育起步较早的省份，民办学校恢复发展较快。根据相关资料统计，1989 年仅北京、上海、天津等十几个城市，经教育主管部门批准成立的民办学校就有 2000 多所，在校生达 300 多万人。以北京为例，1987 年北京有民办学校 377 所，在校学生 10 万人[②]；1991 年，北京共有民办学校和民办教育机构 750 所，在校学员 35 万人。[③] 截至 1991 年

---

① 国家教育发展研究中心：《2001 年中国教育绿皮书——中国教育政策年度分析报告》，134 页，北京，教育科学出版社，2001。

② 房剑森：《中国民办教育发展报告》，28 页，北京，中国社会科学出版社，2003。

③ 吴畏：《民办教育的改革与发展》，14 页，北京，教育科学出版社，2002。

年底，全国共有民办幼儿园 12091 所，民办普通中学 544 所，民办普通小学 655 所。[①] 截至 1991 年底，我国有民办高校以及民办高等教育机构 450 余所。[②] 1990 年以后，我国民办学校举办重点向中、高等职业教育领域和职业培训领域转移，一个多类型、多层次、多学科的民办教育体系初步形成。

1992 年，邓小平南方谈话澄清并解决了社会建设中的若干理论和实际问题，特别是解决了关于姓"资"还是姓"社"的讨论，推动了政府部门和民办教育工作者进一步解放思想，进一步加快了民办教育的发展进程。

（二）快速发展期（1993—2002 年）

随着社会经济体制改革持续推进，以《中国教育改革和发展纲要》（1993 年）的发布为起点，我国民办教育进入快速发展期。在此期间，国家的一系列法规政策文件，如《中华人民共和国教育法》（以下简称《教育法》）、《社会力量办学条例》、《面向 21 世纪教育振兴行动计划》等，明确了民办教育的工作方针，为民办教育发展提供了更加充分的法律、政策依据，奠定了公办学校和民办学校共同发展的基础。

在 1999 年中共中央、国务院召开的第三次全国教育工作会议上，朱镕基同志明确提出"鼓励社会力量以各种方式举办高中阶段和高等职业教育，有条件的也可以举办民办普通高等学校"[③]。国家领导人对民办高等教育的明确肯定态度激发了社会力量办学的积极性，并且出现了民办公助和独立学院两种新的民办学校办学形式。在国

[①]　房剑森：《中国民办教育发展报告》，29 页，北京，中国社会科学出版社，2003。

[②]　刘莉莉：《中国民办高等教育发展的研究》，29 页，长春，吉林人民出版社，2002。

[③]　尹文剑、任一明：《复兴中国民办教育事业——从历史的角度审视建国六十年中国民办教育的发展》，载《科教文汇（下旬刊）》，2009(15)：1，12。

家政策的引导下，许多公办学校，特别是义务教育阶段的公办名校，凭借自身的优质资源，纷纷参与举办民办学校，甚至一些地方的名校初中部完全转为民办学校。1999年，教育部批准试办的第一所独立学院——浙江大学城市学院正式成立，掀起了公办高校举办民办二级学院的热潮。[①] 从1993年到2002年，民办教育以空前的规模和速度获得长足发展，民办教育机构的数量、入学人数成倍增长。从1993年到2001年，民办幼儿园从16990所增至44526所，在园幼儿从724000人增至3419310人；民办小学从4030所增至4846所，在校生数从649000人增至1818438人；民办中学从851所增至1915所，在校生数从227000人增至2328698人。[②] 民办教育从公办教育的"拾遗补缺"逐步发展为社会主义教育事业不可缺少的组成部分。

（三）规范发展期（2003—2016年）

在政府政策利好背景下，社会办学力量迅速发展，民办学校办学条件不断改善，民办教育规模不断扩大，继续呈现一派繁荣的景象。同时，由于民办教育发展的相关政策、舆论和社会环境并不完善，民办学校产权不清，内部治理结构不完善，财务缺乏监管，举办者办学理念存在误区，"三滥"现象（滥收费、滥招生、滥发文凭）依然存在等各种问题亟须解决和规范。2003年9月1日，我国第一部民办教育专门法《中华人民共和国民办教育促进法》（以下简称《民办教育促进法》）正式实施，进一步明确了民办学校的法律地位、国家促进民办教育发展的原则方针以及保障举办者、校长、师生合法权益的主张；2004年实施的《中华人民共和国民办教育促进法实施条例》（以下简称《民办教育促进法实施条例》）则规定了政府对民办教育

---

① 张雪蓉：《新中国成立60年来民办教育发展的历史变迁与反思》，载《教育与职业》，2009(30)：16—19。

② 刘松林：《论新时期民办教育政策的变化及实践》，硕士学位论文，中共中央党校，2004。

的优惠扶持政策、管理与监管办法等内容，引导民办教育持续健康发展。自此，我国民办教育事业进入了一个优化发展环境、规范办学秩序、保障合法权益等有法可依的新时期。

《民办教育促进法》及其实施条例加快了民办教育从"游击队"向"正规军"转变的步伐。一些民办学校依据法规制度自觉规范办学行为，尊重教育规律、市场规律，并且不断完善内部治理结构，彰显教育的公益性。这种规范发展的取向进一步增强了民办学校体制机制的活力，使得民办教育发展呈现出运行日趋规范、数量持续增加、质量不断提升等显著特点。其间，全国民办学校逐步开始了举办者投入资产向学校法人转移、现代大学制度建设等工作，一些举办者逐步明确了公益办学的取向。2003 年至 2016 年，全国民办普通高校从 175 所增至 741 所，民办普通高中从 2679 所增至 2787 所，民办中等职业学校从 1382 所增至 2161 所，民办普通初中从 3651 所增至 5085 所，民办普通小学从 5676 所增至 5975 所，民办幼儿园从 55536 所增至 154203 所。至此，民办教育成为我国教育事业的重要组成部分。

(四)内涵式发展期(2017 年至今)

2016 年新修订通过的《民办教育促进法》及《国务院关于鼓励社会力量兴办教育促进民办教育健康发展的若干意见》[以下简称《促进民办教育健康发展的若干意见》(2016 年)]等系列法规制度的出台与正式实施，标志着我国民办教育全面进入了以分类管理为特征的内涵式发展新时期。

一方面，民办教育新法新政明确了分类管理的合法性，确定了营利性学校与非营利性学校的划分标准以及营利性民办教育准入领域，初步构建了营利性与非营利性民办教育分类扶持、分类监管的政策体系，为彻底破解长期困扰民办学校发展的法人属性不清、财政扶持不足、税收优惠难以落实、办学自主权不到位等问题奠定了法源性基础。另一方面，新法新政要求民办学校进一步完善现代制度，建立健全信息公开制度，并且明确了民办学校的法律责任及对营利性民办学校的监管办法，促进民办学校进一步完善内部治理结构，规范办学行为，注重提高办学质量。作为我国民办教育事业发展的里程碑，新《民办教育促进法》及其配套法规推动我国民办教育进入内涵式发展期，开启了民办教育发展的新征程。

二、民办教育发展成就

从必要补充、拾遗补缺到重要组成部分，从业余培训到全学段学历教育，我国民办教育随着改革开放的深入不断发展壮大，在国家教育事业中的地位持续上升，服务国家经济社会发展的能力持续增强。自改革开放至今，民办教育取得了辉煌成就。

（一）民办学校机构数

改革开放以来，民办教育建立了涵盖各级各类教育的学校体系，并且在满足民众对各学段教育的需求、优化我国教育结构布局中发挥了重要作用。从数据中可以发现，民办幼儿园占据了我国学前教育机构总量的半壁江山，成为我国学前教育普及的中坚力量；民办普通高校、民办普通高中、民办中职也在全国普通高校、普通高中和中职中占据一席之地，且所占比例在持续增长后趋于稳定，见表1-1。

（二）民办学校学生数

经过40年的发展，民办教育成为我国人才培养的重要基地，在增加入学机会、提高入学率、加快人力资源开发过程中发挥了重要作用。近年来，每年约有1640万学子步入民办学校，4800万学子在民办学校课堂学习，其中约150万学子走出民办高校成为国家的有用之才，见表1-2。

（三）民办学校专任教师数

40年来，民办教育建立了一支庞大的教学科研队伍，民办学校

表 1-1　2003—2017 年各级各类民办学校机构数(所)及在全国相应级别学校总数中的比例

年份	民办普通高校		民办普通高中		民办中职		民办普通初中		民办普通小学		民办幼儿园	
	总数	全国占比	总数	全国占比	总数	全国占比	总数	全国占比	总数	全国占比	总数	全国占比
2003	175	11.28%	2679	16.98%	1382	9.41%	3651	5.73%	5676	1.33%	55536	47.72%
2004	228	13.17%	2953	18.46%	1633	11.30%	4219	6.69%	6047	1.53%	62167	52.73%
2005	252	14.06%	3175	19.73%	2017	13.94%	4608	7.45%	6242	1.70%	66835	53.73%
2006	278	14.89%	3246	20.10%	2559	17.42%	4550	7.51%	6161	1.80%	75426	57.80%
2007	297	15.57%	3101	19.78%	2958	19.94%	4482	7.58%	5798	1.81%	77616	60.13%
2008	640	28.28%	2913	19.16%	3234	21.78%	4408	7.64%	5760	1.91%	83119	62.16%
2009	658	28.55%	2670	18.28%	3198	22.21%	4331	7.71%	5496	1.96%	89304	64.62%
2010	676	28.67%	2499	17.78%	3123	22.51%	4259	7.77%	5351	2.08%	102289	68.00%
2011	698	28.97%	2394	17.49%	2856	21.81%	4282	7.92%	5186	2.15%	115404	69.21%
2012	706	28.91%	2371	17.55%	2649	20.92%	4333	8.15%	5213	2.28%	124638	68.77%
2013	717	28.78%	2375	17.79%	2482	20.24%	4535	8.59%	5407	2.53%	133451	67.21%
2014	727	28.75%	2442	18.43%	2343	20.00%	4744	9.02%	5681	2.82%	139282	66.36%
2015	734	28.67%	2585	19.58%	2225	19.87%	4876	9.31%	5859	3.08%	146376	65.44%
2016	741	28.54%	2787	20.17%	2161	19.84%	5085	9.76%	5975	3.36%	154203	64.30%
2017	742	28.38%	3002	22.15%	2069	19.34%	5277	10.17%	6107	3.66%	160400	62.90%

表 1-2　2003—2017 年各级各类民办学校毕业生数及在全国相应级别毕业生总数中的比例

年份	民办普通高校		民办普通高中		民办中职		民办普通初中		民办普通小学		民办幼儿园	
	总数	全国占比	总数	全国占比	总数	全国占比	总数	全国占比	总数	全国占比	总数	全国占比
2003			253327	5.53%	185967	5.37%	534789	2.68%	374728	1.65%	1784947	16.65%
2004	87963	3.68%	333220	6.09%	242349	6.75%	714917	3.45%	434241	2.03%	2089228	19.71%
2005	147503	4.81%	475227	7.18%	336864	8.06%	955603	4.54%	553533	2.74%	2229511	21.74%
2006	222991	5.91%	612738	8.43%	489464	10.22%	1101403	5.34%	643121	3.33%	2628256	25.15%
2007	367420	8.21%	724275	9.19%	585554	11.03%	1223441	6.25%	689659	3.69%	2899019	27.63%
2008	819921	16.02%	789064	9.44%	705612	12.15%	1273142	6.83%	769144	4.12%	3166601	30.43%
2009	932878	17.56%	784872	9.53%	817489	13.20%	1284559	7.16%	820993	4.55%	3500720	33.64%
2010	1096923	19.06%	742839	9.35%	967147	14.67%	1298201	7.42%	864287	4.97%	3889350	36.78%
2011	1229577	20.22%	724905	9.20%	917114	13.89%	1311881	7.55%	885433	5.32%	4671427	39.43%
2012	1305701	20.90%	734095	9.27%	885895	13.13%	1341982	8.08%	968714	5.90%	5900634	41.16%
2013	1332720	20.87%	747589	9.36%	790714	11.72%	1384917	8.87%	1008291	6.38%	6347047	42.55%
2014	1419539	21.53%	744437	9.31%	739472	11.87%	1421774	10.06%	1045563	7.08%	6737691	44.12%
2015	1512794	22.22%	773912	9.70%	629156	11.08%	1513140	10.67%	1101053	7.66%	7383630	46.43%
2016	1540561	21.88%	796720	10.06%	591519	11.08%	1605740	11.28%	1192590	7.91%	7823138	48.20%
2017	1631528	22.18%	828656	10.68%	562312	11.32%	1676066	11.99%	1267129	8.09%	8295846	50.20%

教师的待遇和社会地位不断提高，教师队伍水平明显提升。截至2017 年，全国民办普通高校、高中、中职、初中、小学、幼儿园专任教师数在全国相应各级各类学校专任教师总量中的比例分别达到19.36％、10.57％、8.58％、9.55％、7.07％、62.10％。民办学校吸纳了一大批教育教学专业人员，既缓解了高校毕业生就业问题，也为我国教育事业培养了一批教学力量。同时，民办学校不断完善教师公开招聘、校长选拔任用等制度，逐步提高教师薪酬待遇，加强师德建设，促进了我国教师管理改革，见表 1-3。

三、民办教育发展贡献

民办教育是改革开放 40 年来我国教育事业发展的重要成果之一。在国家"积极鼓励、大力支持、正确引导、依法管理"方针的指导下，民办教育从无到有、从小到大、从弱到强，标志着我国教育开始走向了多样化、特色化的发展道路，为当代教育事业、为国家和民族的振兴做出了重要贡献。

（一）促进教育公平，满足社会对教育的多样化需求

民办教育的复苏和发展，深化了教育供给侧改革，拓展了人民群众在就读机会、学校条件、就读形式、办学特色、教育层次等方面的选择空间，推动了我国各类型、各阶段教育的普及，满足了社会对多样化教育的需求，推动了教育公平，提高了民众的教育获得感。

一方面，民办教育缓解了政府教育经费不足导致的学位紧张状况，增加了公众接受教育的机会，推动了教育公平。经费不足是长期困扰我国教育事业发展的突出问题，尤其是在改革开放初期，穷国办大教育使得诸多弱势群体丧失了接受公平教育的机会。民办教育充分利用民间资金，开发并高效配置各种教育资源，在较大程度上缓解了教育经费不足的局面，增加了公众的受教育机会，缓解了"没学上"的矛盾，为国家和社会培养了数百万各级各类人才。有研

表 1-3 2003—2017 年各级各类民办学校专任教师数及全国相应级别专任教师总数中的比例

年份	民办普通高校		民办普通高中		民办中职		民办普通初中		民办普通小学		民办幼儿园	
	总数	全国占比	总数	全国占比	总数	全国占比	总数	全国占比	总数	全国占比	总数	全国占比
2003	50143	6.92%	201421	18.71%	36585	5.13%			117239	2.06%	228791	37.33%
2004	46073	5.37%	243819	20.37%	46423	6.55%			139432	2.48%	276221	42.10%
2005	62303	6.45%	289714	22.17%	59937	7.99%			164465	2.94%	317154	43.95%
2006	75144	6.98%	314622	22.60%	78298	9.80%			179836	3.22%	376656	48.51%
2007	89376	7.65%	329556	22.76%	96203	11.20%			195526	3.48%	422780	51.14%
2008	202562	16.37%	337872	22.83%	105216	11.76%			207923	3.70%	477130	53.10%
2009	222008	17.14%	339712	14.15%	107355	11.89%			219684	3.90%	552348	56.03%
2010	236468	17.61%	343620	22.58%	103449	11.93%			229480	4.09%	680404	59.46%
2011	252441	18.13%	452249	28.94%	95501	10.83%			134809	2.41%	807772	61.40%
2012	267180	18.55%	234048	14.62%	88120	10.00%	237902	6.79%	143115	2.56%	913395	61.75%
2013	281415	18.80%	240426	14.72%	77881	8.97%	258662	7.43%	151800	2.72%	1020215	61.33%
2014	293954	19.16%	293954	15.72%	74290	8.65%	286825	8.22%	168023	2.98%	1131802	61.37%
2015	304817	19.38%	304817	9.02%	72075	8.54%	285969	8.23%	352122	6.19%	1271211	61.98%
2016	311512	19.45%	311512	9.68%	70065	8.35%	308046	8.83%	383155	6.62%	1393454	62.43%
2017	316174	19.36%	187498	10.57%	71977	8.58%	339069	9.55%	420099	7.07%	1510277	62.10%

究显示，民办高校每培养一个本科生可以为国家减轻 3.2 万元的财政负担。[①] 比如，在一些落后地区和流动人口居多的省份，一些民办学校的主要受教育对象是外来务工人员的子女，解决了外来务工人员子女的受教育问题；在我国农村或城乡接合区域，普惠性民办幼儿园缓解了幼儿入园难、入园贵等问题，在学前教育普及工作中做出了重要贡献；从 1999 年高等教育扩招以来，民办高校扩大了高等教育的容量，有力地推动了我国高等教育的大众化进程。

另一方面，民办教育在推动教育供给侧改革、满足人民群众多样化教育诉求方面的作用越来越明显。随着经济社会发展水平的提高以及经济产业更新换代速度的加快，民众的教育诉求逐渐从"有学上"向"上好学"转变，企业对人才类型和质量的要求也不断提高。民办教育在丰富教育资源、满足人民群众日益增长的教育需求以及经济社会发展日趋严格的人才需求方面发挥了重要作用。与公办学校相比，民办学校具有入学条件、特色类型、服务对象多样化的特点，丰富了民众的教育选择，满足了不同群体多样化、个性化的教育需求，使教育事业的改革发展成果惠及最广大的群众。比如，当前学前教育市场已经出现一批有特色或有品牌影响力的民办幼儿教育机构。民办学校提供的非学历继续教育培训，为缺少继续教育和终身学习机会的各类人群提供了学习机会，满足了社会各界对更新知识、提高自身文化素质和职业技能的需求，有力地推动了终身教育、全民学习，助力于学习型社会建设。

(二)创新办学体制，推动教育管理体制改革

民办教育是我国教育体制改革的重要推动力量。随着民办教育的发展壮大，我国逐渐形成了"政府主导、社会参与、办学主体多

---

① 钟凤德：《略论民办本科教育在区域经济发展中的作用》，载《网络财富》，2008
(11)：9-10。

元、办学形式多样、充满生机活力"的办学体制,塑造了公办、民办教育共同发展的格局。民办学校对政府资助的低依赖性以及对市场需求变化的高敏感性,塑造了其灵活的办学体制机制。这种灵活性,既要求政府简政放权,不断扩大民办学校的办学自主权;也必然要求政府创新管理体制,强化对民办学校办学行为的监管,直接推动了教育体制机制改革。

一方面,民办教育打破了我国单一的政府办学模式,推动了办学体制的多样化发展。在改革开放以前,我国实行的是计划经济下大一统的政府办学模式。在政府包办一切的氛围下,教学内容、教学方法以及专业设置等整齐划一,教育的丰富性和多样性不足,缺乏生机与活力。民办教育的恢复与发展打破了由国家向教育事业统一拨款的单一模式,激活了社会闲散资金进入教育领域的动力,营造了一种竞争性的办学环境,激发了公办学校的教育教学改革和市场意识,激活了教育领域的活力。40年来,民办教育不断创新办学模式,先后出现了多种多样的投资、融资方式,包括个人投资、企业投资、合伙人集资、捐资、滚动发展、联合办学以及最近兴起的海外融资、上市等。当前,我国民办教育领域个人办学、集团办学、联合办学、独立学院等多种办学模式并存,并且很多民办学校走上了规模化、产业化、集团化发展的轨道。可以说,民办教育有力地推动了我国办学体制改革,促使教育领域形成了多元化的办学格局。

另一方面,民办学校的办学体制和运行机制推动了政府不断简政放权,转变教育管理方式。民办学校的经费来源主要依靠学费收入或举办者投入,尤其在民办教育恢复和发展的早期,民办学校几乎没有接受政府的直接资助。这种成本分担模式使得民办学校对政府的依赖较小,受政府控制较少,相对拥有较大的办学自主权,使政府对民办学校的管理区别于公办学校。近年来,政府不断简政放权,逐步扩大民办学校的收费、招生、课程专业设置的自主权,尊重民办学校面向市场办学的需求和实际，强化服务意识，进一步释放民办学校体制机制活力。为规范民办学校办学行为，政府不断创新信息公开、审计、年度报告等制度，发挥行业组织等第三方的监督作用，探索新的民办学校监管模式，维护良好的办学秩序，保障师生等群体的合法权益。民办学校面向市场办学的机制，迫使政府不断下放办学自主权，不断创新管理方式，变革教育治理理念和模式。

（三）为经济社会发展提供人才与科技支撑，推动区域城镇化和产业转型升级

民办学校既增加了公众接受教育的机会，提高了劳动力素质，又不断推动技术技能创新，为经济社会发展提供人才支撑和科技支撑，有力地推动了所在区域的城镇化进程和产业转型升级。

一方面，民办教育提高了我国社会人力资本增量，推动了人力资本结构多样化，为经济社会发展、区域城镇化以及产业转型升级提供了智力支撑。有研究发现，中学学历人口比重每增加 1%，城镇化率相应增加 0.16%；大学以上学历的人口比例每增加 1%，城镇化率可提高 0.40%。① 根据统计数据，2016 年，全国共有民办高校 741 所，在校生 616.20 万人，毕业生 154.06 万人，毕业生总数在全国普通高校毕业生总数中占比 21.88%；民办普通高中 2787 所，毕业生 79.67 万人，在全国普通高中毕业生总数中的比例突破 10%。由此可见，民办教育尤其是民办高校在释放我国人口红利、扩大有效人力资本、推动城镇化方面发挥了重要作用。同时，民办高校灵活的机制体制优势，允许其有条件快速响应市场和区域经济发展对各种人才的需求，及时调整专业设置和人才培养结构，为地方经济及行业企业发展提供急需的高层次技能型人才。尤其随着应用型转

---

① 北京大学国家发展研究院课题组：《教育资源配置对城镇化进程的影响研究》[2018-7-23]，https://max.book118.com/html/2014/0526/8468583.shtm。

型发展的推进，民办高校面向区域产业结构转型升级、以需求为导向的人才培养模式改革，将进一步提高人才培养与社会需求的契合度，进一步彰显服务区域经济社会发展的能力。

另一方面，民办高校灵活的体制机制使得民办高校在面向产业需求进行科研创新、科技成果转化方面更具优势，从而更好地服务区域经济发展，推动区域城镇化和产业转型升级。我国民办高校具有与市场和企业联系密切的传统，在开展校企合作、搭建产教研平台、开展应用型科研项目方面的条件得天独厚，可以有效解决公办高职院校在校企合作方面所面临的层次不高、成果转化缓慢等问题。实践证明，我国民办高校在应用型研究以及协同企业攻关技术难题、研发并应用新技术、新产品方面取得了一系列成就，为有效解放当地劳动生产力、提高劳动生产率和当地经济社会发展水平方面做出了突出贡献。近年来，随着"双创"战略的深入实施，民办高校学生创新创业优势日渐突出，越来越多的民办高校学生在与新兴产业相关的科技成果竞赛、创业大赛中脱颖而出，释放了巨大的创新潜力。

第三节　民办教育发展的基本经验和趋势

一、基本经验

（一）支持与规范并举，保障民办教育健康有序发展

在民办教育的恢复与快速发展过程中，政府不断调整并完善鼓励与支持民办教育发展的方针与政策，清除歧视性政策，优化民办教育发展的社会环境。同时，不断完善民办教育监管办法，规范民办学校办学行为，确保民办教育稳定持续发展。

一方面，政府一直秉持的鼓励与支持态度是民办教育恢复与发展的重要前提。从20世纪80年代至今，政府对民办教育的态度经历了从最初的"默认允许"到"积极鼓励、大力扶持"再到当前"扶持与

规范并举"的一系列演变，但鼓励与支持社会力量办学是政府一贯的工作方针。政府的鼓励与扶持态度，为民办教育的恢复与发展营造了良好的社会氛围，调动了社会力量办学的积极性，释放了社会力量办学的潜力和活力。政府日渐完善的扶持政策，是民办教育事业恢复与发展的重要条件。自 1987 年国家教委颁发的《关于社会力量办学的若干暂行规定》明确提出"鼓励与支持社会力量办学"以来，政府大力支持民办教育发展的趋势愈加明显，逐步出台并且不断完善民办教育扶持政策，为民办教育提供政策支持和财政资助。目前我国政府建立了涵盖税收、土地、捐赠、学生资助等在内的民办教育扶持体系，清除了民办教育歧视性政策，优化了民办教育发展的政策环境；且随着分类管理改革的深入开展，政府将进一步完善以营利－非营利为区分标准的民办教育分类扶持体系，破解部分民办教育扶持政策落实的体制机制障碍，推动民办教育扶持政策落地，继续为民办教育的发展提供外部保障。

另一方面，在扶持民办教育发展的同时，政府不断加强民办教育法治建设，规范民办学校办学行为，确保了民办教育稳定持续发展。40 年来，中央政府不断完善民办学校监管办法，并推动地方相关部门制定地方监管办法，初步建立了涵盖学校设立、审批、组织机构、财务资产、信息公开、变更与终止等在内的监管框架体系，涵盖民办学校办学资格审批、广告审批、教学质量、财务审计、教师资格认定、学生学籍档案管理、收费、师生权益等多个方面。各级政府及时整顿不良办学行为，强化对民办学校办学质量的督导，维护民办学校师生权益，既降低民办教育领域的各种风险，保持了民办教育良好的办学秩序，又维护了民办教育的社会声誉，为民办教育持续稳定发展提供了外部保障。

(二)面向市场办学、服务社会需求，释放民办体制机制活力

市场导向的灵活的办学机制是我国民办教育事业恢复与发展的

重要动力机制。这种办学模式使民办学校能够在最初艰难的社会环境中得以恢复与生存，保证了民办学校能够始终坚持面向市场办学、服务社会需求、捕捉发展时机，并且能够在法治环境不完善的背景下不断壮大。从宏观的历史角度看，在面向市场办学、服务社会需求的导向下，民办教育至少把握住了三次大发展的机遇期。

一是改革开放后我国教育事业恢复与发展的初期。改革开放初期，百废待兴的局面亟须政府恢复与发展教育事业，为经济社会建设提供人才供给。在当时的局面下，政府财力不足以支撑建立可满足经济社会发展的人才需求和大众教育需求的公办教育体系，但诸多社会力量蕴含了巨大的办学潜力，并且在政府的肯定与鼓励下也充分把握和利用了巨大的办学空间。二是1999年至2002年高考扩招以来高等教育大众化发展时期。1999年，政府决定扩大高考招生比例，普通高等院校招生增幅达42%，加快了我国高等教育普及化进程。一些个人和企业等团体组织充分利用高等教育大发展时期民众对接受高等教育的需求，积极投入举办民办高校的浪潮之中，民办高等教育规模迅速扩大。三是"十三五"以来，经济社会转型发展以及教育领域深化改革时期。随着我国进入产业结构调整的转型发展期，经济社会发展对教育提出了人才供给类型多样化的新要求，推动教育领域进入综合改革"深水区"。在这种背景下，提高教育质量、满足经济社会发展对多样化人才的需求成为民办教育发展的新动力。诸多民办高校开始扭转传统的规模驱动发展模式，结合区域经济产业结构与市场需求谋求新的定位，步入内涵式发展期。一些民办中小学、幼儿园充分利用新的发展机遇期，瞄准公众不同类型的教育需求，在与公办学校的差异化竞争中脱颖而出。

（三）不断改革创新，鼓励先行先试，探索中国特色民办教育发展经验

民办教育取得的巨大成就，还得益于民办学校举办者与管理者

等实践群体以及各级政府与时俱进、不断创新民办教育发展模式与治理机制，探索中国特色民办教育发展与治理理论。

一方面，民办学校举办者与管理者不断更新教育理念、创新办学形式，激发了民办教育的活力和竞争力。比如，陕西省民办学校举办者提出的"企业的行销理念与行为""校无大小、教无高下、学无长幼、育无国界"等新的办学理念与思想，有效扩大了民办学校的招生与就业市场，使得学校在公、民办学校的竞争以及民办学校之间的竞争中占据优势地位。再如，民办学校举办者结合经济社会发展趋势，不断探索、更新学校的办学定位，充分把握发展时机。以山东某民办高校为例，该校举办者自 20 世纪 90 年代末期成立至今，结合地方经济社会发展对人才的需求以及教育发展格局，及时更新办学定位，7 次调整办学目标，将学校从最初的专注于幼师培养的专修学院发展为拥有 30 余个本科专业、近 50 个高职专业的本科院校，彰显了解放思想、与时俱进的办学魄力。

另一方面，政府不断探索民办教育管理模式，鼓励地方政府结合本地实际制定民办教育相关政策，允许地方政府在法律框架范围内探索民办教育治理方式。比如，在办学机制方面，创新民办学校法人属性，将民办学校登记为事业单位、民办非企业、企业、社会团体等多种类型，一定程度上为社会力量举办民办学校提供了生存空间，是民办教育治理探索过程的重要举措；在扶持政策方面，采用教育券、专项基金等资助形式，缓解民办学校教育经费短缺的情况；在调动社会力量办学方面，在分类改革之前提出"合理回报"，并鼓励政府与企业合作办学、公办学校与民办学校合作办学、股份合作制等办学形式；为引导民办高校特色化、高水平发展，进行民办高校硕士研究生培养试点，鼓励民办高校与公办高校联合培养硕士研究生；进行"三地一校"分类管理改革试点，为在全国范围内推行分类管理改革积累经验，确保稳妥推进分类管理改革。

二、发展趋势

民办教育新法新政从顶层设计上完善了民办教育发展的制度框架，将我国民办教育引入以分类管理为特征的内涵式发展新阶段，为民办教育在中国特色社会主义新时代、全面建成小康社会的决胜阶段创造了新的机遇，民办教育发展将呈现新的趋向性特征。

（一）逐渐形成分类发展格局，愈加彰显公益性与体制机制优势

民办教育分类管理改革的全面实施框定了民办教育分类发展的基本趋势，强化了政府支持与规范并举的发展民办教育的方针的落地，将进一步明晰民办教育的属性，释放民办教育的潜力。一方面，分类改革明确了民办学校营利与非营利性的划分标准，结束了民办学校法人属性混乱的状态，为民办教育领域形成营利性民办学校与非营利性民办学校阵营奠定了基础。另一方面，分类管理承认了营利性民办学校的法律地位，明晰了两类学校的扶持政策和监管办法，从根本上打破了民办学校法人属性与产权归属不清的发展"瓶颈"，有助于解决长期困扰民办学校的政府扶持不力、政策社会环境歧视、土地税收优惠难以落实等问题。随着分类管理政策的实施与推进，在分类监管、分类扶持政策的引导下，营利性民办学校与非营利性民办学校分类发展的格局将逐渐形成。

分类管理契合了我国教育综合改革与民办教育发展的时代要求，必将进一步调动社会力量办学的积极性，推动民办学校举办者妥善处理公益办学与营利之间的关系，引导非营利性民办高校举办者淡化营利取向，更加彰显教育情怀。在此种背景下，民办学校自主办学、市场调节、政府监管服务的三角关系将继续探索最佳的平衡状态，充分释放民办教育的体制机制优势。

（二）向内生长，以现代学校制度建设谋求高质量内涵式发展

在新阶段，民办学校将转变发展模式，向内寻求新的发展动力。

民办学校的第一代举办者不少是拥有教育情怀的企业家或社会人士，习惯用企业理念管理学校。在民办学校"打桩基"、求生存的初期，这种办学逻辑有力地推动了学校的发展。但是随着民办教育所面临的外部挑战越来越大，内部的深层次矛盾日益加剧，外部逻辑主导的办学思路已抵达"天花板"，亟须以现代教育的内在逻辑引领民办教育发展。因此，兼顾办学的教育逻辑、经济逻辑和企业逻辑并突出教育逻辑，尊重教育规律和育人规律，以全新的办学理念谋求学校的长远持久发展，将成为民办教育领域的趋势。这种理念和意识将督促民办学校举办者破除传统办学逻辑对学校发展的阻滞，更加专注于学校内部建设，优化学校内部的权力结构，以完善的治理机制优化内部治理效能，强化办学行为的自身约束，加强师资培养与队伍建设，尊重教师和学生的诉求，不断提升办学质量，通过打造学校特色等精致化发展模式来提升学校软实力。

概言之，民办学校将逐渐由外延式发展模式向内涵式发展模式转变，由过去"大而全"的同质化办学模式向"适而精"的特色办学模式转变，由力图"活着、活下去"向追求"活得好、活得久"转变，以迸发新的发展潜能。

（三）向外拓展，以贴近市场的特色化定位实现转型发展

以市场需求为导向是我国民办教育发展的基本经验，并将继续成为新时期民办教育发展的基本方向。随着经济结构改革、产业升级发展以及教育供给侧改革的深化，以市场需求为导向，调整办学目标与定位，优化学科专业与课程设置，建立与行业、企业需求相适应的人才培养模式动态调整机制，是民办学校通过转型发展在新一轮竞争中胜出并迈入一流大学建设的基本路径。随着政府简政放权改革、民办教育分类管理改革的推进，各级政府在落实、扩大民办学校办学自主权方面的探索将进一步深入，民办学校收费自主权以及民办高校招生自主权、专业设置权等办学自主权必将进一步扩

大。这无疑为民办学校贴近市场需求办学提供便利和空间，有助于民办学校结合我国在现代经济体系建设的宏观背景下找准定位，实现特色化发展。

民办教育贴近市场发展的未来走向，突出表现在两个方面。一是民办教育功能定位由弥补型教育向选择型教育服务转变。随着城乡义务教育逐步走向均衡，民办基础教育在满足社会大众对优质和特色的教育的强烈需求方面将发挥重要作用；随着教育大众化进程的推进，高等教育进入结构调整和以提升办学质量为宗旨的内涵式发展期，民办高校在提供多样化教育、服务区域发展方面大有可为。二是错位优势明显。发挥民办学校的错位优势，与公办学校展开错位竞争，是正在显现并将长期持续的一个重要趋势，也是民办学校生存与发展的最优选择。如民办高校可根据市场对人才需求的变化及时调整专业课程的设置，发挥产学研用相结合的优势，加强与企业间的合作与联系，培养应用型人才，将研究成果转化为具有竞争力的产品。[①] 瞄准市场人才需求、结合区域经济社会发展规划和产业结构进行转型发展，抓住产教融合深入发展的契机，并以适度超前的眼光改革人才培养模式，争取向上提升水平，是民办教育中长期的基本发展方向。

---

① 华灵燕：《我国民办高等教育经费筹措分析》，载《北京城市学院学报》，2007(6)：27-31。

第二章

民办基础教育

民办基础教育是我国基础教育的重要组成部分，在经历恢复起步期、快速成长期、规范发展期后，目前已进入内涵式发展的新时期。在 40 年的发展过程中，民办基础教育领域不断创新，产生了"国有民办""民有民办""公助民办"以及混合所有制等多种办学模式；但一定程度上也存在定位不准、经费不足、师资不稳、产权不清等突出问题。经过各级政府与民办学校的共同努力，目前初步形成各地特色办学、政府规范扶持、内部管理有序的良性局面，特别是民办中小学尝试提供课程、教学和校园文化创新等优质教育资源，探索个性化教学模式，注重培养学生的社会适应性。在日趋完善的政策环境中，民办基础教育正朝着资金来源多元化、校园建设智能化、教育教学国际化、师资队伍稳定化的方向稳步发展。

第一节　民办基础教育的发展历程

改革开放 40 年间，我国民办基础教育逐步发展。近 10 年来，全国民办中小学的学校数、教师数、在校学生数及在同级同类教育中的比例，都呈逐年增长的态势，民办基础教育已经成为我国基础教育不可忽视的组成部分。从发展阶段看，民办基础教育先后经历了恢复起步期(1978—1992 年)、快速发展期(1993—2002 年)、规范发展期(2003—2016 年)和内涵式发展期(2017 年至今)四个时期。

一、恢复起步期(1978—1992 年)

从 1978 年党的十一届三中全会召开到 1992 年党的十四大召开这段时间,可看作民办基础教育起步发展时期。作为党和国家历史上具有深远意义的重大转折,十一届三中全会对教育思想展开深入讨论,着手开展教育恢复与整顿工作。从客观环境看,随着人民群众对教育重视程度的提高,恢复中的公办基础教育已不能满足人民群众日益增长的对接受更多、更好、更有特色的教育的需求,这是民办基础教育孕育与发展的渊源。

改革开放以来,国家在恢复、调整中小学教育的同时,积极探索办学形式的变革,对社会力量办学一直采取鼓励和大力支持的方针。尤其是 20 世纪 80 年代以后,随着国家教育体制改革的逐步推进,民办教育宏观管理体制和政策环境日益完善。1980 年颁布的《中共中央、国务院关于普及小学教育若干问题的决定》,对新的历史条件下普及小学教育提出了一系列方针政策,其中第三条专门针对民办教育问题提出坚持"两条腿走路"的方针。[①] 该文件有力促进了小学教育普及工作,为民办基础教育发展奠定了基础。改革开放先行地的民办基础教育率先起步,如 1981 年上海市有普通中学 1003 所,其中民办中学有 57 所;普通小学 3339 所,其中民办小学有 668 所。[②] 1982 年第五届全国人大第五次会议通过的《中华人民共和国宪法》(以下简称《宪法》)和 1985 年发布的《中共中央关于教育体制改革的决定》,进一步明确了鼓励民办基础教育发展的原则。

---

① 中共中央、国务院:《中共中央、国务院关于普及小学教育若干问题的决定》[2018-7-25],http://www.chinalawedu.com/falvfagui/fg22598/368.shtml。

② 汪少华、钱明发、傅冬龄:《智力开发也要讲求经济效果——上海市教育经费使用情况浅析》,载《财贸经济》,1981(2):49—52。

在中央政府政策的引导下，各地积极开展社会力量办学的实践探索，多渠道筹措教育经费、改善办学条件。以山东省为代表的各地经验得到了国家认可。1989 年 12 月 17 日至 24 日，在全国筹措教育经费、改善办学条件的山东现场会上，要求各地学习山东经验，充分调动人民群众办学的积极性，依靠人民办好教育，坚持社会主义办学方向。[①] 当时的国家教委在总结地方社会力量办学试行条例和办法的经验的基础上，于 1987 年印发《关于社会力量办学的若干暂行规定》的通知，首次正式规范民办中小学办学行为。

1992 年，党的十四大召开，确立了发展社会主义市场经济的改革目标，进一步解放社会思想，加快了改革开放和现代化建设步伐。会议要求进一步"鼓励多渠道、多形式社会集资办学和民间办学，改变国家包办教育的做法"，推动民办基础教育进入快速成长的新时期。

二、快速发展期（1993—2002 年）

1993 年《中国教育改革和发展纲要》的颁布，标志着民办基础教育进入快速成长时期。这一阶段，国家大力鼓励多渠道、多形式的集资办学和民间办学，政策利好、监管宽松的环境为民办基础教育发展提供了沃土。20 世纪 90 年代，全国民办中小学的数量几乎以一年翻一番的高速度递增，呈现出超常规发展的势头。[②] 教育统计数据显示，1994 年至 2003 年，民办小学在校生数从 203621 人增至 2749341 人，增幅为 1250.22%；专任教师数从 12255 人增至 117239 人，增幅为 856.66%。[③]

《中国教育改革和发展纲要》指出，"改变政府包揽办学的格局，逐步建立以政府办学为主体、社会各界共同办学的体制""国家对社

---

① 卓晴君、李仲汉：《中小学教育史》，355—356 页，海口，海南出版社，2000。
② 曾天山：《全国民办中小学观察与思考》，载《教育研究》，1997(4)：38—44。
③ 数据来源于《中国教育事业统计年鉴》。

会团体和公民个人依法办学，采取积极鼓励、大力支持、正确引导、加强管理的方针"。社会各界对社会力量办学也非常关注，当时的人大、政协会议上关于社会力量办学一共提了 30 多件提案。1995 年，国家教委召开了全国普通高中教育工作会议，提出要拓宽办学渠道，改变目前政府办学的单一体制，逐步建立以地方政府办学为主，社会各界共同办学的体制。支持和鼓励社会团体、公民个人按照国家法律和政策举办普通高中，也可以实行"公办民助""民办公助""公有民办"等办学形式。① 1997 年，国务院颁布《社会力量办学条例》，这是中华人民共和国第一个规范民办教育的行政法规，标志着我国民办教育进入了依法办学、依法管理、依法行政的阶段。1999 年夏，全国教育工作会议召开，会议再次明确要大力发展民办教育。

一系列的利好政策促进了民办基础教育的快速发展，自上海成立民办中小学并在全国招生以来，全国各地纷纷效仿，北京、成都、大连、南京、武汉、温州、广州、惠州等地也陆续出现民办中小学。据当时国家教委的不完全统计，20 世纪 90 年代初，全国民办学校共 2 万余所，民办中小学 1600 余所。②

民办基础教育的迅速发展与国家政策和社会需求等诸多因素密切相关，但超常发展的速度也使一些学校准备不足，仓促上马。有的学校教学条件简陋，师资不足，教学水平很低；有的学校由于不符合办学条件，得不到办学许可而被停办。③ 在此背景下，《民办教育促进法》于 2002 年年底颁布，引导民办基础教育进入规范发展期。

三、规范发展期（2003—2016 年）

从 2003 年《民办教育促进法》的实施到 2016 年新《民办教育促进

① 卓晴君、李仲汉：《中小学教育史》，488 页，海口，海南出版社，2000。
② 张志义：《民办中小学、幼儿园的复兴发展与宏观指导》，载《上海教育科研》，1994(8)：9—12。
③ 胡卫：《民办教育的发展与规范》，21 页，北京，教育科学出版社，2000。

法》的颁布，是民办基础教育的规范发展时期，这一阶段国家逐步完善政策和法律，规范民办学校的办学行为。2002 年 12 月 28 日，第九届全国人民代表大会常务委员会第三十一次会议审议通过了《民办教育促进法》，并于 2003 年 9 月 1 日起施行。为贯彻实施《民办教育促进法》，推进民办教育健康发展，规范民办学校办学行为，2004 年 2 月，国务院常务会议审议通过了《民办教育促进法实施条例》。《民办教育促进法》的颁布，标志着中国民办教育的法律体系基本建立。

民办教育法律的颁布和实施，为民办基础教育发展创造了良好的制度环境，但法律条款下较为模糊的政策也给实践中的民办中小学管理者带来困难。这期间，民办教育的外部环境发生了很大变化。一方面，随着《民办教育促进法》及其实施条例等法律法规及地方有关政策的出台，进一步明确了民办教育的公益性质、平等地位、合理回报等问题；另一方面，由于相关的法律文件尚不配套，有些政策执行起来遇到阻碍。

在推进民办基础教育法制建设的进程中，关键问题是如何落实民办学校及教师的法律地位、如何明晰民办学校的产权、如何落实对民办学校的税收优惠政策、如何使出资人获取回报既合法合理又便于操作、如何依法落实民办学校的办学自主权、如何对民办学校资产使用和财务管理实施有效监管、如何促进地方创新制度和政策等方面。尽管民办基础教育规范发展时期存在诸多问题，但民办中小学依然保持稳步增长的态势。截至 2016 年年末，全国共有各级各类民办学校 17.10 万所，比上年增加 8253 所；招生 1640.28 万人，比上年增加 3.37 万人；各类教育在校生达 4825.47 万人，比上年增加 253.95 万人。其中，民办普通小学 5975 所，比上年增加 116 所；招生 127.76 万人，比上年增加 3.40 万人；在校生 756.33 万人，比上年增加 42.51 万人。民办普通初中 5085 所，比上年增加 209 所；招生 188.74 万人，比上年增加 18.01 万人；在校生 532.82 万人，比上年增加 29.89 万人。民办普通高中 2787 所，比上年增加 202 所；招生 102.89 万人，比上年增加 8.39 万人；在校生 279.08 万人，比上年增加 22.12 万人。民办中等职业学校 2115 所，比上年减少 110 所；招生 73.64 万人，比上年增加 2.71 万人；在校生 184.14 万人，比上年增加 7739 人。另有非学历教育学生 22.06 万人。[①]

四、内涵式发展期（2017 年至今）

2017 年新《民办教育促进法》生效，标志着民办基础教育进入以分类管理为特征的内涵式发展新时期。以分类管理为核心的系列新政策，规定义务教育阶段的民办学校只能选择成为非营利性民办学校。这是因为义务教育的属性决定了其不适合由营利性民办学校实施，否则就有可能影响义务教育政府责任的落实，影响义务教育的均衡发展。

从政策出台后的社会反响看，民办中小学的管理者充分肯定了分类管理政策有利于促进民办教育健康发展。北京市的一位民办教育集团负责人表示，要推进民办教育的发展，分类管理是最好的出路，这也是与国际同步的客观要求。并认为，将来如果学校办成营利性的，就能够理所应当受到相应法律的保护；如果办成非营利性的，就可以进一步争取政府支持，踏踏实实地为社会做贡献。北京市海淀区的一位举办者认为，法律的规范和引导有利于民办学校健康有序地发展。与此同时，一些举办者也对分类管理后的具体操作问题存在一些疑虑和担忧。一位正在筹办民办学校的校长提出，在一个校区里既有义务教育学段教育，也有非义务教育学段教育，相关部门在登记和管理上应该如何区分。还有民办学校管理者关注民办学校与公办学校如何公平竞争，如何实现民办与公办学校教师同

---

① 教育部：《2016 年全国教育事业发展统计公报》[2018-7-25]，http：//www. moe. gov. cn/jyb_sjzl/sjzl_fztjgb/201707/ t20170710_309042. html。

等待遇等问题。① 可以预计，未来各地政府将研究制定地方立法，在民办学校的收费、课程、办学条件及资质、投资人的管理及回报等方面出台具体规定，促进民办基础教育的健康有序发展。

第二节　民办基础教育的发展现状

我国民办中小学以灵活的体制机制优势，顺应改革开放大潮，遵循市场经济发展规律，并在政府政策的支持、规范和引导下，开展创新性的育人实践，形成了相对成熟的办学体制模式。当前，在办学定位、资金筹措、师资建设和产权管理等方面，民办基础教育还有待进一步探索和完善。

一、办学体制模式

我国民办基础教育 40 年的发展过程中，产生了"国有民办"（包括社会承办学校、公立"转制"学校），"民有民办"（包括个人办学校、事业单位办学校、企业办学校、教育集团办学校）以及混合所有制等典型模式。

（一）"国有民办"模式

"国有民办"中小学，包括社会承办学校（也称为"民办公助"学校）和公立"转制"学校（也称为"公办民助"学校）两类。

社会承办学校是指个人或社会团体作为承办人，在一定的启动资金基础上，向政府教育部门或其他部门租赁、借用一定的场地而开办起来的学校。如宁波市 A 中学是社会承办学校的一个典型。承办人向宁波市教委租用办学场地，校长拥有较充分的办学自主权，包括：校长自主组建学校领导班子，聘任副校长和各处室负责人；

---

① 赵艳国、常悦：《民办中小学发展需破解七大新问题》，载《现代教育报》，2016-11-30。

校长自行聘用教职工，并有权决定教职工的工资待遇和奖金福利；学校自主拓展办学渠道，走以基础教育为主、"三教"（普教、职教、成教）互相渗透的办学新路子；学校可自主招收"民办班"。

公立"转制"学校是指政府根据社会的教育需求，按照法律程序将原有的国有公办学校或是政府新建学校交给有法人地位的社会团体或公民个人进行"转制"运行的学校。这类学校享受民办学校的政策和待遇，以自己的办学质量获取社会的支持。公立"转制"学校最早于20世纪90年代初出现在上海。当时上海市的民办中小学中，转制学校占一定比例，主要包括两种：一种是政府在城市公共建设过程中新建的、与新的居民住宅小区相配套的学校，另一种是已开办的薄弱学校。如上海市B中学是公立"转制"学校的一个典型。该校是1993年经徐汇区批准，由一所公建配套学校"转制"而来的全日制完全中学。其校产属国家所有，即学校的所有财产，包括办学所增值的部分，全部归国家所有；校长全权负责学校的经营管理和教育教学。学校进行了管理体制的改革，改变原来政府对学校的直接调控，实行董事会领导下的校长负责制。学校具有教育、人事、招生、财务自主权，自行筹措办学经费。政府在办学硬件和软件上给学校以支持、督促和指导。该校"转制"后，教育资产大幅增值，实力由弱变强。①

（二）"民有民办"模式

"民有民办"学校即所谓的"纯民办"学校，其办学主体为公民个人、社会团体或其他社会经济组织。该模式的本质特征是资金筹集和投入的主体不是政府，而是非政府法人或自然人。我国"民有民办"学校的类型多，数量大，办学成分复杂，以办学主体和资金来源为标准，可将其分为个人办学校、事业单位办学校、企业办学校和

---

① 胡卫：《民办教育的发展与规范》，99—104页，北京，教育科学出版社，2000。

教育集团学校。

个人办学校由一人或数人作为出资人成立学校，聘请校长管理学校，自聘教师，自主管理。如广东省 C 学校成立于 1994 年 9 月，是一所致力于学生个性教育探索与实践的民办学校。为减少各学段的衔接所造成的教育损耗，保证学生基础学习与个性发展的连贯性，该学校采用幼儿园、小学、初中、高中十五年一贯制和三五四三学制。

事业单位办学校大多由事业单位、社会团体或民主党派出资办学，由办学单位派人主持学校董事会，由董事会决定学校发展规划、预算决算和校长人选等重大事项。如上海市 D 中学由上海市教科院和某公司合办，是一所由事业单位与企业单位合办的学校。教科院以其无形资产及实验指导，租用闵行区梅陇镇住宅小区配套中学；某公司投入启动资金 600 万元，用于校舍和食堂装潢改造，购买实验室设备、课桌椅和办公设备等。该校校舍面积 8500 平方米，占地约 1.9 万平方米（协议期限 20 年，每年向教育主管部门支付 20 万元租金）。学校实行董事会领导下的校长负责制；董事会由市教科院、某公司、闵行区教育局、梅陇镇政府教委联合推荐人员组成；董事长单位为上海市教科院，副董事长单位为该公司；校长由上海师范大学附中退休校长担任。

企业办学校也称为教育产业型学校，即企业投资将学校作为产业经营，聘请校长自主管理。这类学校一般投资规模大、办学条件好、招生范围广、入学费用高。如上海市 E 学校是企业办学校的一个典型，由上海市某企业独家投资兴办。该校总投资 1 亿元人民币，是一所与小区配套建设而成的民办九年一贯制学校，面向全市招生。学校的设立提升了小区的物业水准，带动了住宅的销售。学校实行董事会领导下的校长负责制；董事会由学校主办单位主持，校长根据董事会的授权自主办学；学校教师工资待遇略高于公办学校。该校的日常办学经费主要来源于企业设立的教育基金、社会的教育捐资和学杂费等。

教育集团学校是以集团投资、连锁办学、适度产业化为发展模式的学校，市场定位明确、业务设计和构思特别、行动协调一致等特点明显。① 这种办学模式有利于提升教育资源的使用效率，扩大优质教育品牌的影响力。如浙江省 F 教育集团是一家全民事业性质的教育集团，从 1993 年创办至今，该集团已基本形成了普通教育、职业教育和高等教育相配套的教育格局。F 教育集团的发展是教育一体化、系统化、产业化改革的集中体现，它既不同于国家全额投入的公办学校，也不同于私人或企业举办的学校。该集团所有办学资金先上交国家财政，然后再由国家财政审批规定使用，并由政府审计部门监控。集团董事会与学校之间始终保持密切关系：集团董事会设立财务总监职位，负责规范集团与学校之间的资金运作方式，在保证学校教育经费的同时，定期检查实施过程与终端考核；集团董事会还设立了教育总监，不定期抽查学校师资队伍质量及教育质量。

（三）混合所有制模式

混合所有制办学模式是一种多方合作的办学模式，一般由政府、事业单位、企业、个人等多方主体，以资本、知识、技术、管理等多种要素参与办学。随着公私合作伙伴关系（Public-Private-Partnership，PPP）在民办教育领域的推广，这一办学模式日趋增多。混合所有制民办中小学可以充分发挥不同办学主体的积极作用，提升教育资源的使用效率，保障学校运行的稳定性，有利于提高教育教学质量。如上海 G 中学就是混合所有制中学的一个典型，它由企业集团、民

① 朱向军：《名校集团化办学：基础教育均衡发展的"杭州模式"》，载《教育发展研究》，2006(9)：18—23。

主党派和事业单位三方合作举办，学校发展态势良好，教育质量得到家长和学生的广泛认可。

二、育人创新实践

从人才培养模式上看，与公办学校相比，民办学校借助生源选择权和较为灵活的管理模式，充分发挥自身灵活自主的办学活力，放开手脚去实现创新、错位、个性发展，为社会提供公办学校办不到、办不好的可供选择的优质教育，从而满足广大学生不同的教育需求，实现了多样化发展。一方面，优质民办学校提供课程、教学和校园文化创新等优质教育服务；另一方面，普通民办学校也探索个性化教学模式，注重培养学生的社会适应性。

（一）课程创新

长期以来，我国教育大都重视学生共性发展，某种程度上忽视学生多样化、个性化发展。民办中小学为求生存，积极适应学生个性化发展需求，调整课程结构，构建适应学生与家长需求的课程体系。在近年来的中小学课程改革浪潮中，民办中小学也制定了详细的课改实施方案，积极投身新课改实践。

民办中小学课程改革实验主要集中于开足、开好必修课，开发地方和校本课程，以及尝试综合实践活动课等方面。如南京 H 国际学校的课程改革方案中规定，严格按照新课程计划开设开好必修课，强化课堂教学改革。该校还强调，"开设丰富多彩的地方课程、校本课程。将已开设的 40 多门地方性课程、选修课程进一步整合，对于有些影响大、效果好的课程，将其打造成精品课程编入大纲与教材，积累经验，加以推广。将目前校本课程的'学分制'考核进一步完善，加强对选修课的管理，建立合理的评价体系"。与公办学校一样，民办中小学也通过创新英语课，开设信息技术课，拓展选修课内容、形式等手段，积极开发自己的校本课程。近年来一些中外合作举办的中小学，尝试从海外引进新课程。这些民办中小学多通过整套引进、单科引进、中外课程互补等方式开展新课程建设。如北京 I 实验学校的高中国际班，引进了国际礼仪、预科英语听说、预科英语读写、信息技术、雅思课程、比较文化、学术英语等国外预科课程。又如山东 J 中学 2003 年与英国海斯汀斯学院联合创办了中英联程班。① 民办中小学与企业、社会组织联系紧密，为综合实践课增添了灵活性，提供了更多的教育资源。

随着研究性学习的兴起，一些民办中小学也探索开设研究性学习课程，系统地传授科学研究方法。如上海 K 中学从 2000 年 9 月开始，面向初中一年级学生开设了研究型课程。该课程的目标原则是"初中学生与高中学生在身心状况、知识储备、社会阅历等方面有极大的差异。根据这一点，整个课程的过程将被放长，目标具有明显的实践性、反复性和递进性"。

（二）教学创新

近年来我国民办中小学教学改革，紧跟学习型社会、创新型社会对人才学习能力、探究能力和创新能力的要求，以创新精神和实践能力培养为重点，从注重"如何教"逐渐转向创造条件引导学生学会学习，突出培养学生积极主动的学习态度，锻炼学生善于探究发现、调查研究、合作交流、自主学习的能力，以及收集、处理、利用信息的能力，以适应新时代对人才的基本要求。这种转变突出体现在教学方法的理论和实践的创新之中，较有代表性的改革主要包括引进多元智能理论以及采用任务型教学、分层教学、双语教学等教学方法。

随着多元智能理论的引进，近年来一些民办中小学积极开展相关的教学实验，将多元智能理论应用到教育改革中，发展学生多方

---

① 马镛：《传统与再生：中国私立和民办中小学的本土成长》，133—149 页，济南，山东教育出版社，2007。

面的智能，并取得了一定的成果。如 2000 年，山东 L 学校引进了多元智能理论，成为全国首批 DIC(Discover In China)国际合作项目实验学校之一。随着对多元智能理论的研究和对课程改革认识的不断深入，学校领导和教师认识到根据学生智能特点设计个性化课程的重要性。民办中小学借助自身体制机制灵活的优势，探索了很多有创新性的教学活动。比如，提倡任务型教学，倡导体验、实践、参与、交流和合作的学习方式。许多民办中小学尝试的分层教学，主要根据学生基础、兴趣等方面的差异，把他们分为若干层次，分别制定不同层次的学习目标，进行不同层次的教学指导，如在讲授内容、作业、考试、评价各方面都分层要求，以便更好地体现因材施教的原则，充分适应学生的个性、能力和智能特点，激发学生潜能，提高学生学习的主动性。为适应经济社会发展在人才国际素养方面的要求，一些国际学校或民办中小学的国际部、外语中小学、实验学校或外语师资较强的民办中小学，开展了双语教学实验。①

(三)校园文化创新

为创名校、建优势，广大民办中小学尤为重视校园文化建设。民办中小学的办学主体多为经济基础雄厚的企业或名校，为民办中小学现代化校舍、教学和生活设施等物质基础建设提供了充足保障。

同样，民办中小学在激烈的竞争中，也积极寻找学校特色，注重校训、校风、课外活动等方面的建设，形成了各自的校园精神与文化特色。改革开放以来，民办中小学校训虽有趋同倾向，但基本都在传承传统文化的基础上，向多样化方向发展。有的学校校训以学生学习与做人的道德规范为主，有的强调学做人，有的激励学生奋发向上，有的反映学校教育理念和教育宗旨。一些民办中小学正

---

① 马镛：《传统与再生：中国私立和民办中小学的本土成长》，164－187 页，济南，山东教育出版社，2007。

在探索如何根据自身的特点，建设有本校特色的校风。民办中小学课外活动在内容上虽然仍以文体活动、各类竞赛活动、国际文化交流、社团活动与节庆活动等文体科技活动为主，但形式上多采用了现代科技的成果，如电视、网络等，更贴近当代中小学生的兴趣爱好。

三、存在的突出问题

（一）定位不准

改革开放以来，民办中小学在全国多点开花，但各校水平参差不齐，发展快慢不一，关门倒闭现象频发。导致这种局面的一个重要原因是学校的定位。学校定位准确，可以充分调动社会和学校自身的资源，沿着正确方向持续发展；如果定位不准，盲目追逐热点，扩大规模，学校则会在迷失中走向倒闭。纵览民办基础教育领域，民办中小学发展中定位偏差、雷同等问题较为突出。

一方面，定位偏差。回顾我国民办中小学发展史，不少学校经历了曲折的办学过程。一些民办中小学的举办者忽视区域实际和自身条件，将办学定位定得过高或者过低，急于求成，忽视了办学规律。一些学校投资者认为只要加大投资，提升学校的硬件条件，吸引家长把子女送到学校读书，就可以高收费、走贵族化学校发展之路。然而，家长不仅关注学校的硬件，更关注学校的教育教学质量。举办一所学校，不仅要充分体现举办者的办学理念，更要结合当地教育实际，否则难逃红红火火地开张却昙花一现、冷冷清清关门的境遇。

另一方面，定位雷同。一些民办中小学缺乏独立的办学思想，存在简单模仿公办学校办学模式的现象。鉴于新《民办教育促进法》明确禁止义务教育阶段转设或新设营利性学校，且义务教育服务供给的主体责任在政府，故这一阶段的民办小学、初中在严格执行国家课程方案和课程标准的基础上，应坚持特色办学、优质发展，与公办学校实行差别定位、错位互补，重在满足社会多样化选择性的教育需求；对于高中阶段的民办学校而言，同样重在多元化、特色化、国际化办学，为相应人群提供个性化、多样化选择。① 民办中小学只有摆脱雷同与模仿，才能走上创新发展之路。

（二）资金瓶颈

资金是保障民办学校可持续发展的重要基础。在新《民办教育促进法》颁布之前，法律规定民办教育不得以营利为目的。民办教育一直被视为非营利的公益事业，民办学校的市场性未得到承认，导致民办中小学经费来源渠道受限。同时，由于相关监管政策缺失，内部经费使用缺乏有效监管。

一方面，经费来源有限。我国民办学校办学经费以举办者投入及学费收入为主要来源，捐助资金和其他社会投入在民办学校经费来源中的比重非常低。学费收入甚至是许多民办学校唯一的经济来源，这不仅会导致因收费过高而影响低收入家庭子女的入学，也会因为经费渠道过于单一，制约了学校的发展。2008 年全国民办中小学总收入为 346.15 亿元，其中学费收入为 219.46 亿元，占 63.40%；2015 年全国民办中小学总收入为 955.02 亿元，其中学费收入为 611.39 亿元，占 64.02%。② 与西方发达国家的私立学校相比，我国民办中小学还未形成多元的资金筹措渠道，吸附社会资金的能力还很弱。新《民办教育促进法》的出台将拓展民办中小学经费渠道，鼓励社会力量参与办学，扩充教育经费，不仅能有效缓解政府教育财政紧张状况，而且也是政府在教育领域简政放权、借助市场力量改革教育资源配置方式的可行路径。

另一方面，经费使用不合理。民办中小学办学资金的使用比较

① 董圣足：《新法新政下民办学校的定位与治理》，载《教育发展研究》，2017(3)：54—56。
② 数据来源于 2008 年和 2015 年《中国教育经费统计年鉴》。

灵活，学校董事会及校长自主管理财务，但同时也存在滥用资金、缺乏财务监管等问题。一项调查显示，绝大部分民办中小学负债率在5%～10%，办学初期负债率较高，发展较好的学校负债率会逐渐降低。[①] 现实中也存在民办中小学办学者抽逃资金等行为。由于多方面原因，民办学校资产和财务管理问题一直未引起审批机关、相关管理部门和办学者的足够重视，不少民办中小学的倒闭都与学校疏于财务管理导致资金链断裂有关。依法、依规、依章规范民办中小学资产和财务管理应是当务之急。

（三）师资门槛

民办中小学的发展质量取决于教师水平，教师是民办学校可持续发展的根基。但多年来，由于编制、教师待遇等因素的影响，民办中小学教师流动性较大，教师队伍结构不合理，影响了民办中小学的稳定发展。

第一，教师队伍结构不合理。在民办中小学初创时期，通过高薪从公办学校吸引了一大批具有高级职称的老教师或退休教师，形成了以退休返聘、兼职或挂编教师为主的队伍结构，这种队伍结构直接影响学校教学质量。退休教师虽然教学经验丰富，但教学精力不够、知识老化；兼职教师以短期教学为主，往往是匆匆来又匆匆去，对不同学校学生的特点了解不足，因材施教、因校施教不足；由于学校没有人事编制，挂编教师只能将档案寄放他处，工作积极性受到影响。

第二，教师待遇不理想。由于制度模式不同，民办中小学与公办学校之间教师养老保险关系衔接不畅，制约了教师的合理流动和人力资源的优化配置。民办教师大多是合同聘用制人员，属于人事、

---

① 胡卫、董圣足、方建锋：《民办学校资金来源及债务情况调查》，载《教育发展研究》，2012(Z1)：14—19。

劳动、教育"三不管"领域，不能享受与公办教师平等的社保、医保、公积金、家属福利等权益，退休金也远远低于公办教师的水平。另外，民办教师在获得政府资助课题和报评奖励等方面受到一定的限制，积极性受挫伤。[①] 这些问题一直困扰和影响民办学校的教学质量和发展。为改善民办学校教师待遇，国家出台了一系列文件，要求民办教师在职务聘任、工龄计算、业务培训、表彰奖励等方面依法享有与公办教师同等的权利，并逐步从政策上予以保障；鼓励地方政府在户籍迁移、住房、子女就学等方面给予民办学校与当地同级同类公办学校同等的人才引进政策。

第三，教师队伍不稳定。不同于公办学校编制教师调入调出繁多的手续，民办中小学的用人机制比较灵活，教师去留是学校和教师双向选择的结果，因此教师流动较为频繁。在民办教育发展早期，"学生天天变，教师月月变，很多学校每年都有 1/3 以上的新面孔"[②]。这是因为民办中小学教师队伍中，很多是渴望在新的单位安定下来的外地生源的应届毕业生。在民办学校工作一段时间后，没有编制产生的不安定感迫使他们更愿意到薪酬更高的民办学校或可以解决编制的公办学校就职。不仅教师如此，很多民办中小学的校长也是董事会聘任的，流动性也很大。民办中小学教师流动频繁，不仅影响教学秩序，降低学生学习体验，也不利于学校的可持续发展。

(四)产权不明

我国的民办学校绝大多数为投资办学，举办者的投资利益诉求较强。这种诉求反映到学校层面，主要表现为对学校产权和办学收益的诉求。多年来，学校产权不明晰的问题一直存在。

① 付昱：《改善民办学校教师待遇》，载《团结报》，2009-10-20。
② 袁振国、周彬：《中国民办教育政策分析》，226 页，北京，中国社会科学出版社，2003。

一方面，产权归属不清。根据《民办教育促进法》，民办学校产权归学校所有，不得分配、转让、担保或抵押；学校停止办学时，清算后的剩余财产可返还或折价返还举办者，或者由审批机关统筹安排，用以发展社会力量办学事业。由此带来一些问题，如民办学校没有可以抵押的物资，贷款困难；由于政策法规不能保证举办者收益，人们对投资教育信心不足；少数举办者未将学校资产的所有权过渡到学校，使办学资金没有真正流入学校账户。

另一方面，产权流转混乱。民办学校产权流转是指在民办学校存续期间校产的原投入者把其投入校产部分的所有权利，用市场机制流转入另一个投入者的过程。[1]《民办教育促进法》仅规定了民办学校资产的归属、管理、监督、禁止侵占等方面，未明确规定出资者投入部分的产权流转问题，使得民办学校产权流转缺乏必要的法律依据，容易出现产权流转混乱的局面。

第三节 民办基础教育的未来展望

随着法规政策逐步完善，民办中小学顺应社会需要，紧跟教育领域潮流，正朝着资金来源多元化、校园建设智能化、教育教学国际化、师资队伍稳定化的方向发展。

一、资金来源多元化

目前，现有民办中小学的资金来源仍比较单一，学校发展受办学资金制约的状况较为突出。根据分类管理政策，义务教育阶段民办学校必须为非营利性学校，高中阶段民办学校分类登记，这有利于进一步落实政府扶持民办小学、初中、非营利性高中的优惠政策，

---

① 李清刚：《民办学校产权流转剖析》，载《河北师范大学学报（教育科学版）》，2015（3）：97—100。

吸引社会捐赠；同时促使营利性民办高中利用自身特点多途径吸引更多社会资金。民办中小学经费来源结构将趋于多元化。

（一）政府投入与扶持进一步落实到位

随着我国教育经费持续增加，以及民办教育逐步走向正规化，各地政府逐步增加奖励或直接加大对民办中小学的资金投入。特别是义务教育阶段，各级政府履行基本教育公共服务职责，探索以购买服务等方式加大对民办中小学的扶持力度。比如，近年来很多地方通过专项资金等方式扶持本地区民办中小学发展。2013 年合肥市投入专项资金 3600 万元扶持民办学校发展，2400 万元用于奖励在招生、就业（毕业）等方面取得优异成绩的民办学校，1200 万元用于校舍安全工程补贴。在 2400 万元奖励中，800 万元为民办基础教育发展专项资金，用来推进民办基础教育（含小学、初中、高中）的发展；1600 万元为民办中等职业学校发展专项奖，用来提升中等职业学校整体办学实力，并对达到一定办学规模的民办职业学校给予奖补。[①]

《促进民办教育健康发展的若干意见》（2016 年）明确要求，各级人民政府因地制宜，加大对民办教育的扶持力度，建立健全政府补贴制度，完善政府购买服务的标准和程序，设立地方民办教育发展基金，明确民办学校学生与公办学校学生按规定同等享受助学贷款、奖助学金等资助政策，确定非营利性民办学校与公办学校享有同等待遇等。随着分类管理深入推进，民办教育分类扶持制度体系将进一步优化，为政府投入与扶持进入清理制度障碍，这无疑将进一步提高政府投入在民办中小学经费来源中的比例。

（二）从单一投资到吸引社会捐赠

与国际上私立学校多方筹资的经费来源结构相比，我国民办中

---

① 刘旸：《民办学校办得好 政府部门给奖补》[2018-7-26]，http：//www.ah-gov.cn/VserData/DocHtml/1/2013/8/21/4793509333415.html。

小学所能获得的社会资金支持较少。我国也不乏"捐资办学"实例，但主要是社会人士或企业捐助贫困地区学校，以改善学校硬件办学条件为目的。此外，由于我国捐资监管体系尚不健全，捐资人对民办中小学的信任度较低，限制了民办中小学对社会捐赠的吸引力。

因此，吸引社会各界人士资助，拓展优质教育资源，成为近年来各地民办基础教育领域筹资的发展趋势。同时，民办学校分类管理政策对民办中小学筹资具有利好效用：强化对民办学校财务的监管，优化了民办学校捐赠环境，有利于降低潜在人士和组织向非营利性民办小学、中学捐赠的顾虑；承认营利性民办高中的合法性，有利于提高收益性投资进入的积极性。此外，各地主管部门与民办学校也积极行动起来，提高民办学校吸引社会捐赠的能力。可以预见，社会捐赠将成为民办中小学筹集办学经费的一个重要增长点。

二、校园建设智能化

实现教育现代化是我国未来教育工作的重点之一。教育现代化不仅包括硬件设备的现代化，而且体现在"智慧校园"建设方面，利用信息技术和人工智能等新科技办出优质基础教育。

（一）智能化将走进课堂

"智慧校园"是利用云计算和物联网等新技术改变资源交互的方式，将学校的教学、管理与校园资源和应用系统进行了信息化整合，从而实现智慧化服务和管理的校园模式。智慧校园建设的核心、根本的环节在于落实"智慧教育"。民办中小学作为基础教育的创新之地，必然利用先进的数字技术构建未来智能化的教育环境，服务师生高效能的教与学。随着信息技术的高速发展，学习资源更丰富，教学反馈更及时，学生参与面更广，学习空间更灵活。[①] 未来的民

---

① 夏庆、艳霞：《打造智慧校园　拥抱智能未来——记深圳市龙岗区平安里学校智慧校园探索之路》，载《中国教育报》，2018-01-31。

办教育机构必将借助自身体制灵活的优势，通过课堂智能化革命吸引更多生源。

（二）智能化走进校园管理

学校数字化管理体系的建设，能让校园管理变得更加及时、便捷。很多民办中小学已经实现了通过网络管理平台管理日常工作。第一是选课系统，学生可以通过选课系统选择老师及自己喜欢的课程，实现了教学信息的公开化与透明化。第二是办公系统，综合应用工作流、即时通信、全文检索、CA 认证、门户等技术，提供高效、完善、方便的服务。第三是一卡通系统，校园一卡通除了目前的门禁刷卡签到以外，可以融合图书借阅管理系统。第四是手机应用程序与小程序，体验智能化给家长和学生带来的便利性。① 通过"智慧"管理将大幅提升民办中小学日常管理效率，全方位提升管理者、教师、学生、家长的获得感。

（三）智能化将走进校园生活

"智慧校园"不仅改变课堂教学与管理模式，也将改变校园生活质量。未来民办中小学将通过智能化与人工智能革命改变学生的生活方式。如 M 学校通过创建网络办公平台，各部门办公文件、教学资源、优质课例等实现实时共享；教学方式多元化、趣味化，课堂教学也发生变化，学生采用分组研讨、思维导图等形式学习，课堂参与性更高，学习更有效率；学校通过网站、公众号、班级二维码，及时更新校园里发生的大小事件；家校沟通形式由传统的短信、电话扩展到更多形式，让家校联系更加及时有效。② 这一切正在改变着校园内所有人的生活方式，将是未来民办中小学追求的新潮流。

---

① 夏庆、艳霞：《打造智慧校园　拥抱智能未来——记深圳市龙岗区平安里学校智慧校园探索之路》，载《中国教育报》，2018-01-31。

② 夏庆、艳霞：《打造智慧校园　拥抱智能未来——记深圳市龙岗区平安里学校智慧校园探索之路》，载《中国教育报》，2018-01-31。

三、教育教学国际化

随着改革开放持续深入，国际合作与交流进一步扩大，民办中小学将在坚持引进与输出并举的同时，探索"在地国际化"，提升教育教学国际化水平和国际化人才培养能力。

（一）引进与输出并举

与公立学校相比，民办学校具有差异化定位课程优势，尤其民办国际化学校的国际课程，既是特色也是优势。改革开放以来，民办中小学主动融入国际教育大舞台，丰富国际化的形式与内在，国际化建设也趋于双向交流，即引进与输出并举。

在引进方面，一是与国外学校建立联系。通过与国外学校建立较稳定的联系，为引进外语师资和学生留学储备良好条件。如青岛N学校，1997年开始与美国安妮莱特学校合作，2002年与美国协和大学建立友好合作关系，为学生赴美留学提供机会；1998年开始与美国英语学会合作，由其每年为学校输送美籍英语教师。二是合作办班。合作办班多采用中西课程相结合的方式，部分课程在中国讲授，部分在国外合作方学校学习，或者全部在中国教学。但不论采用何种形式，都将中外两种教学内容和方法融合，取长补短。如北京P学校加拿大高中班，采用"2+1"的办学模式，即高中一、二年级在国内学习，高中三年级到国外学习。三是出国访问学习。这类活动又可分为短期留学与假期海外夏令营、留学团等活动。这类外出访问虽然时间短，但对于未曾走出国门的师生，这是他们在海外实地感受国外教学的重要机会，其丰富的活动设计也使师生对国外教学印象深刻。

在输出方面，与国际合作能督促民办学校提高教育输出水平和国际竞争力。民办基础教育学校在与国外学校合作的同时，也注重向国际拓展民办教育网络，合作学校对中国语言、历史文化、传统工艺等优势特色领域的知识需求量也不断增强，这有利于我国民办基础教育扩大国际影响力，展示我国优质教育成果。

(二)"在地国际化"模式兴起

长期以来，教育国际化主要以出国留学、访学等人员向外流动的形式为主。这种模式被称为传统国际化模式。这种"到外国际化"的教育模式虽然加强了学术人才的国际流动，有助于师生身临其境感受国际文化差异，开阔视野，接受国际化教育，但是其弊端也显而易见。从实践层面分析，过于重视人员跨境流动容易导致教育不公平、教育效果难以评价等问题，也在一定程度上加剧了人才流失、留学低龄化等现象。正如阿特巴赫所言："学术人才大量地从南方流向北方，即从发展中国家流向北美和欧洲，利益受损害的是一些边缘国家，已经拥有庞大的、不断发展的教育体系的中国还是发现自己在全球学术市场上处于窘境。"[1]

为扭转传统国际化的弊端，20 世纪 90 年代以来，以瑞典为代表的部分欧洲国家发起并推进了教育"在地国际化运动"。作为传统国际化模式的替代方案，"在地国际化"以其"立足本土本校""面向全体学生""有效提升全体学生国际化和跨文化素养"等特征在教育国际化领域迅速引发热潮。[2] 许多国家都旗帜鲜明地将"在地国际化"作为本国教育国际化的有效推进模式。民办中小学办学机制灵活，师资队伍建设与教学自主权相对较大，在与国内外教学改革前沿接轨、吸收国内外先进经验、开展海外校际交流方面更为迅速便捷，并且近年来这种"在地国际化"建设蓬勃开展，一些国际化民办中小学也形成了鲜明的特色。"在地国际化"为民办中小学充分挖掘自身国际化潜力提供了新思路，有助于民办中小学通过"弯道超车"的方式将

---

[1] [美]菲利普·G. 阿特巴赫：《国际高等教育的前沿议题》，陈沛、张蕾译，11页，上海，上海交通大学出版社，2014。

[2] 张伟、刘宝存：《在地国际化：中国高等教育发展的新走向》，载《大学教育科学》，2017(3)：10—17。

国际化教学推上一个新台阶，展现出更为不凡的风采。

四、师资队伍稳定化

教师队伍不稳定一直是影响民办学校教育质量的重要因素。随着民办教育的政策红利的持续释放，教师福利待遇将不断提高，教师获得感也将逐步增强。这些都有利于促进民办基础教育学校师资队伍更加稳定。

（一）教师福利待遇将稳步提高

民办学校教师的社会保险和住房公积金等福利待遇将依法得到保障。《促进民办教育健康发展的若干意见》（2016年）明确指出，民办学校应依法为教职工足额缴纳社会保险费和住房公积金；同时鼓励民办学校按规定为教职工缴纳补充养老保险，改善教职工退休后的待遇。《促进民办教育健康发展的若干意见》（2016年）出台后，各地积极响应，出台了地方配套政策。如浙江省政府出台了《浙江省人民政府关于鼓励社会力量兴办教育进一步促进民办教育健康发展的实施意见》，明确规定，民办学校应依法组织教职工参加养老、医疗、工伤、失业、生育保险和大病保险，按规定足额缴纳社会保险费和住房公积金。同时还给予为教师办理事业单位社会保险的民办学校一定比例的补助。

未来，随着人民群众对优质化和多样化教育需求的不断增加，民办基础教育借助自身体制机制的灵活性，将在教师福利待遇上更具吸引力。现在已经有很多民办基础教育学校教师待遇超过公办学校，除了教师身份实行人事代理制、档案材料放在人才市场方面与公办教师有所不同之外，有的地区民办学校教师待遇甚至超过公办学校的20%～50%。公办教师养老金并轨后，原本教师退休能拿到高一点的退休金的优势也已失去。特别是《促进民办教育健康发展的若干意见》（2016年）还规定，民办学校教师在资格认定、职务评聘、培养培训、评优表彰等方面与公办学校教师享有同等权利。非营利性民办学校教师享受当地公办学校同等的人才引进政策。各地在陆续落实政策后，民办学校教师福利待遇将稳步提高。

（二）教师的获得感逐步增强

民办学校分类管理改革将保障教师权益作为重要内容，加大对教师群体权益的保障力度，健全民办学校教师的社会保险、专业发展等制度，保证民办学校教师在资格认定、职务评聘、培养培训、评优保障等方面与公办学校教师享有同等权利，极大提升教师的获得感，将对鼓舞各方士气、稳定改革预期、推动民办教育稳步健康发展产生重要影响。可以预期，新《民办教育促进法》颁布实施后，民办学校教师会有更强的获得感，将有助于民办学校教师队伍稳定发展和办学质量全面提高。

一是彰显法律身份，增强民办学校教师社会地位获得感。新《民办教育促进法》把民办教育定性为公益事业，同时明确了非营利和营利性民办学校的划分标准，确立民办学校分类管理的法律依据，这将从根本上破解民办学校法人属性长期难以得到法律认定的困局，进而确保从源头上落实民办学校教师与公办学校教师的同等法律地位。二是消除社保差距，增强民办学校教师薪酬待遇获得感。无论是非营利性民办学校，还是营利性民办学校，凡是重视办学质量和社会信誉的，都必然要解决好教师待遇保障问题。三是一视同仁，增强教师专业发展获得感。新《民办教育促进法》和《促进民办教育健康发展的若干意见》(2016 年)在各地逐步实施后，民办学校教师享有与公办学校教师同等权益的政策将更为详细，将进一步增强民办学校教师的获得感。

第三章
民办高等教育

第一节　民办高等教育的发展历程

　　民办高等教育的发展史，就是一部民办高校的创业史、奋斗史。20世纪80年代以来，我国民办高等教育逐渐复苏，方兴未艾。在发展之初，民办高校因陋就简，拾遗补缺，规模小、经费缺、实力弱，主要以自学考试、非学历培训教育为主。随着经济社会的发展，人民接受高等教育的需求不断增长，民办高等教育生存空间得以拓展，民办高校办学规模不断扩大，办学层次逐渐提升，政策法规不断健全，形成了层次类型多样、充满活力、各具特色的民办高等教育体系。

一、恢复起步期（1978—1992 年）

　　1978 年党的十一届三中全会召开至 1992 年邓小平发表南方谈话是民办高等教育的恢复起步期。这一阶段，国家做出了改革开放的重要决策，经济建设成为党和国家的工作重心。社会经济的发展亟须各类人才和先进知识，但有限的公办教育资源只能部分满足社会需求，这为社会力量进入高等教育提供了有利契机；《宪法》和《关于社会力量办学的若干暂行规定》等法律法规文件则为民办高等教育的恢复初步奠定了政策基础。

在上述背景下，我国的民办高等教育开始恢复发展。1982 年 3 月，经原北京市成人教育局批准，由聂真、于陆琳、张友渔、刘达等著名教育家举办的中华社会大学成立，这是我国改革开放后成立的第一所民办大学，被誉为"没有围墙的大学"。1984 年，北京海淀走读大学（现北京城市学院）成立，它是中华人民共和国成立后第一所具有颁发国家承认学历资格的民办高校。1984 年 3 月，北京市人民政府发文同意海淀区人民政府试办海淀走读大学，时任海淀区委书记贾春旺接见傅正泰等全体筹建人员，董事会决定傅正泰任校长。1984 年 8 月，海淀走读大学第一届招收 8 个专业、282 人，校训确定为"改革探索，勤奋进取，艰苦创业，开拓前进"。1985 年，海淀区委组织部批准海淀走读大学成立党支部，傅正泰校长兼任党支部书记。

20 世纪 80 年代初期，浙江省政协的一批老同志倡议利用政协作为"智力库"的人才优势，创建一所面向地方经济发展的民办高等学校。1984 年 12 月，浙江省人民政府下达《关于筹建武林大学的批复》，同意依靠省各民主党派和社会力量筹建民办的武林大学。1985 年 2 月，筹建中的武林大学改为浙江社会大学；同年 12 月，省政协同意将浙江社会大学改为浙江树人大学。同样，黄河科技学院的创办与发展也走过一段艰辛的历程。1984 年，郑州大学教师胡大白用 30 元开办"郑州市高等教育自学考试辅导班"。1985 年 4 月，第一期学员自学考试成绩平均合格率高达 87％，教学成果一鸣惊人，被《光明日报》赞誉为"全国自学考试的一面红旗"。1989 年学校提出"办一所国家承认学历的民办大学"的构想，开始进军专科学历教育。此外，上海民办前进进修学院、私立华南女子学院等一批民办高校先后成立，成为我国民办高等教育在改革开放条件下迅速崛起的缩影。

1987 年 7 月 20—21 日，纽约《美洲华侨日报》以连载方式报道了"中国教育界传奇人物"、上海民办前进进修学院院长、年过花甲的蔡光天先生依靠民主党派的力量，以 100 元人民币起家，从 1983 年 1 个专业、300 余名学员发展到 4 个专业、1.6 万余名学员这一庞大"家业"的事迹。截至 1993 年年底，经国家教委审批备案的民办高等学历教育学校有 10 所（其中普通高校 7 所、成人高校 3 所），社会团体与政府部门或企业联合开办的高等学历教育学校有 40 余所；由省级教育行政部门审批的培训、辅导、助学性质（只发写实性结业证明而不发学历证书）的民办高等教育机构有 500 余所。

    民办高等教育在快速恢复发展中，也出现了乱办学、乱收费、滥招生等问题，国家则针对实践中的问题不断"打补丁"，发布政策文件整治民办高等教育恢复发展中出现的不良现象。1988 年 10 月，国家教委发布《关于社会力量办学几个问题的通知》，对部分民办高等教育机构的做法提出限制和批评，指出"一些社会力量举办了在一地设总校、由总校或总校主办单位自行批准跨省（市）设置的'学院'或'大学'进行招生的形式存在弊端""有的学校未经教育部门许可，擅自向学员许诺了文凭"违反办学规定。1990 年 7 月，国家教委印发的《关于跨省、自治区、直辖市办学招生广告审批权限的通知》，指出"滥招生、乱许诺文凭和待遇的现象既损害了高等教育的声誉，干扰了劳动人事制度，又助长了'乱办学、乱收费、乱发证'等社会不正之风的蔓延。有的甚至影响了社会安定"。为整治招生乱象，1991 年 8 月，国家教委和公安部联合发文《社会力量办学印章管理暂行规定》，明确了印章的刻制程序、样式和尺寸及使用和作废等事项。

二、快速发展期（1993—2002 年）

    1992 年，我国由计划经济体制向社会主义市场经济体制转变，私营、民营经济获得合法性地位。党的十四大报告中明确提出"鼓励社会力量办学"，推动民办高等教育进入快速发展期。

《中国教育改革和发展纲要》指出"高等教育要逐步形成以中央、省（自治区、直辖市）两级政府办学为主、社会各界参与办学的新格局"，标志着我国民办高等教育进入快速发展期。这一阶段，国家针对民办高等教育的政策法规频出，明确了民办高等教育"不得以营利为目的"，政策导向总体上是鼓励、支持、引导和管理，但其间也出现过限制民办高等教育的政策。1993 年 8 月，国家教委颁布了我国第一部专门针对民办高等教育的行政规章《民办高等学校设置暂行规定》，明确了民办高等学校是我国高等教育事业的组成部分，规定了民办高等学校不得以营利为办学宗旨，阐述了民办高等学校设置的原则、标准和程序。此后的《教育法》《关于民办学校向社会筹集资金问题的通知》《关于加强社会力量办学管理工作的通知》等法律和文件都不断重申民办高等教育不得以营利为目的。1994 年，陕西省政府正式批准成立民办西京大学（筹办）。《社会力量办学条例》明确了国家对社会力量办学实行"积极鼓励、大力支持、正确引导、加强管理"的方针。然而，民办高等教育却没有像民办职业教育、民办成人教育和民办学前教育那样得到大力支持，反而受到限制，条例中特别强调"国家严格控制社会力量举办高等教育机构"。不过，仅仅过了一年的时间，国家的政策就发生了转向，从限制变成明显的鼓励和支持。1998 年 8 月，《中华人民共和国高等教育法》（以下简称《高等教育法》）颁布，其中第六条提到"国家鼓励企业事业组织、社会团体及其他社会组织和公民等社会力量依法举办高等学校，参与和支持高等教育事业的改革和发展"。此后，《面向 21 世纪教育振兴行动计划》《中共中央国务院关于深化教育改革 全面推进素质教育的决定》等政策文件不断明确国家对社会力量举办高等教育的支持态度。1999 年，第三次全国教育工作会议召开，时任国务院总理朱镕基指出，城乡居民教育消费意愿十分强烈，居民家庭储蓄中有相当的比例准备用于教育，现有教育资源还有很大潜力，社会力量也有办学的积极性，鼓励社会力量尝试举办民办高等学校。

1999年，党中央、国务院做出了要进一步扩大高等教育规模的决策，极大地拓展了民办高等教育发展的空间。在此阶段，我国民办高等学校的数量和规模呈爆发式增长。资料显示，1994年全国民办高等教育机构数为880所，到1999年已经增加到1277所。为落实扩招政策，在当时高等教育资源普遍紧缺的情况下，江苏浙江一带公办高校开始探索试办具有民办性质的二级学院(独立学院)，其中相当一部分未经过教育部审批，由公办高校自己试办；部分学校经省级教育行政部门同意。二级学院试办以后，社会上议论纷纷，见仁见智。到2002年，民办二级学院的办学模式已成为较快较好地发展高等教育，特别是本科教育的一种新途径。这一时期，以浙江大学城市学院(1999年成立)为发端，国有民办二级学院如雨后春笋般在全国大规模发展，推动了我国民办高等教育的发展和全国高等教育大众化的进程。截至2001年，全国共有独立学院318所，在校生186.6万人，占全国民办高等教育在校生总数的53.4%；其中，独立学院本科在校生165.7万人，占全国民办本科高等教育在校生总数的88.7%。①

在这一时期，我国民办高校多点开花，快速发展。

三、规范发展期(2003—2016年)

2003年9月1日，《民办教育促进法》开始施行，标志着我国民办高等教育进入了规范发展期。这一阶段，国家不断出台政策，规范民办高等教育的发展。

独立学院作为民办高等教育的一种新型办学模式，是高等教育办学体制改革的产物，在快速发展的过程中，也出现了乱发文凭、

---

① 教育部：《关于独立学院设置与管理办法的工作说明》，[2018-9-28]，https://gaokao.chsi.com.cn/gkxx/zc/moe/200905/20090504/23086699.html。

产权不清、质量低下、双轨收费、管理混乱、违规招生等众多问题。为此，教育部于 2003 年颁布《关于规范并加强普通高校以新的机制和模式试办独立学院管理的若干意见》，要求坚决落实"民""独""优"三项原则，"民"就是民办机制，必须按民办机制运行，不能走"民不民、公不公"的路子。教育部对这一条的态度十分明确，无论是省级教育行政部门还是申办高校，都不要试图走混合型的路子；"独"就是要真正做到独立办学、独立招生、独立发放文凭、独立财务核算、独立法人；"优"就是办优质本科。[①] 2003 年 8 月下发《教育部关于对各地批准试办的独立学院进行检查清理和重新报批工作的通知》，对全国 360 多所民办二级学院的"校中校"、以二级学院名义实行"双轨收费"、产权不明晰、民办机制不健全、不独立发文凭等办学失范行为进行了清理整顿，取消了 100 多所，重新备案最终确认了 249 所独立学院。2004 年 7 月，经教育部审核，在全国范围内确认了 233 所独立学院，基本做到了"独立"：具有独立的校园和基本办学设施，实施相对独立的教学组织和管理，独立进行招生，独立颁发学历证书，独立进行财务核算，具有独立法人资格，能独立承担民事责任。

独立学院中既有国有资本、集体资本，又有民营资本、国外资本，办学模式多种多样。依据投资渠道与合作方式的不同，独立学院办学模式可分为以下五大类型。[②]

一是公办高校与民营资本合作。例如，南京理工大学紫金学院由南京理工大学与中国大森鞋业有限公司等三家民营企业联合举办。母体高校负责教育教学，推荐院长人选，拥有学院净收益 30％的分配权；企业负责提供建设发展所需经费，推荐董事长人选，拥有学

[①] 李凌飞：《独立学院的存在优势及发展方向》，载《长春工业大学学报（高教研究版）》，2005，26(3)：12—13。

[②] 阙明坤：《混合所有制视角下独立学院办学体制创新研究》，载《复旦教育论坛》，2017，15(3)：46—52。

院净收益 70% 的分配权。

二是公办高校与地方政府（或国有资本）合作。例如，南京理工大学泰州科技学院由泰州高教园区建设发展公司出资举办，母体高校每年收取学费的 12% 作为管理费，国企收取学费的 28% 作为回报。

三是公办高校与国有资本、民营资本合作。例如，同济大学浙江学院在创办中，民企以资金投入占股 55%，国企以土地和资金投入占股 45%，公办高校不占股。吉林大学珠海学院等独立学院在运行中也采用该模式。

四是公办高校与非营利性组织合作。如江苏省 25 所独立学院中有南京大学金陵学院等 10 余所属于本类型。

五是公办高校与外资合作。例如，广东海洋大学寸金学院由泰国华人青年商会副会长李敏创办的湛江寸金教育集团投资举办；华侨大学福建音乐学院由爱国华侨、国际著名音乐家蔡继琨兴办，向海外爱国华侨华裔集资；福建师范大学闽南科技学院由菲律宾爱国华侨投资举办。

《民办教育促进法实施条例》（2004 年）规定实施高等学历教育的民办学校符合学位授予条件的，依照有关法律、行政法规的规定经审批同意后，可以获得相应的学位授予资格；招收接受高等学历教育的学生应当遵守国家有关规定。2004 年 6 月，教育部发布《关于取消高等教育学历文凭考试的通知》，要求自 2005 年起，所有进行文凭考试试点的民办教育机构，一律终止招收文凭考试学生。学历文凭考试的取消使将近 1/3 的民办高校必须寻找新的出路：或者努力成为具有颁发学历资格的学校，或者回到依附自学考试的老路，或者倒闭。

由于政策法规不健全，民办高等教育在快速发展过程中也出现了许多问题，乱象丛生。一些民办高校在招生、管理、教学等方面非常混乱，有些地方的民办高校相继发生因学籍、学历、收费等问题导致的群体性事件，反映出民办高校长期积累的深层次矛盾，切实加强对民办高校的规范管理迫在眉睫。对此，2006 年 12 月，国务院办公厅发布《关于加强民办高校规范管理　引导民办高等教育健康发展的通知》，通知指出一些民办高等学校存在"办学指导思想不端正，内部管理体制不健全，法人财产权不落实，办学行为不规范，也反映了一些地方政府对民办高校疏于管理、监管不到位"等问题，要求各部门和各民办高校依法规范办学行为和内部管理，落实有关扶持政策，加强规范管理的引导。

2007 年 2 月，教育部发布《民办高等学校办学管理若干规定》，再次明确国家对民办高等教育"积极鼓励、大力支持、正确引导、依法管理"的总体方针，并对民办高校的建立程序、办学地点、党团组织、校长任免、专业设置、招生资格、教师配置、资产保护、财务制度、举办者义务以及地方政府对民办高校的管理职责等作出进一步的规定，规范民办高等教育的发展。

2008 年 2 月，教育部发布《独立学院设置与管理办法》，这是关于独立学院发展最正式、最详细、最规范的文件之一，对其设立、组织与活动、管理与监督、变更与终止、法律责任等作出了明确规定。该文件坚持了对独立学院"积极支持、规范管理、改革创新"的指导思想，充分体现了独立学院的"民""独""优"原则，即更加强调优质教育资源参与举办独立学院，提高独立学院办学水平和教育质量；更加强调独立学院在法律和制度上的独立地位；进一步明确独立学院的民办属性，促进独立学院在运行机制和管理体制上改革创新。国家对已设独立学院给予了 5 年的过渡期，并明确了相关政策："基本符合《独立学院设置与管理办法》要求的，由省级教育行政部门向教育部提出考察验收申请，教育部组织考察验收，并对考察验收合格的独立学院核发办学许可证。符合普通本科高等学校设置标准的，可申请转设民办高等学校，颁发民办教育办学许可证。既不申请考察验收，也不申请转设民办高等学校的，可继续教育教学活动，但必须按《独立学院设置与管理办法》的要求，规范体制机制，充实办学条件，在保证教育质量的前提下，有序地做好报请验收或申请转设工作，过渡期结束后，严格按照《独立学院设置与管理办法》的要求办理。"

2012 年 6 月，教育部发布《关于鼓励和引导民间资金进入教育领域　促进民办教育健康发展的实施意见》，提出"积极支持有特色、高水平、高质量民办高校发展""民办高校申请学士、硕士和博士学位授予权的，按与公办高校相同的程序和要求进行审批"，并要求进一步落实民办高校的办学自主权、招生自主权，保护民办高校师生权益。

在政府不断完善政策规范民办高等教育发展的背景下，各省市相继查处了一批违规招生和办学的民办高等学校与机构。与此同时，一批优质民办高校也随着国家政策的完善而不断提升办学水平。2011 年 10 月，经过激烈的地方公、民办高校竞争，包括北京城市学院、吉林华桥外国语学院、黑龙江东方学院、陕西西京学院、河北传媒学院在内的 5 所民办高校正式获得 2012 年度研究生招生资格。这是中华人民共和国成立以来，我国民办高校首次获得研究生教育资格，实现了中国民办高校跻身研究型人才培养队伍的历史性突破。

这一时期，独立学院转设是民办高等教育发展的另一重要趋势。《独立学院设置与管理办法》为独立学院的发展划定了若干基本路径，包括通过考察验收后继续存在、向民办高校转设或合并、回归公办高校，并限定了 5 年的过渡期。截至 2016 年，共有 61 所独立学院成功转设成普通民办本科，约占独立学院总数的 1/5，其中 2016 年转设了 9 所。独立学院转设是一次重大的利益调整，涉及公办高校、投资企业、政府部门、师生员工等利益相关者的切身利益诉求，各方意见不一、立场不一、认识不一，因此形成了多方博弈的格局。

2016 年以来的系列民办教育政策文件要求实行分类管理，预示着我国的民办高等教育即将进入内涵式发展的新时期。

四、内涵式发展期(2017 年至今)

随着新《民办教育促进法》的正式实施和一系列配套政策的出台，我国民办高等教育进入了以分类管理为主要特征的内涵式发展期。在新法新政背景下，民办高校可以自主选择成为营利性或非营利性民办学校，两种性质的民办高校将享受不同的财政、税收和土地等配套政策优惠。新政策体系为今后民办高等教育制度的变迁奠定了法律和政策基础。

在内涵式发展期，民办高等教育不断创新发展融资模式，许多民办高校采取上市和协议控制架构模式(VIE 模式)，正式走向资本市场。如四川外国语大学成都学院举办方成实外教育有限公司、宇华教育集团、新高教集团有限公司、中国教育集团控股有限公司在港交所挂牌上市。民办教育公司上市机遇与挑战并存，风险与收益同在。一方面，上市意味着可以融资，获得更多资金；另一方面，上市融资要求公司管理部门能够驾驭资本市场变动带来的风险，预防资金链断裂对教育带来的冲击。

同时，随着党的十九大对高等教育发展提出"加快一流大学和一流学科建设，实现高等教育内涵式发展"的新要求，我国民办高等教育也加快内涵建设，积极推进民办本科高校向应用型转变，进一步加强民办高职院校产教融合、校企合作。

第二节　民办高等教育的发展模式

自 1978 年以来，我国民办高等教育从无到有、从小到大，迅速发展。经过 40 年的探索，民办高等教育不断尝试、大胆创新、在摸索中前行，在办学体制、人才培养、政府管理等方面形成了多样化、特色化的发展模式。

一、办学体制模式

(一)企业举办模式

企业举办模式是指由一些实力雄厚、特色鲜明的民营企业直接注资办学或将原有公立大中专院校培训机构兼并改制成新的学校。这种模式的最大特点是行业优势，尤其是在民办高校多以高级应用型人才为培养目标的今天，企业发挥行业领域优势，设置特色专业，在培养实践动手能力强的专业人才方面具有得天独厚的优势。

该类型学校的创办往往是由于企业需要大量人才，而公办学校要么无法提供足够的人才，要么提供的人才不符合企业的要求，因此企业自己办学培养所需人才。例如，山东万杰医学院的办学初衷是为万杰医院培养医学人才；北京吉利大学的办学初衷是为吉利集团提供汽车产业人才；湖南三一工业职业技术学院的办学初衷是为三一集团培养重工人才；东软集团创办的多所民办高校也是为自身的软件产业培养软件人才；等等。当然，随着办学规模日益扩大、专业设置逐渐增加，这些民办高校已不仅仅局限于为集团服务，而是着眼于全社会，为各行各业培养了大量的实用型人才。

企业举办民办高校获得成功主要得益于宽裕的资金和对行业市场的准确把握。一方面，企业集团稳定的产业运作，缓解了学校办学经费不足的问题，能够迅速为新办院校提供办学硬件设施，提升师资队伍力量；另一方面，这类学校具有敏锐的市场感知能力，其专业设置、培养目标、教学内容等更能契合行业市场需求。此外，企业所具备的丰富的产业运作经验，也值得民办学校借鉴，以提高经营效率，降低运营成本。

(二)个人举办模式

个人举办模式的最大特点就是由个人或群体举办，主要依靠办学规模，"以学养学"滚动发展。创办时间较早的民办本科院校，尤其是创办于 20 世纪八九十年代的民办院校，多由公办高校教师等教育人士个人举办。

20 世纪 80 年代，一些依托高等教育自学考试和行业资格教育的培训机构初现市场。这些教育培训机构从租用教室起家，专门招收高考落榜学生，或培养社会需要的技能人才，并取得了良好的社会效益和经济效益，为举办者挖到了"第一桶金"。此后，随着招生数量的增多和口碑积累，这些机构逐渐发展成拥有一定固定资产且极具规模的民办高等教育助学单位。也正是因为它们在教育领域的贡献和影响，这些助学单位被教育行政部门批准为拥有独立颁发国家承认的学历文凭资格的高等院校。如吉林华桥外国语学院（2018 年更名为吉林外国语大学）于 1995 年创办，前身为吉林省华侨外国语专修学院，经过 20 余年的滚动发展，现已具有研究生招生资格。

另有部分民办高校的举办者，曾在公办高校从事高等教育教学或管理工作，工作经验丰富。他们以自身的高教经验和知识作为办学的原始投入，凭借对教育事业的热忱，以少量的个人积蓄和外债作为初始资金来源，依靠学费走滚动发展的道路。如 1992 年东南大学、南京大学等高校的四位退休教授发起并创办的三江学院。

（三）民办公助模式

民办公助模式是指民办高校在创办过程中，除自筹资金外，还得到政府的土地、校舍、事业单位编制、财政拨款等形式的资助，但政府并不参与学校的直接办学过程，学校具有相对独立的法人地位。

该模式的典型代表有北京城市学院、浙江树人大学、海口经济学院、宁夏理工学院、西安培华学院、上海杉达学院、辽宁对外经贸学院等。这类民办院校一部分从创办之初就受到政府的资助；另一部分民办院校来源于公办学校转制前的积累，转制之后政府不再参与学校的日常运作，但并没有收回原有投入。发展历史早、联合办学、个体色彩淡是公助型举办主体最主要的特征。举办主体依靠社会团体或政府部门，多采取联合办学形式，在减少办学风险的同时，更重要的是降低了学校本身的个人色彩。同其他民办院校一样，民办公助型民办高校经费自筹，或依靠学费滚动发展，或与企业合作办学；不一样的是政府的参与、社会组织的支持增加了这类学校的公信力，使它们易于获得捐赠，加之政府财政上的更大投入，这类学校的资金来源渠道更广。在学校起步或是初步发展阶段，民办公助型民办高校依靠政府直接参与办学，或提供土地等方面的支持，凭借进入早、联合办学的优势快速摆脱生存危机。自创办至今，民办公助发展模式的高校发展势头良好，部分院校已经实现初始举办主体退位，顺利转接办学实权，走入稳步发展的阶段。

（四）混合所有制模式

"混合所有制"的探索源于对传统公司产权结构及治理模式的变革与创新。借鉴国有企业混合所有制改造的实践经验，我国高等教育主要有以下几种模式。

第一，民办职业院校引入国有资本。公办职业院校能享受国家财政拨款、贴息贷款，民办职校则很难享受到。对此，一方面，吸引国有企业投入。2012年，民办高校紫琅职业技术学院引入江苏省教育发展投资中心资本，给予5％的股份，成为有国资参与的"混合所有制"学校，在学校"升本"的关键时期，获得1000万元资金投入，学校美誉度上升。另一方面，政府投入资金支持民办职业院校发展建设。上海市设立民办教育政府扶持专项资金，为上海东海职业技术学院、上海济光职业技术学院按每个学生500～1200元的标准提供内涵建设经费支持。

第二，不同资本合作投资。民办高校由公办院校、国有资本、集体资本、民营资本、外资共同投资新办学校，其中以独立学院为典型代表。独立学院作为中国高等教育办学体制创新的产物，是由公办大学与社会组织或个人合作利用非国家财政性经费举办的一种新型办学模式。[1] 这种模式下，企业负责投资建设独立的校园、校舍，投资购置办学设备及各项硬件设施；公办大学负责教学管理和教学组织，既充分利用了公办高校的资源优势、师资优势、管理优势，又充分发挥了民间资本的资金优势、机制优势、市场优势，从办学伊始就实现了高起点、跨越式发展。截至 2016 年 5 月 30 日，全国共有独立学院 266 所，占全国 2595 所普通高等学校的 10.25%，占全国 743 所民办高校的 35.80%。其中，"公办高校＋民营资本"是独立学院混合所有制模式的典型代表，这类学校占全国独立学院总数的一半以上。此外还有公办高校＋国有资本＋民营资本、公办高校＋地方政府＋国有企业、公办高校＋异地政府、公办高校＋外资等多种投资主体的办学形式。

第三，公办、民办院校相互委托管理。委托管理是指办学相对困难的学校将管理事务交给更具专业能力的机构，从而提高管理效益。受委托管理的学校，其办学体制、学校性质、经费投入、教师编制、收费标准不变。这一模式最早可以追溯到 2004 年上海浦东新区率先实行的委托管理，其将薄弱公办校委托给独立的社会教育管理机构管理，取得明显成效。在职业教育领域，民办职业学校委托管理公办职业学校已有探索。如民办高校齐齐哈尔工程学院委托管理公办的甘南县职教中心，构建了多元化的产权关系格局，既保证了国有资产的保值增值，又建立起灵活的激励制度，带来公办学校所不具有的办学活力和效率。除了民办院校委托管理公办院校，公办职业院校也可委托管理民办院校。例如，公办高校厦门理工学院入驻民办院校厦门软件职业技术学院，获得该校的控股权，双方签

---

[1]　阙明坤：《职业院校探索混合所有制的有效形式》，载《中国教育报》，2015-3-26。

订协议，师资、设备等方面资源共享，厦门理工学院校长担任厦门软件学院理事会理事长。展望未来，公办、民办职业院校互相委托管理这一模式将在探索中进一步得到推广。①

第四，公私合作共建院校基础设施。教育领域公私合作伙伴关系是政府公共部门和社会资本建立合作关系，提供教育服务以促进教育发展的一种新模式，双方通过协议明确各自的权利和义务、风险和收益。当前混合所有制职业院校的发展，借鉴了 PPP 模式（即政府和社会资本合作，是公共基础设施中的一种项目运作模式），公私联合开展职业院校图书馆、体育馆、实验室等校园项目建设，实现资源共享。②

二、人才培养模式

（一）行业学院模式

在民办本科高校转型过程中，行业学院成为应用型人才培养的重要模式。行业学院是本科高校与企事业单位（或行业中的骨干企业、典型企业）紧密融合，以行（企）业生产链、产品链、技术链和服务链为对象，共同开展人才培养和科技服务的应用型专业学院，旨在为行业培养各类专门人才。

行业学院的最大特色就是以项目为依托设置培养方向，与行业企业共同制定培养目标，共同建设课程体系，共同实施培养过程，共同评价培养质量。通过与行业、企业的紧密合作，民办高校以行业学院模式为抓手，大力提高学生的学习能力、动手能力和实践能力，以满足行业对应用型人才的需求，达到服务产业转型升级和区域经济发展要求。

---

① 阙明坤：《职业院校探索混合所有制的有效形式》，载《中国教育报》，2015-3-26。
② 阙明坤：《职业院校探索混合所有制的有效形式》，载《中国教育报》，2015-3-26。

（二）产学合作模式

产学合作模式指的是在一定的制度环境下，为实现各自或共同的目标，校企双方通过对资金、科技、人才等资源进行配置和优化、进行技术创新的过程。产学合作模式的主要特色是既反映出合作双方之间的关系，又表达出产学合作结构以及双方的利益分配关系。以吉林动画学院为例，该学院依据创新性应用型人才培养要求，落实学研产一体化的发展思路，针对目前校企合作中教学难以组织、质量无法保障，以及学校热、企业冷的现状，主动探索人才培养、技术研发、校缘产业"三位一体"的办学模式。在教育部公布的《2017年第一批产学合作协同育人项目立项名单》中，以西安市的民办高校为例，西安培华学院、西京学院、西安欧亚学院、西安外事学院等多所民办高校与新道科技、东软睿道教育、厦门网中网软件、中软国际、烟台新天地试验技术等公司合作，在教学内容和课程体系改革、师资培训、实践条件建设、校外实践基地建设等方面有十余项获批立项。

（三）校地互动模式

校地互动是指学校与所在地地方政府、行业企业等社会组织在教学、科研、社会服务等方面，相互合作，共生发展。校地互动模式的最大特色就是强调"地方性"和"应用型"。实践表明，那些发展特色比较鲜明、科技实力比较雄厚、师资队伍较强、人才培养质量较高的新建本科院校一般都有一个共同的特点，即重视"校地互动"。

（四）订单培养模式

订单培养模式是指人才需求方（通常是企、事业单位）与人才提供方（主要是学校）经过协商，由人才提供方根据人才需求方提出的所需人才的数量、知识水平以及职业技能等要求，在规定时间内向人才需求方提供相应数量与质量的人力资源的合约式人才培养模式。

其最大特色是双方共同制订人才培养计划，共同设计和管理人才培养全过程。

订单培养模式是民办高校尤其是民办高职院校中常见的一种人才培养模式。以广州城建职业学院为例，该校以"订单培养"为抓手推动人才培养模式改革，促成政企行校共同育人。先后组建了 20 个"订单班"，允许企业全程参与教学和教学管理，为学生"毕业即就业"创造了条件。

(五)创新创业模式

创新创业人才模式是指以学科教育为基座，以通识基础深厚、综合素质高、专业适应性强为塔身，以富有创新精神和创业能力为塔尖，培养适合未来发展要求的高素质专门人才的一种模式。其最大特色是培养具有创新精神、创新意识、创新思维、创新能力，并且能够取得创新成果的人才；培养的创业人才懂得一定的专业技术，具备开拓创新、组织沟通等企业家的素质，善于发现商业机会并通过创造性的生产或经营活动进行商业行为并获取效益。

如西安外事学院。早在 2009 年 5 月，就根据学校的定位和创业教育发展需要，借鉴国外先进教育理念，整合各方面的资源，成立了西安外事学院创业学院。该学院加强课程体系改革，嵌入创业知识，将创业知识渗透到各专业课程中，优化课程内容体系，在教授专业知识的基础上提高学生的创业素养。如商科专业课程中可增加金融家精神、理财家精神，人文社科等专业课程中可增加文学作品或历史进程中创业者的创业精神，工科类可积极挖掘本专业的创新性、创造性知识点，使专业课程能有效地引导学生对创业能力的领悟等。学院组建专业机构和创业基金，为创业提供技术指导和资金保障。

大连东软信息学院于 2002 年按照真实信息科技和产业企业环境建立了大学生创业中心 SOVO(Student Office & Venture Office)，并在国家工商总局注册了商标，探索将创新创业教育融入人才培养

全过程。经过十几年的不断探索，SOVO 逐步建立了创新创业教育
金字塔模式，通过普适性课程教育中心围绕创新精神、创业意识和
创新创业能力，完成大学生普适性创新创业教育，通过 SOVO 平台
为学生创新创业教育成果转化提供实践平台，重点培养、塑造学生
的创新思维、创业意识、创新创业精神和创新创业能力，引导学生
把价值塑造和人格养成变为内在需要和自觉行动。目前该校被教育
部评为首批 50 所"全国创新创业典型经验高校"，2017 年李克强总理
重点考察了该校的大学生创业中心。

三、政府管理模式

（一）财政扶持型

民办高校的办学经费主要依靠学费收入，经费匮乏一直是制约
民办高校发展的瓶颈问题。我国部分地区政府在财政上对民办高校
予以扶持，效果显著。

陕西省从 2012 年起每年拿出 3 亿元设立民办高等教育发展专项
基金，重点用于民办高等教育公共服务和信息平台建设、高水平民
办高校建设、改革创新、师资队伍建设、实验室和实习实训基地建
设、科学研究、表彰和奖励为民办高等教育做出突出贡献的集体和
个人等方面。① 截至 2016 年，省财政累计拨付专项资金 15 亿元，民
办高校基础能力得到全面提升。2017 年陕西省再度明确，省级财政
继续设立民办高等教育发展专项基金，每年安排 4 亿元用于支持非
营利性民办高校"四个一流"等重大项目建设。山东省大力支持民办
本科高校优势特色专业建设，对优质民办高校给予奖励。2014—
2016 年，山东省财政累计安排 1.18 亿元，实施"民办本科高校优势
特色专业支持计划"，支持全省民办本科高校 60 个优势特色专业建

---

① 《陕西省人民政府关于进一步支持和规范民办高等教育发展的意见（陕政发〔2011〕
78 号）》，2011-12-30。

设。2016 年，省财政安排民办高校奖励资金 5400 万元，对山东英才学院、山东协和学院等 15 所办学成效显著、为社会培养高素质人才数量较多的民办高校给予奖励。

(二)土地优惠型

土地是民办高校赖以生存的基础，部分省、市为推动民办高校的发展，出台了诸如返还土地出让金、无偿划拨等土地优惠政策，使得一些民办高校从中获益。

如 2000 年《陕西省人民政府关于进一步办好民办高等教育的决定》规定，"民办高校建设应当根据国家有关规定纳入当地建设规划。民办高校在规划范围内依法征用土地，在减免建设配套费方面享受与公办高校同等优惠政策。政府鼓励企事业单位、公办学校将闲置的场地、设施、设备等资源优先出租、转让给民办高校办学"[①]。这些扶持政策的制定为陕西民办高校的兴建奠定了良好的基础。

2008 年，重庆市制定了《重庆市人民政府关于促进民办教育发展的意见》，提出各区县(自治县)人民政府和市政府有关部门要把民办学校办学用地纳入城镇建设土地利用总体规划。民办学校新建、改扩建用地可以采用出让的方式征用。民办学校教育教学用地按收支两条线的办法先交纳土地出让金，再申请返还。该规定极大促进了重庆市民办高校的新建和发展，各区县政府和市级国土部门把民办学校用地纳入城镇建设土地总体规划，并给予优惠。一种方式是先交后返，另一种方式是直接优惠，如重庆传媒职业学院获得土地出让金返还款 2.15 亿元、重庆工程学院获得土地出让金返还款 0.7 亿元，重庆机电职业学院以每亩 1 万元的优惠价格取得土地。

2002 年，江西省政府对南昌市昌东高校新区建设用地按无偿划

---

① 《陕西省人民政府关于进一步办好民办高等教育的决定(陕政发〔2000〕3 号)》，2000-1-08。

拨供地方式提供，涉及农民问题，征地补偿费由当地政府与用地学校协商解决。新增建设用地有偿使用费从 2001 年 8 月至 2004 年年底，除 30％上缴中央财政外，其余 70％全部免缴，免征契税、耕地占用税，征地管理费减半征收，并对其建设配套设施费用优惠。①

再如，珠海市政府分别为北京师范大学珠海分校、吉林大学珠海学院、北京理工大学珠海学院无偿划拨 5000 多亩土地作为校园建设用地，这 3 所民办高校都是以土地资源为驱动，按照独立学院的机制和模式运作。诸如此类，还有海南省政府和三亚市政府 2005 年给三亚学院划拨土地 3000 亩，支持三亚学院建设；海南省政府和海口市政府 2009 年给海口经济学院划拨土地 1780 亩。

（三）师资配置型

师资配置是高校为社会输送优秀人才的核心要素，各地政府为提升民办高校办学质量，实现内涵、特色发展，在师资配置上采取了一些措施。如 2010 年，上海市在实施《上海教育规划纲要》"十大工程"之一的"教师专业发展工程"时，给予民办高校和公办高校同等待遇，教师出国进修、产学研以及学生的实践实习等相关项目对民办高校实现全覆盖。为缩小民办学校教师与公办学校教师退休待遇的差距，上海市教委于 2009 年起探索实施民办学校教职工年金制度，鼓励民办学校参照企业年金制度为专职教师缴纳年金。针对民办高校师资队伍水平和整体教育质量不高的现状，从 2012 年起，上海市教委每年投入约 2000 万元财政专项资金，用于对民办高校青年教师和管理干部的集中培训，支持民办高校青年教师开展海外研修、产学研实践。针对民办高校教师待遇低的情况，上海市在 2012 年就拟制定进一步提高民办学校专职教职工收入的指导性意见，将专职

---

① 刘永根、谭永红、孙希刚：《广西民办高校用地政策研究》，载《学术论坛》，2005（12）：190—194。

教职工收入与学校学费收入、办学结余挂钩，设定比例要求，并将这一比例作为核定学校政府扶持专项资金的重要依据之一。同时，加强制度建设，发挥导向作用，通过多渠道(如企业养老金、企业年金和共享费等)提高民办学校专职教职工退休待遇。如宁波市政府大力支持民办高校发展，给予宁波大红鹰学院 800 个事业单位编制。

(四)严格管制型

各地政府在扶持民办高校的同时，也对民办高校实行严格管理。

一方面，严格对财务进行监管，如上海市从 2010 年开始，统一全市所有民办学校的财务管理制度和会计核算方法，安装了财务网络监管平台，推行了资金专户监管。对于办学使用经费，民办学校的举办者只能对其中 14 个项目进行自主支配使用，其他所有项目均要通过监管单位审批后才能使用。2013 年广东省《关于促进民办教育规范特色发展的意见》指出，民办学校要建立和完善内部预算管理制度，健全财务管理制度，实行财务公开，确保教学和人力资源等投入到位。民办学校从财政部门和主管部门取得的有指定项目和用途的专项资金，应当存入经主管部门审核的银行专款账户，保证专款专用和单独核算。2018 年公布的《浙江省民办学校财务管理办法》，明确民办学校财务机构负责人(会计主管人员)实行回避制度，董事会、理事会或类似决策机构(以下简称决策机构)人员的直系亲属不得同时被聘任为民办学校财务机构负责人(会计主管人员)。民办学校财务机构负责人(会计主管人员)的直系亲属不得在本单位财务机构中从事会计工作。举办者以实物、土地使用权、知识产权以及其他财产出资的，必须在民办学校法人登记成立后 1 年内办理过户手续，将资产过户到学校名下。

另一方面，政府不断加大对民办高校的监督检查力度。2008 年8 月，山东省委高校工委、省教育厅研究制定民办高校督导专员党建工作联络员选派和管理暂行办法及具体实施办法，首批选派 24 名督

导专员、党建工作联络员赴全省 24 所民办高校开展工作。江西省向
13 所民办高校新派或委派了 13 位政府督导专员，并分别兼任所在学
校的党委书记。陕西省民办高校及独立学院 2014 年年检，2 所民办
高校被要求整改，要求按照专家组反馈意见，加大学校整改工作力
度，纠正不规范办学行为；尽快落实投资主体，加大资金投入；加
强基础设施建设，完善办学条件；完善内部管理机制，加强师资队
伍建设，提升办学水平。基本合格学校的整改期限为半年，学校整
改完成后应及时将整改情况书面报送省教育厅。江西省教育厅 2014
年年检结果显示，6 所专修学院被终止办学。

第三节　民办高等教育的未来展望

一、加强高水平民办大学建设

《国家中长期教育改革和发展规划纲要（2010—2020 年）》指出，
要"支持民办学校创新体制机制和育人模式，提高质量，办出特色，
办好一批高水平民办学校"。建设高水平民办大学是民办高等教育变
强的主要标志之一。我国现在高等教育的总量已基本能够满足社会
成员的需求，真正短缺的是高质量、多样化的高等教育，高水平民
办大学有广阔的发展空间。建设高水平民办高校，有利于民办高校
明确办学方向，确定办学目标，优化办学条件，突出办学特色，规
范办学行为，提高办学质量，进而重塑形象，再创辉煌。

建设高水平民办高校需要政治、经济、组织和人力等多方面的
保障。坚持社会主义的办学方向，坚持教育的公益性，坚持承担办
学的社会责任，坚持依法办学、诚信办学，才能取信于民、取信于
政府，从而获得社会的认可和政府的支持，这是民办高校发展的政
治保障。建立多元化的经费筹措渠道，以保证有较充足的经费来源，
为创建高水平民办高校奠定物质基础和资金保障。结构合理、分工

协调、民主监督、高效运行的内部治理机制，是民办高校科学规范、民主运行的前提条件，也是民办高校健康稳步科学发展的组织保障。师资队伍建设是民办高校除资金以外第二个急需解决的重要问题，是创建高水平民办高校的人力资源保障。[1]

2015年，为响应党和国家的号召，加快教育改革步伐，培养一批有担当的学术顶尖人才，施一公、陈十一、潘建伟、饶毅、钱颖一、张辉和王坚七位倡议人正式向习近平总书记递交了《关于试点创建新型民办研究型大学的建议》报告。报告得到习近平总书记的亲自批示和中央、地方相关领导的大力支持，并引起了社会的广泛关注。同年6月，为了不断探索建设世界一流大学的经验，响应国家科技创新与教育改革的要求，充分利用和发挥国家"千人计划"专家联谊会的高端人才优势，"千人计划"专家联谊会与杭州市正式签署战略合作协议，明确提出双方将合作筹建一所新型的一流民办研究型大学——西湖大学。西湖大学是一所新型民办国际化高水平研究型大学，坚持"小而精、高起点、国际化、高水平、研究型大学"的办学理念，以人才培养和科学研究为中心，着力培养一批以天下为己任、能发挥领军作用的高端人才，致力于在基础科学研究、技术原始创新、科技成果转化方面做出具有重大影响力的成就。浙江西湖高等研究院作为西湖大学的筹办依托主体及前身，由施一公、饶毅、潘建伟、陈十一领衔组建生物学研究所、基础医学研究所、理学研究所、前沿技术研究所4个研究所和一个仪器中心作为其业务单位，致力于加强学科间的交流与合作，建设国际一流的研究平台，培养多学科的复合型人才。2018年4月，教育部正式批复同意浙江省设立西湖大学。该校的成立将有利于建设世界一流民办大学。

二、加强党对民办高校的领导

2016年12月7日，习近平总书记在全国高校思想政治工作会议

---

① 李维民：《民办高等教育事业的发展工程》，载《中国教师报》，2011-11-9。

上指出："办好我国高等教育，必须坚持党的领导，牢牢掌握党对高校工作的领导权，使高校成为坚持党的领导的坚强阵地。"民办高校是我国高等教育的一支重要力量，也必须成为党领导的坚强阵地。①2016 年 12 月 29 日，中共中央办公厅印发《关于加强民办学校党的建设工作的意见（试行）》，指出民办学校是社会主义教育事业的重要组成部分，承担着培养社会主义建设者和接班人的重任。

文件要求：要充分认识做好民办学校党建工作的重要性、紧迫性，按照全面从严治党要求，加强党对民办学校的领导，加强社会主义核心价值观培育，确保学校按照党的要求办学立校、教书育人。要加大民办学校党组织组建力度，理顺党组织隶属关系，健全党组织参与决策和监督机制，充分发挥党组织政治核心作用。要选好管好民办学校党组织书记，从严做好发展党员和党员教育管理工作，提高党性觉悟和素质能力，充分发挥广大党员的先锋模范作用。要抓好思想政治教育和德育工作，巩固民办学校思想文化和意识形态阵地。要将民办学校党的建设纳入基层党建述职评议考核的重要内容，强化指导督促和基础保障，不断提高民办学校党建工作整体水平。

当前，民办高校的党建工作还存在薄弱环节。比如，对党建工作的重要性认识不足，有的人片面认为民办高校生存的根本是抓教育质量、抓学科建设、抓市场开发，没把党建工作放到应有的重要位置；党建工作基础薄弱，部分民办高校党的组织体系不健全，尤其是缺少真正懂党建、善于抓党建的专业人才。改进民办高校领导管理体制是民办高校党建工作的重点，向民办高校选派党委书记是加强党对民办高校领导的重要举措，民办高校要利用好党委书记选派的重要契机，积极探索建立既能体现党委政治核心地位又能发挥民办高校办学优势的领导管理体制，形成在党的领导下推动学校健

---

① 夏季亭：《多措并举加强民办高校党建》，载《光明日报》，2017-10-12。

康发展的有效机制。近两年，贵州、黑龙江、江苏等省纷纷制定关于加强民办学校党的建设工作的意见落实性文件，积极推进民办高校党建工作，各省民办高校积极贯彻落实关于加强党建领导工作的要求开展工作，陕西、福建、吉林、河北、江西等10多个省、自治区、直辖市推行或试行上级委派民办高校党组织负责人，并由该负责人兼任政府派驻学校的督导专员。

三、促进民办高校内涵式发展

内涵式发展始终把提高质量、培养创新型人才作为核心追求，是世界一流大学的成功经验。走内涵式发展之路也是我国大学坚持改革开放，学习借鉴世界一流大学发展经验的理性选择。[①] 党的十九大报告强调推动高等教育内涵式发展，进一步明确了新形势下高等教育的发展方向。推动高等教育内涵式发展是办好人民满意的教育的内在要求，是把我国建设成为高等教育强国的必由之路。

经过十多年的扩招，高等教育市场已经凸显供大于求的状态，伴随国家经济结构调整和转变经济发展方式，社会人才需求的形势、样态与规格也发生了较大变化，要求高等教育人才培养必须更加适应经济社会的发展。近年来，高考适龄人口数量出现下降趋势，到2020年将减少30％左右，生源减少使得民办高校学费收入降低，不足以支撑无限制的扩张，无法继续依靠规模扩张来寻求发展。在这种社会发展背景下，内涵式发展是民办高校可持续发展的必然选择。

民办高校要实现内涵式发展必须注重顶层设计、对接市场需求、把握发展关键、提高人才培养质量、培育办学特色等问题。一是加强顶层设计，凝神聚力打造应用型技术技能高校。在高等教育大众化时代，绝大多数民办高校都定位于应用型，为社会培养需要的应用型、技能型人才。二是对接市场需求，坚持不懈地进行专业建设

---

① 金朝晖：《高等教育内涵式发展探讨》，载《中国成人教育》，2014(11)：25—27。

与改造。民办高校倾听市场声音，从市场的人才需求中获取信息，设计和培育新专业；同时勇于并转关停市场前景黯淡、需求不畅的专业；积极改造不适应市场需要的专业，通过创新培养规格、调整课程设置、更新教学内容、改进培养模式等途径对接市场需求。三是把握发展关键，时时刻刻把师资队伍建设摆在首要位置。在内涵式发展背景下，民办高校要舍得投入，把引进和培养学科、专业带头人作为重要工作。青年教师是学校发展的未来，要加强优秀青年教师的教学、科研和管理等各方面能力的培养锻炼，更多地选拔任用优秀青年教师。要着眼于应用型人才培养，加强教学团队建设和教师知识能力结构改造，逐步形成合理梯队和"双师型"结构。四是围绕提高人才培养质量，不断改进教育教学与管理。只有树立正确质量观念和科学质量标准，才能真正把好质量关。改变课程教学"讲授为主"、学业成绩"考试为主"的灌输教育、应试教育模式，重新确立教师的职责定位，使之成为学生学习的设计者、指导者和帮助者。要激发学生自主学习的自觉性、积极性，推动从"以教为主"向"以学为主"、从"动脑学习"向"动手学习"、从"个体学习"向"合作学习"、从"封闭学习"向"开放学习"的转变。[1] 五是培育办学特色，积极探索差异化发展道路。民办高校必须着眼社会需要寻找细分定位、服务面向和人才规格，探索差异化发展道路。[2]

四、推进民办高等教育国际化

2016 年 4 月，中共中央办公厅、国务院办公厅印发了《关于做好新时期教育对外开放工作的若干意见》，强调高校实施国际化战略的重要性和必要性。高等教育国际化的典型特征是开放性、融合性和跨国性。

民办高校对外合作吸引力强。国内一大批民办高校充分利用自

---

[1] 王和强、李文国、王玉兰：《内涵发展是民办高校的必然选择》，载《中国高等教育》，2016(8)：28—30。

[2] 王和强、李文国、王玉兰：《内涵发展是民办高校的必然选择》，载《中国高等教育》，2016(8)：28—30。

身执行力强、灵活性大等优势，积极开展与国外大学的合作，采取"2＋2""3＋1"或"1＋3"等方式，让学生在国内学习 1～3 年，之后去国外学习 1～2 年，双方课程与学分互认，学生可以拿到国内外两所学校的文凭，最大限度地利用了优秀教育资源。① 民办高等教育的国际化除了走出去，还包括引进来。《2014 年度来华留学调查报告》统计，2014 年在华留学生 37.7 万，已占全球留学生份额的 8％，成为世界第三大留学生输入国。特别是随着"一带一路"倡议的实施，在"一带一路"涉及的 73 个沿线国家中，高等教育进程处于精英教育阶段的国家仅有 11 个；处于大众化阶段的国家有 29 个，主要是亚洲中等收入的发展中国家；处于普及化阶段的国家有 33 个，主要是欧洲及亚洲经济水平较高的发达国家。总体来看，超过 85％的国家目前已经处于高等教育大众化及以上发展阶段。"一带一路"倡议为推进我国民办高等教育国际化、深化高等教育领域综合改革、提高教育质量提供了重大战略机遇。

民办高校调整发展定位，充分利用现有的资源，面向国外，开展国际合作，能够达到"一举多得"的目的：第一，可以满足社会需求，扩大学生来源；第二，可以向国外借智，迅速提升办学水平；第三，可以走出去，进一步拓展办学空间，甚至可以选择到国外条件合适的地方开办分校，进一步开拓国际市场。我国民办高校实施国际化合作战略必然吸引国外大量的优质教育资源，重新审视和改革我们的专业设置与课程体系，进一步夯实教学质量体系，放开手脚，增强国际办学的开放性与自由性。只要是实践证明，引进的办学方式、开设的各种专业、设置的各种课程是能够被广大学生和家长认可，并被社会、市场接受的，就要坚定不移地走下去，办起来。充分利用这一契机，不断拓展自身的办学空间，提升自身的办学质量。②

----

① 刘学民：《关于民办高校高端化、国际化发展路径的思考》，载《经济师》，2017(1)：17—19。

② 刘学民：《关于民办高校高端化、国际化发展路径的思考》，载《经济师》，2017(1)：17—19。

第四章

制度环境变迁

制度环境是指组织生存于其中的法律制度、文化观念和社会规范等因素，通过影响资源分配等激励方式来影响组织的决策，要求组织内部的结构和制度符合社会公认的"合法性"。① 民办教育制度的变迁过程，充分反映了民办教育制度需求与供给之间的不平衡，以及其在不断调适中走向相对平衡的过程。政策与法律作为调整民办教育领域社会关系的两种形式，是考察制度环境变迁的两个主要方面，其相互补充、相互区别、相互联系。政策与法律构成的主要制度体系对民办教育活动具有调控作用，政策在完善自身的同时为法律提供了经验，法律在改进自身的同时也供制定政策时参考。②

第一节　民办教育发展政策与法律变迁概览

纵观我国民办教育复苏与发展的历史，波澜起伏、艰难曲折。改革开放前，我国的民办教育发展过程可谓"命途多舛、时运不济"。

---

① 陈欣、黄维德：《迎合行为的概念性分析框架——基于新制度主义的视角》，载《华东理工大学学报（社会科学版）》，2007，22(2)：66—73。

② 李龙、李慧敏：《政策与法律的互补谐变关系探析》，载《理论与改革》，2017(1)：54—58。

1978 年以来，我国民办教育政策与法制呈现出一条默许、承认、鼓励和支持规范的发展脉络，国家对民办教育的政策与法律保障，走的是一条"波浪式"前进的发展道路。[①]

一、恢复起步期(1978—1992 年)

本阶段是民办教育政策与法律等相关制度恢复初创时期。十一届三中全会后，在"解放思想、实事求是"思想路线的指引下，教育界对教育本质问题进行了探讨，成为 20 世纪 80 年代我国教育方针转变的重要前提，奠定了我国民办教育政策与法律的理论基础。在这一时期，我国民办教育从弥补财政不足到满足多样化需求，从"拾遗补缺"到成为"重要组成部分"，逐步发展壮大，显示出强劲的生命力和较大的灵活性。

20 世纪 70 年代末 80 年代初，高度集中的国家办学体制弊端初现，国家教育资源短缺和人才需求旺盛的矛盾日益突出，基于现实需要，在不打乱国家总体计划安排的前提条件下，国家教育政策开始适当允许社会力量办学。在党和国家的工作重心转移到经济建设上来的新形势下，国家教育事业"统得过多"、政府办学"管得过死"的制度环境逐渐发生变化，民办教育迎来新的发展机遇。在此民办教育制度环境变化的交汇点上，政府逐步下放管理权力、清除社会力量办学障碍、鼓励捐资助学与集资办学成为当时民办教育改革与发展的重点，民办教育开始复苏。[②]

《宪法》第十九条第四款提出，"国家鼓励集体经济组织，国家企业事业组织和其他社会力量依照法律规定举办各种教育事业"。在法律上第一次明确社会力量作为办学主体，民办教育的法律地位得到

---

① 胡东芳、蒋纯焦：《"民办"咋办? 中国民办教育忧思录》，福州，福建教育出版社，2001。

② 安扬：《我国民办教育政策法制建设 60 年》，载《北京教育学院学报(社会科学版)》，2009，23(6)：63—66。

确立。①

《中共中央关于教育体制改革的决定》提出地方鼓励和指导国营
企业、社会团体和个人办学，鼓励捐资助学，控制各方面向学校征
收费用，降低学校经济负担。支持企事业单位发展职业技术教育，
鼓励集体、个人和其他社会力量办学。《中共中央关于教育体制改革
的决定》允许个人办学的形式，成为民办教育理论研究的基础依据，
同时加速了民办学校的发展。

《中华人民共和国义务教育法》（以下简称《义务教育法》）明确要
求"国家鼓励企业、事业单位和其他社会力量，在当地人民政府统一
管理下，按照国家规定的基本要求举办本法律规定的各类学校"。同
年，国务院办公厅转发国家教委等部门的文件《关于实施〈义务教育
法〉若干问题的意见》中进一步明确"个人依法办学可以进行试办"，
标志着社会力量办学权正式确立。

在这一阶段，民办教育处于恢复萌芽时期，国家对民办教育采
取的是默许态度，还未对我国民办教育的性质和法律地位等做进一
步的规定。

1987 年，国家教委出台的《关于社会力量办学的若干暂行规定》，
作为我国民办教育第一个专门规章，第一次全面对"社会力量"的含
义、地位、设置等作出规定，明确社会力量办学是我国教育事业的
组成部分，是国家办学的补充，进一步鼓励与引导社会力量办学。
出于解决公办学校教育经费匮乏的问题，这一时期的民办教育仅作
为公办教育的"拾遗补缺"。同年，国家教委和财政部联合颁布《社会
力量办学财务管理暂行规定》，要求各级人民政府及教育行政部门应
鼓励和支持社会力量举办各种教育事业。在中央不断出台社会力量
办学相关政策规定的前提下，各地方依据原国家教委相关文件的规

---

① 　陈桂生：《中国民办教育问题》，北京，教育科学出版社，2001。

定，并结合实际颁布实施了关于支持与规范社会力量办学政策与规定，为民办学校快速发展提供了良好的制度环境。同时，由于民办教育处于起步阶段，相关法律法规不健全，在民办学校办学过程中，存在一些违法违规的现象。

二、快速发展期(1993—2002 年)

邓小平同志南方谈话发表后，随着我国由计划经济体制向社会主义市场经济体制转变，民办教育也进入快速增长阶段，民办教育逐渐获得认可和重视，在国家教育事业中的地位从作为公办教育的补充转变为国家教育事业的重要组成部分。

《中国教育改革和发展纲要》充分肯定"政府办学为主体、社会各界共同办学"的体制，第一次明确了国家对社会团体和公民个人依法办学"积极鼓励、大力支持、正确引导、加强管理"的"十六字"方针。此后，全面贯彻落实"十六字"方针成为各级政府、教育行政部门和民办教育工作者的主要任务，各地民办学校及教育机构数量猛增，办学规模不断扩大，办学条件逐步改善，民办教育获得更为包容与开放的制度环境。

此后，《中华人民共和国教师法》(以下简称《教师法》)和《教育法》两部法律提出了民办教育的一些基本原则，明确了民办学校及其教师的地位、性质。1995 年，国家教委颁布的《中外合作办学暂行规定》明确中外合作办学为我国教育事业的补充，对引进国外企业或教育机构的资金，向国外开放办学市场，奠定了我国合作办学的制度基础。

1997 年，国务院出台《社会力量办学条例》，作为第一个民办教育行政法规，全面、系统、详尽地明确了民办教育发展基本原则、机构设立、教学和行政管理、财产和财务管理、机构变更与解散、政府保障与扶持及法律责任等内容，标志着我国民办教育依法办学、依法管理进入新时期。

在高等教育领域，《中华人民共和国高等教育法》明确了民办高校的地位，并为政府办学为主体、公办学校和民办学校共同发展的格局奠定了坚实基础。1999 年，第三次全国教育工作会议通过的《中共中央、国务院关于深化教育体制改革 全面推进素质教育的决定》明确要求，积极鼓励和支持社会力量以多种形式办学，要形成以政府办学为主体、公办学校和民办学校共同发展的格局。

在此阶段，国家鼓励并支持发展民办教育，民办教育获得了合法地位，发展步入正轨。伴随着国家经济体制和教育体制改革的步伐，民办教育步入快速发展期。

三、规范发展期（2003—2016 年）

《民办教育促进法》的颁布实施进一步夯实了民办教育发展的制度基础，逐步构建起相对完善的民办教育法规体系，为民办教育的发展提供了法制保障，促进了教育观念、办学体制和教育体制等方面的改革发展。

《民办教育促进法》明确民办学校与公办学校具有同等法律地位，国家保障民办学校举办者、校长、教职工和受教育者的合法权益和民办学校享受国家税收优惠政策等重要内容，形成了支持民办教育发展的框架性制度设计。2004 年，国务院颁布实施《民办教育促进法实施条例》，以八章五十四条的篇幅，从民办学校的举办者、设立、组织与活动、资产与财务管理、扶持与奖励、法律责任等方面作出了详尽的规定，奠定了民办教育发展的强大制度基础，从此民办教育获得更加广泛的支持和认可。同时，2003 年国务院颁布的《中外合作办学条例》成为民办教育领域中外合作办学的法律依据，也是我国教育领域应对经济全球化的新举措。

2003—2005 年，国家出台了《民办教育促进法》的一系列实施细则，配套推进民办教育改革发展。比如，教育部《关于规范并加强普通高校以新的机制和模式试办独立学院管理的若干意见》，国家财政部、国家税务总局《关于教育税收政策的通知》，教育部办公厅《关于启用〈民办学校办学许可证〉有关问题的通知》，国家发展和改革委员会、教育部、劳动和社会保障部《民办教育收费管理暂行办法》等相关规定。

在随后的近 10 年中，我国继续出台一系列的民办教育法规政策，全面深化和落实《民办教育促进法》及其配套法规规章，并在探索中不断推进民办教育的稳步发展。2007 年 2 月施行的《民办高等学校办学管理若干规定》详细规定了民办高校招生、管理、教学等内容，加快推进民办高等教育健康快速发展。2008 年 4 月施行的《独立学院设置与管理办法》进一步明确独立学院办学属性和学位授予权，奠定独立学院发展的坚实基础。2010 年 10 月，国家颁布的《国家中长期教育改革和发展规划纲要（2010—2020 年）》强调从扶持和规范管理两个方面促进民办学校发展，推动形成了民办教育与公办教育共同发展的基本格局。2012 年 6 月，教育部颁布《关于鼓励和引导民间资金进入教育领域　促进民办教育健康发展的实施意见》，提出"充分发挥民间资金推动教育事业发展的作用""拓宽民间资金参与教育事业发展的渠道"，从办学许可、清理纠正歧视政策、落实民办学校办学自主权、招生自主权等方面体现了"完善促进民办教育发展的政策"的相关内容。

在此阶段，《国家中长期教育改革和发展规划纲要（2010—2020年）》中还明确积极探索营利性学校和非营利性学校分类管理，在全国展开分类管理的试点，并在国家层面推动教育一揽子修法，其中包括修改《民办教育促进法》以及《教育法》中的相关法律条文。随后，2015 年修订的《教育法》明确不再禁止举办营利性学校。2016 年 11 月 7 日，十二届全国人大常委会第二十四次会议审议通过了《关于修改〈中华人民共和国民办教育促进法〉的决定》，对 2002 年颁布的《民办教育促进法》作出民办学校非营利性与营利性分类管理、加强民办学校党的建设、义务教育阶段不得设立营利性民办学校、民办学校信息公开制度等 16 项修订，并于 2017 年 9 月 1 日开始实施。

在此基础上，国务院《促进民办教育健康发展的若干意见》(2016年)从支持和规范两方面对分类管理背景下民办教育的改革和发展作出前瞻性、规范性、全面性的规定，为民办教育在新的历史起点上实现健康发展指明了方向。与此同时，相关部门等还出台了《关于加强民办学校党的建设工作的意见(试行)》《民办学校分类登记实施细则》和《营利性民办学校监督管理实施细则》等新政。新法、新政奠定了新阶段民办教育改革与发展的重要制度基础。

四、内涵式发展期(2017 年至今)

2017 年是中国民办教育发展史上极其辉煌的一年，伴随着新《民办教育促进法》及其配套政策等新法新政的正式实施，民办教育发展进入分类管理的新阶段。[①] 新时期民办教育改革发展更加注重于法有据、有法可依，注重在法律框架下逐步推进改革，注重发挥配套政策的外溢效应和综合效应。

新《民办教育促进法》颁布后，国家各部门相继制定了相关政策法规，进一步完善了相关民办教育管理和扶持制度，对进一步鼓励社会力量兴办教育，推进教育供给侧改革，满足人民群众日益增长的多样化教育需求，具有重要而深远的意义。为进一步明确政府相关部门的职责，推动民办教育新法新政落实，2017 年 7 月，教育部等十四部门关于印发《中央有关部门贯彻实施〈国务院关于鼓励社会力量兴办教育促进民办教育健康发展的若干意见〉任务分工方案》的通知。与此同时，各地省级政府为落实新修订的《民办教育促进法》及其配套措施，紧锣密鼓地结合各地方实际出台相关实施意见和配套政策。2017 年党的十九大报告明确提出"支持和规范社会力量兴办

---

① 阙明坤：《民办学校发展步入新时代》，载《教育》，2018(1)：11。

教育"，十九届三中全会强调推动教育等公共服务提供主体多元化、提供方式多样化。为进一步贯彻落实党的十九大精神和上位法规定，回应民办教育领域出现的新情况新问题，支持和规范民办教育发展，教育部已经启动了《民办教育促进法实施条例》的修订工作，于 2018 年 4 月 20 日向全社会发布了《实施条例（修订草案）（征求意见稿）》。新《民办教育促进法实施条例》将《促进民办教育健康发展的若干意见》（2016 年）的部分内容、原则、规定体现为法规、法条，为各地、各部门贯彻落实新法新政，加强部门协调配合，统筹协调推进民办教育改革发展提供了法规框架。

第二节　制度环境变迁中民办教育的改革发展

从制度变迁角度分析我国民办教育的发展情况，尤其分析我国民办教育突破性发展的事实，能看到制度变迁的效应及制度本身的力量。[①] 民办教育发展与我国的政治、经济、社会、文化密切相关，与国家支持和规范的政策与法律密切联系。

一、民办教育的法律地位

民办教育复苏以来，就一直在积极争取获得与公办教育同等的法律地位。经过 40 年的发展，民办教育在法律认可和社会接受层面都取得了重大进展，获得了与公办教育同等的法律地位。

20 世纪 80 年代，由于公办教育资源社会供给不足，吸纳社会力量办学的民办教育被认为具有"拾遗补缺"的作用，被重新提起并在事实上获得认可。1982 年通过的《宪法》中规定了社会力量办学的条款，一般认为是对恢复民办教育的肯定，但并未明确规定具体相关

---

① 贺武华、高金岭：《高等教育发展的制度变迁理论解释》，载《江苏高教》，2004（6）：24—27。

政策，民办教育发展的环境依然模糊不清。从《关于社会力量办学的若干暂行规定》开始，民办教育开始被认为是"国家办学的补充"，成为我国教育事业的"组成部分"。然而，这一时期的民办学校主要以非学历教育为主的职业学校和业余学校的方式生存和发展，办学层次较低。

20 世纪 90 年代，民办教育从非学历教育扩展到学历教育领域，办学范围扩大，但其在法律中的地位并不明确，受国家政策限制较多。《社会力量办学条例》首次认可了民办教育的法律地位。

《民办教育促进法》第五条规定了民办、公办学校具有同等的法律地位；第二十七条、第三十一条、第三十三条分别规定民办学校的教师、受教育者，与公办学校的教师、受教育者具有同等的法律地位、同等权利和同等待遇。2004 年国务院颁布的《民办教育促进法实施条例》，对"同等"作了细化和补充，第二十七条规定民办学校享有与同级同类公办学校同等的招生权，第二十九条进一步细化民办学校及其教师、职员、受教育者的具体权利。2010 年，《国家中长期教育改革和发展规划纲要（2010—2020 年）》明确要大力支持民办教育，要依法落实民办学校、学生、教师与公办学校、学生、教师同等的法律地位。《促进民办教育健康发展的若干意见》（2016 年）规定"落实同等资助政策。民办学校学生与公办学校学生按规定同等享受助学贷款、奖助学金等国家资助政策"。

总之，民办学校从法律之外的"非制度化"的存在，逐步得到法规和政策层面的"承认"鼓励，最终获得了与公办学校"同等"的法律地位。

二、民办教育的社会认同

改革开放初期，社会对民办学校的接受度并不高，普遍认为公办学校教育质量更高，教师水平更高。民办教育的办学机构仅存在文化补习班或者函授班中，只是正规的公办教育体系之外的补充。

随着民办教育质量不断提高，以及民众人才观与成才观的转变，民办教育在社会公众心目中逐渐从一种"补充教育"转向"选择教育"[1]。20世纪八九十年代，民办学校在社会上已经普遍存在，但从办学规模和在校生数量来看，仍然作为公办学校的一种"补充"存在。进入21世纪以来，民办教育发展蓬勃，用人单位和社会公众对民办学校的看法也发生了变化，民办学校培养出来的人才动手操作能力较强，"上民办学校"成为公办学校之外的另一种选择，民办教育成为一种"选择教育"。[2]

尤为突出的是，基于民办中小学办学自主权更大、办学开放程度更广、教育质量更高、受教育者"选择权"更大等优势，上海、浙江、江苏等地的民办中小学受到众多家长的青睐。如上海民办中小学在20多年的发展中，已经从公办教育的"有益补充"蜕变为上海教育事业的重要组成部分。截至2016年，与全市相应学段在校生数相比，民办小学、初中、高中分别占比达6.25％、15.23％、10.43％。在满足家长需求上，经历了人民群众的质疑观望、犹豫不决到现在的"趋之若鹜"。2016年上海市民办小学、初中报名录取比例平均为3.3∶1和1.7∶1，热门民办学校录取比例更低。[3] 在上海，不少民办中小学已经成为人民群众的"择校"首选。

三、民办教育的政策创新

政府对民办学校采取的相关配套支持政策，是考察民办教育发展历程脉络的重要线索。政府扶持民办学校，特别是提供公共财政资助，显现出国家对民办教育发展承担的责任，也显现出国家站在

---

[1] 陈武元：《从补充教育走向选择教育：我国民办高校发展的必然选择》，载《教育研究》，2008(5)：16—20。

[2] 佘宇等：《路在何方：促进民办教育健康发展研究》，北京，中国发展出版社，2015。

[3] 《上海民办小学录取比例降至3.3∶1、初中降至1.7∶1》[2018-8-2]，http：//www.thepaper.cn/newsDetail-forward-1478868。

教育发展的战略高度同等地对待民办教育与公办教育。政府的民办教育扶持政策主要表现为给民办学校提供财政支持、税收优惠、补贴和奖励、政府购买服务、助学贷款等政策与法律。[1]

(一)财政支持政策的变迁

一般意义上来说，基本教育服务(如义务教育)属于纯粹公共物品，主要由政府负责，并由国家财政予以保障；还有一部分教育服务(如高等教育)则属于准公共物品，政府给予资助的同时，适当引入市场机制寻求资金保障。[2] 民办教育的恢复和发展有助于吸引社会资本进入教育并分担政府财政压力。正如学者所言，社会资本被当作政府财政责任以外的灵丹妙药，如果没有民办学校，充分教育就不能很好实现，民办教育在推进全民充分教育中发挥着重要的作用。[3]

随着民办教育地位和作用的变化，财政支持政策也在不断变化。基于尊重举办者权益和促进民办教育发展的考虑，《民办教育促进法》规定"民办学校在扣除办学成本、预留发展基金以及按照国家的有关规定提取其他必须费用后，出资人可以从办学节余中取得合理回报"，此类规定的限制和变通的目的是激励投资者投资民办教育，调动民办教育举办者或社会闲散资金拥有者投资民办教育的积极性。但在实践中，因为规定过于原则性、概括性，激励社会力量投资民办教育的目的非但难以实现，反而因对是否取得合理回报的学校区分不明显，在不同程度上又限制了国家对民办学校的财政支持。当时的法律并没有根据要求取得"合理回报"而采取不同的财政政策，

① 周海涛等：《民办学校分类管理政策研究》，1 页，北京，经济科学出版社，2016。
② 胡四能：《对〈民办教育促进法〉及其实施条例"合理回报"解读与思考》，载《高教探索》，2006(1)：14—16，31。
③ [美]罗杰·L. 盖格、刘红燕、阎凤桥：《私立高等教育与公共政策：私立高等教育在经济现代化过程中的角色》，载《北京大学教育评论》，2003(3)：21—25，76。

仅在《民办教育促进法实施条例》中针对税收优惠作出了是否取得"合理回报"的不同政策。因取得合理回报的方式、各要素指标、途径等问题尚不明确，为了避免国有资产流失，在旧《民办教育促进法》规范民办教育的十几年中，国家对于民办教育的财政支持力度不大。

2016 年新《民办教育促进法》及系列相关配套政策明确建立分类管理、差异化扶持的框架，也为国家财政针对营利与非营利民办学校分类施策开辟了新思路。《促进民办教育健康发展的若干意见》(2016 年)明确，要加大财政投入力度，各级政府按照《预算法》《教育法》《民办教育促进法》等法律法规和制度要求，因地制宜，调整优化教育支出结构，加大对民办教育的扶持力度、创新财政扶持方式、完善政府购买服务的标准和程序，建立绩效评价制度等具体政策措施。《促进民办教育健康发展的若干意见》(2016 年)规定了国家对民办教育的财政扶持，系统地列举了财政扶持方式，明确了地方各级人民政府为主的财政扶持主体，凸显了国家对民办教育发展的高度重视。

(二)税收扶持政策的变迁

完善的民办学校税收政策是吸引社会资金行之有效的先行策略，也是国际惯例，是规范民办学校经济行为的重要研究内容。[1] 民办教育事业主要由社会力量举办，如果这些资金又必须纳入国家征税系统，成为征税对象，那么政府针对民办教育制定的税收政策将直接影响该部分资金的规模和投资者的意愿，成为影响民办教育事业发展的重要因素。

2001 年 9 月财政部、国家税务总局《关于社会力量办学契税政策问题的通知》规定："由企业事业组织、社会团体及其他社会组织和公民个人利用非国家财政性教育经费面向社会举办的教育机构，其承受的土地、房屋权属用于教学的，比照《中华人民共和国契税暂行条例》第(一)款的规定，免征契税。"

2003 年实施的《民办教育促进法》规定，"民办学校享受国家规定的税收优惠政策"。随后出台的《民办教育促进法实施条例》根据投资人是否要求取得合理回报、对民办学校实行税收分类优惠的扶持原则，规定捐资办学和出资人不要求合理回报的，可以享受与公办学校同等的税收优惠政策；要求取得合理回报的，具体政策由国务院、财政部税务主管部门会同国务院有关行政部门制定，这区分了民办学校与其他工商业征税对象在税收政策上的不同。[①]

2007 年，国务院颁布的《中华人民共和国耕地占用税暂行条例》规定："学校、幼儿园经批准征用的耕地，免征耕地占用税。"

2008 年国务院颁布的《中华人民共和国增值税暂行条例》规定："对直接用于科学研究、科学实验和教学的进口仪器、设备免征增值税。"《中华人民共和国营业税暂行条例》规定："对托儿所、幼儿园提供的养育服务，对学校和其他教育机构提供的教育劳务，对学生勤工俭学提供的劳务，免征营业税。"这些文件体现了国家对民办教育通过税收优惠进行扶持的力度和决心。

2009 年，财政部、国家税务总局颁布了《关于非营利组织免税资格认定管理有关问题的通知》，指出"对经省级(含省级)以上登记管理机关批准设立或登记的非营利组织，或经市(地)级或县级登记管理机关批准设立或登记的非营利组织，提出免税资格申请。财政、税务部门按照管理权限，对非营利组织享受免税的资格联合进行审核确认，并定期予以公布"。该通知成为实施过程中很多地方参照的施政依据，但对民办学校的税收优惠条件、优惠范围等进行规定的

---

① 周海涛、张墨涵：《完善民办学校税收分类优惠政策的思考》，载《教育与经济》，2014(5)：25—30。

问题依然如故，也为各地政府在执行上带来很大困惑，并出现各地政策不一、力度不同等问题，影响了政府的公信力。

2010 年，我国民办教育改革和发展进入关键期，很多未明确的问题亟待解决。虽然当年制定实施的《国家中长期教育改革和发展规划纲要（2010—2020 年）》要求"制定完善促进民办教育发展的优惠政策"，但由于此项规定过于泛化，不细不实又无可操作性，并未解决民办教育发展优惠政策等实际问题。要落实此项规定需协调各方利益，非短时间内能够达成的目标。现有的民办学校的税收优惠政策及相关法律法规同样含混不清，有的甚至存在冲突，为政策的落实及法律的执行带来很大的困难。

《促进民办教育健康发展的若干意见》（2016 年）规定："落实税费优惠等激励政策。民办学校按照国家有关规定享受相关税收优惠政策。对企业办的各类学校、幼儿园自用的房产、土地，免征房产税、城镇土地使用税。对企业支持教育事业的公益性捐赠支出，按照税法有关规定，在年度利润总额 12％以内的部分，准予在计算应纳税所得额时扣除；对个人支持教育事业的公益性捐赠支出，按照税收法律法规及政策的相关规定在个人所得税前予以扣除。非营利性民办学校与公办学校享有同等待遇，按照税法规定进行免税资格认定后，免征非营利性收入的企业所得税。捐资建设校舍及开展表彰资助等活动的冠名依法尊重捐赠人意愿。民办学校用电、用水、用气、用热，执行与公办学校相同的价格政策。"该意见采用列举的方式，明确了免征税费的种类并分类规定实施办法，进一步强化了税收优惠政策的针对性和操作性。

（三）土地扶持政策的变迁

土地是民办学校赖以发展的根基，是其资产的重要组成部分，对民办教育的筹建和发展发挥了重要作用。土地扶持是国家对民办学校扶持的重要内容之一，其政策与法律制度变迁亦是伴随着民办教育的产生发展轨迹而生，呈现出从无到有、从少到多、从模糊不清到分类明确的诸多明显特征。

《中华人民共和国土地管理法》第五十四条规定："建设单位使用国有土地，应当以出让等有偿使用方式取得；但是下列建设用地，经县级以上人民政府依法批准，可以划拨方式取得：（一）国家机关用地和军事用地；（二）城市基础设施用地和公益事业用地；（三）国家重点扶持的能源、交通、水利等基础设施用地；（四）法律、行政法规规定的其他用地。"

《教育法》第六十四条规定："地方各级人民政府及其有关行政部门必须把学校的基本建设纳入城乡建设规划，统筹安排学校的基本建设用地及所需物资，按照国家有关规定实行优先、优惠政策。"

《社会力量办学条例》第四十七条规定："教育机构建设需要使用土地的，县级以上地方各级人民政府应当根据国家有关规定和实际情况，纳入规划，按照公益事业用地办理，并可以优先安排。"

1999 年《中共中央国务院关于深化教育改革全面推进素质教育的决定》第十二条规定："要因地制宜地制定优惠政策（如土地优惠使用、免征配套费等），支持社会力量办学。"

2003 年《民办教育促进法》第四十五条规定："县级以上各级人民政府可以采取经费资助，出租、转让闲置的国有资产等措施对民办学校予以扶持。"第五十条规定："新建、扩建民办学校，人民政府应当按照公益事业用地及建设的有关规定给予优惠。教育用地不得用于其他用途。"由此看出，土地征用及优惠政策在民办学校的经费筹措中所占的补偿比例很大，政府掌握土地资源，通过制定相关的土地优惠政策，灵活扶持民办学校建设与发展。

《促进民办教育健康发展的若干意见》（2016 年）规定明确了非营利性民办学校可以享受国家划拨方式供应土地的优惠政策，与公办学校无异；而营利性民办学校则不享有以上优惠政策，只提及按照国家相应的政策使用土地，相关政策规定不详，难以衔接，且在土地用途上作了严格限定。由此可以看出，国家对于非营利性民办学校的支持力度要远高于营利性民办学校。

（四）收费政策的变迁

我国民办教育收费管理政策制度的变迁主要经历了民办学校自主定价权从无到有、由弱到强的过程。从其形式上看呈现从激进式政策转向渐进式政策，由关注收费标准转向关注收费行为，由政策引导转向程序操作。

2003年《民办教育促进法》规定民办学校收费政策按照学历教育和非学历教育的性质不同而不同，学历教育的收费标准由政府物价部门进行审批。2005年国家发展改革委员会、教育部、劳动和社会保障部规定民办学历教育申请调整或制定学校收费标准时要有"近三年的收入和支出情况"，同年民政部发文，连续两年年检不合格的民办非企业单位予以撤销登记。① 民办学校暂不具有法定的自主定价权。2011年12月，国家发展和改革委员会会同教育部、财政部联合出台《幼儿园收费管理暂行办法》，对中华人民共和国境内所有经教育行政主管部门依法批准的公办和民办全日制、寄宿制、半日制幼儿园及小学附设的学前班、幼儿班的收费行为进行规范。2014年国务院印发的《关于创新重点领域投融资机制鼓励社会投资的指导意见》第二十八条规定："民办教育执行与公办教育相同的价格政策，营利性民办学校收费实行自主定价，非营利性民办学校收费政策由地方政府按照市场化方向根据当地实际情况确定"，为民办教育收费政策的改革提供了法律依据，也为民办教育分类管理奠定了基础。

《促进民办教育健康发展的若干意见》（2016年）规定，实行分类收费政策，规范民办学校收费。非营利性民办学校收费，通过市场

---

① 方建锋：《民办教育学费该不该全面放开？》，载《江苏教育报》，2015-4-24。

化改革试点，逐步实行市场调节价，具体政策由省级人民政府根据办学成本以及本地公办教育保障程度、民办学校发展情况等因素确定。营利性民办学校收费实行市场调节价，具体收费标准由民办学校自主确定。政府依法加强对民办学校收费行为的监管。2017 年实施的新《民办教育促进法》规定对民办学校实行分类管理，按照营利性与非营利性划分，规定"民办学校收取费用的项目和标准根据办学成本、市场需求等因素确定，向社会公示，并接受有关主管部门的监督。非营利性民办学校收费的具体办法，由省、自治区、直辖市人民政府制定；营利性民办学校的收费标准，实行市场调节，由学校自主决定。民办学校收取的费用应当主要用于教育教学活动、改善办学条件和保障教职工待遇"。

四、规范民办教育的政策变迁

民办教育诞生于市场环境，师资、经费、生源等都受市场的影响和制约，而市场环境瞬息万变，存在诸多不可控的因素，因此民办教育所面临的风险比公办教育要大得多。促进民办教育改革发展，需要顺应"小政府，大社会"的改革浪潮，秉承社会办教育的改革理念，继续加强政府对民办教育的支持和规范由严厉趋于宽松、由限制转向放开，进一步落实并扩大民办学校的办学自主权。

(一)规范学校设立的政策变迁

1994 年，国务院在《关于〈中国教育改革发展纲要〉实施意见》中勾勒出一幅办学格局图，指出社会力量办学主要集中在职业教育和成人教育领域；基础教育领域主要以政府办学为主，鼓励企事业单位及其他社会力量依据国家法律、政策，多形式、多途径参与办学；还明确了国家的指导方针，初步确定社会力量办学在国家办学格局中的位置、范围。引领社会力量办学导向，对民办学校发展起到至关重要的作用。1994 年，国家教委颁布的《关于民办学校向社会筹集资金问题的通知》规定：学校不得以营利为目的，也不得通过办学为企业或其他部门集资或变相集资；民办学校依法收取教育费用和收集的资金应当全部用于学校的建设和发展。1995 年 3 月 18 日颁布的《教育法》第二十五条，放开举办学校及其他教育机构的主体限制，但要求不得以营利为目的。该条款进一步明确了社会力量依法举办学校的权利，鼓励社会力量办学，并且确立了举办学校不以营利为目的的基本原则，但是对基础教育阶段举办民办学校的鼓励有所保留。1997 年颁布实施的《国家教委关于现时义务教育阶段学校办学行为规范化的意见》规定，为满足大中城市不断高涨的择校要求，要多形式、有计划地举办一些民办中小学，一定数量的民办中小学是我国基础教育的重要补充，但要实行严格审批。此规定意味着国家充分肯定社会力量举办民办中小学的行为及其所发挥的作用，但民办中小学的数量规模及举办程序要受到限制，不能改变其作为基础教育补充力量的性质。《社会力量办学条例》第五条规定："社会力量应当以举办实施职业教育、成人教育、高级中等教育和学前教育的教育机构为重点。国家鼓励社会力量举办实施义务教育的教育机构作为国家实施义务教育的补充。国家严格控制社会力量举办高等教育机构。社会力量不得举办或变相举办宗教学校。"这些规定对社会力量办学范围进行了限制。2003 年《民办教育促进法》第三条明确民办教育事业属于公益性事业，是社会主义教育事业的组成部分。国家对民办教育实行"积极鼓励、大力支持、正确引导、依法管理"的方针。各级人民政府应当将民办教育事业纳入国民经济和社会发展规划。该条款并未对民办学校办学领域进行限制，而将民办学校发展纳入地方发展规划之中，为民办教育的发展提供保障，是对社会力量办学、发展教育事业权利的一种承认和认可。

《促进民办教育健康发展的若干意见》（2016 年）要求"规范学校办学行为"，强调民办学校要诚实守信、规范办学，对于办学条件的设置标准和相关要求制定权限下放到地方，同时限定在校生的人数，并由审核机关核定办学规模等。2016 年新《民办教育促进法》第十九条规定："不得设立实施义务教育的营利性民办学校。"随着民办学校分类管理政策的制定和实施，缩小和限制了营利性民办学校的办学范围。

(二)规范办学行为的政策变迁

20 世纪 80 年代，民办学校陆续出现，中央教育行政部门和其他行政部门干预较少，以至于民办学校的招生简章和广告问题重重，违规办学现象愈演愈烈。从 1984 年开始，中央层面频繁出台措施规范民办学校招生简章、招生广告。如 1984 年国家工商行政管理局、文化部、教育部、卫生部《关于文化、教育、卫生和社会广告管理的通知》；1986 年，中共中央宣传部、国家教委《关于不得乱登办学招生广告的通知》；1988 年 10 月，国家教委《关于社会力量办学几个问题的通知》；1990 年 7 月，国家教委《关于跨省、自治区、直辖市办学招生广告审批权限的通知》。此后，各种地方性民办教育法规、规章不断强化对招生简章和广告的规范，如北京市在《社会力量办学管理办法实施细则》之外，专门出台《北京市社会力量办学招生广告管理暂行规定》，规范教育机构印制、刊播招生广告和简章，并要求填报《北京市社会力量办学招生广告审批表》，经教育行政主管部门审查并加盖广告专用章之后方可刊登、播放、散发、张贴广告，一经审批不得擅自更改；招生广告和简章须真实，同时还应注明学习内容、学习期限、收费标准、颁发证书及广告批准号等，不得制作内容虚假和带有许诺性质的简章和广告。①

1999 年全国教育工作会议作出的《中共中央国务院关于深化教育改革全面推进素质教育的决定》，与当时国家教委 1997 年 1 月颁布的《关于规划当前义务教育阶段办学行为的若干原则意见》，对民办

---

① 陈桂生：《中国民办教育问题》，北京，教育科学出版社，2001。

学校办学行为进行规制，明确规定义务教育阶段公立学校不得招收"择校生"和"变相择校生"，同时，允许民办学校招收"择校生"，保留了民办学校招生空间。

（三）规范办学监管的政策变迁

在教学评估方面，教育部颁布《关于普通高等学校本科教学评估工作的意见》，要求民办高校中新建本科院校参加"合格评估"。随后，因民办高校体制机制、办学基础与公办高校不同，《教育部办公厅关于开展普通高等学校本科教学工作合格评估的通知》对民办高校评估指标进行了调整，规定了"领导体制"观测点和"生师比"观测点等内容。在办学督导方面，教育部25号令《民办高等学校办学管理若干规定》明确要求依法建立政府对民办高校的督导制度，省级政府教育主管部门向民办高校委派督导专员。各地依令向民办高校派驻督导专员，如江西等省让督导专员担任学校党委书记，山东等省则让督导专员同时担任学校的党建联络员。2016年12月中共中央办公厅颁布《关于加强民办学校党的建设工作的意见（试行）》，明确加大民办学校党组织的组建力度，理顺党组织隶属关系，健全党组织参与决策和监督机制，充分发挥党组织政治核心作用。

在信息公开方面，《民办教育促进法》第四十条规定，教育行政部门组织或委托社会中介组织评估办学水平和教育质量，并将评估结果向社会公布。《促进民办教育健康发展的若干意见》（2016年）规定"推进民办教育信息公开，建立民办学校信息强制公开制度。建立违规失信惩戒机制，将违规办学的学校及其举办者和负责人纳入'黑名单'，规范学校办学行为"。2016年教育部颁布的《依法治教实施纲要（2016—2020年）》明确推进教育行政部门、学校的决策、执行、管理、服务的信息公开，探索信息公开的新途径、新方式，重点推进教育经费预算、教育公共资源配置、入学规则与招生政策、重大教育建设项目批准和实施、重要改革事项等方面的信息公开。

第三节　制度环境变迁中的民办教育法治化趋势

党的十八届四中全会通过的《中共中央关于全面推进依法治国若干重大问题的决定》，系统阐述了"依法执政"的丰富内涵，从理论上解决了全面推进依法治国工作的重心问题。将法治精神融入教育领域，在教育实践中予以贯彻落实，将传统的依法治教上升为教育法治化，这是教育现代化治理的方向，也是实现依法治国、建设法治国家的重要内容和手段。① 民办教育是社会主义教育事业的重要组成部分，民办教育法治化是教育法治化的重要内容，是民办教育发展到现阶段的理性选择，也是民办教育的未来发展趋势。

一、民办教育法治与民办教育发展

（一）民办教育法治与民办教育发展的内涵

法治是以民主为前提，以严格依法办事为核心，以确保权力正当运行为重点的社会管理机制、社会生活方式和社会秩序。② 法治的内涵受各国政治、经济、文化发展水平及历史传统的影响，具有鲜明的时代特征和地域特点。③ 民办教育法治亦是如此，要求积极弘扬法治理念与精神，依法对民办教育进行治理。民办教育法治是指依法治教，依照法律规范与法律制度，充分调动教育组织和教育人员的积极性，各方平等参与民办教育立法、法律制度实施、法律制度目标实现的全过程。④

---

① 王琼娟：《从依法治教走向教育法治化——深入学习十八届四中全会精神 坚持教育现代化治理的法治方向》，载《教育观察（上半月）》，2015(8)：4—5。

② 张文显：《法理学》（第 4 版），330 页，北京，高等教育出版社，2011。

③ 王琼娟：《从依法治教走向教育法治化——深入学习十八届四中全会精神 坚持教育现代化治理的法治方向》，载《教育观察（上半月）》，2015(8)：4—5。

④ 吴能武、刘住洲：《教育法治：理念、实践与载体——2016 年"中国教育法治与教育发展高峰论坛"综述》，载《复旦教育论坛》，2017，15(1)：25—30，2，113。

　　民办教育法治化包含民办教育理念法治化、民办教育关系法治化和民办教育行为法治化。[①] 民办教育理念法治化的核心问题，是将民办教育法律关系主体行为评价纳入法治化轨道，在教育公益性的前提下，遵循民主、自由、公平等价值理念。民办教育关系是人们在教育活动中结成的以教育者和受教育者为主体的，具有广泛社会参与性的一种普遍而又特殊的社会关系。[②] 民办教育关系法治化的实质是通过法律理顺教育关系框架，使各教育关系主体的权利得到保障，权力得到保证，整个教育工作按照既定目的、有条不紊地进行，最大限度实现国家利益。[③] 民办教育关系法治化的关键问题，在于如何界定民办教育法律关系主体之间的相互关系，尤其是如何正确界定受教育者行为的正当性和合法性。[④] 民办教育行为是基于民办教育关系而出现的、围绕民办教育权力的获得和运用以及民办教育权利的获得和实现而展开的社会活动。民办教育行为法治化是教育行政和学校管理的法治化，为教育实施创造更好的内外部环境，促进教育实施本身的法治化进程。[⑤] 民办教育法治化，符合我国依法治国、依法治教的基本要求，符合人民对教育多样性制度的内心需求，能够在一定程度上满足人民日益增长的对教育的需求，符合我国未来教育发展的基本方向，同时也符合国际教育事业发展的趋势。

　　民办教育的迅速发展，带来了中国教育格局和教育面貌的重大改变，推动了教育体制改革的深化，增添了国家教育事业的发展活

---

　　① 王琼娟：《从依法治教走向教育法治化——深入学习十八届四中全会精神 坚持教育现代化治理的法治方向》，载《教育观察(上半月)》，2015(8)：4-5。

　　② 杨凤英、王劲松：《关于教育法治化的若干思考》，载《中国社会科学院研究生院学报》，2005(3)：136-140，144。

　　③ 张国霖：《教育法治化的内涵要素》，载《教育评论》，2001(3)：15-17。

　　④ 杨凤英、王劲松：《关于教育法治化的若干思考》，载《中国社会科学院研究生院学报》，2005(3)：136-140，144。

　　⑤ 张国霖：《教育法治化的内涵要素》，载《教育评论》，2001(3)：15-17。

力。民办教育是在生产力提高、经济发展、社会进步、人民群众的文化需求日益增长的背景下，伴随着教育大众化的趋势不断加强而不断发展完善的。① 民办教育的产生源于国家财力的有限性与大众教育的普遍性之间矛盾的解决，依赖于社会力量办学的现实。中华人民共和国成立以来，尤其是改革开放以来，民办教育从无到有，从弱变强，增加了教育供给总量，促进了公共教育资源短缺问题的解决。在经费投入增长、体制机制优势不断发挥的背景下，获得具有特色、多样化、高质量的民办教育服务成为广大人民群众的追求。由此可见，社会对民办教育的新要求，预示着民办教育发展定位、国家对民办教育的扶持等将发生根本性的变化。一是扶持力度加大。政府将加大扶持力度，培育优质民办教育。通过研究民办教育发展政策法律，我们发现国家将逐步完善民办教育的政府扶持政策体系，着力培养优质民办教育。政府通过购买服务的方式引导优质教育发展成为教育改革发展的新方向，这也是"小政府、大社会"改革的趋势。民办学校应为此做好充足准备，通过优质服务及良好输出获得更多公共财政资金的投入，提升办学品质，增强自身的社会公信力，助力自身发展。二是鼓励学校机制体制创新。民办教育办学机制灵活，办学形式多样，具有先天的优势。未来政府将继续推动民办学校探索混合所有制办学形式，以及产学研合作人才培养模式改革，鼓励民办学校与企业开展深度合作，建设"教学工厂"、校内实验室和校外实训基地等创新性合作培养模式，提升学校办学质量。

（二）民办教育法治是改革发展的有力保障

民办教育法治与民办教育发展息息相关，密不可分。民办教育法治有利于规范民办教育行为、明确民办教育法律地位、巩固民办

---

① 陈佑军、李敏：《民办高校德育工作建设研究》，载《资治文摘（管理版）》，2010（6）：153。

教育发展成果等，民办教育法治为民办教育发展营造了良好的政策环境，是民办教育改革的关键。民办教育法治过程中，从法律层面逐渐确定国家民办教育的发展方向，明确民办教育的地位，将民办教育发展上升为国家意志，形成一系列民办教育基本法律规范，明确了民办教育基本法律关系和民办教育各主体的权利义务，为民办教育健康、快速、可持续发展提供法治环境与制度支持。

民办教育法治是民办教育未来发展的保障。当前民办教育事业发展进入了新的历史阶段、新的历史时期，在当今我国正处于由人力资源大国向人力资源强国转变的时代背景下，民办教育同样肩负着艰巨的历史使命。实现民办教育改革发展的新目标、新任务，需要法治保驾护航。未来应继续将法治作为解决民办教育事业发展中新问题的高效且重要的手段之一。通过法治手段调节教育行政部门与学校之间、举办者与学校、学校与教师及学生之间复杂的权利义务关系，解决民办教育行政管理、学校管理的新问题、新情况，促进民办学校规范发展，维护民办学校办学秩序，保障各民办学校利益相关者的合法权益。

二、民办教育政策与法律的现状及诉求

改革开放以来，我国的民办教育法制建设已经取得了很大的进步，最重要的表现是国家放开了涉及公共利益的教育领域，允许社会资本进入，并将各种关系和行为不断地纳入法律规制之中。民办教育立法是国家教育立法的重要领域，也是国家法律建设的重要领域，将国家单纯依赖行政干预管理调整民办教育转变为依靠法律进行规范与扶持。

(一)民办教育政策与法律的制定与实施现状

1. 民办教育法律体系基本建立

我国目前初步建立了民办教育法律体系，形成了以《宪法》为根本，以《教育法》为基础，以《民办教育促进法》为核心，由《义务教育法》《高等教育法》《职业教育法》《教师法》等法律共同组成，同时包括国务院的有关行政法规、教育部规章以及各地民办教育法规规章的民办教育法律体系。

现行的民办教育法律体系不仅基本覆盖了民办教育的主要内容，而且初步回应了民办教育发展过程中的一些重大问题。现有的法律制度界定了民办学校的范围，明确了民办教育的公益性质，确立了民办学校分类管理制度及相关实施细则，确立了民办学校及其师生与公办学校及其师生的同等法律地位，规定了分类扶持和管理民办学校的政策方针，划分了政府的职责范围，等等。

2. 民办学校分类管理政策框架已经形成

我国民办学校分类管理制度最早来自于 2010 年颁布的《国家中长期教育改革和发展规划纲要(2010—2020 年)》中"积极探索营利性和非营利性民办学校分类管理"的规定。由于 2002 年审议通过的《民办教育促进法》存在产权不清、合理回报不明的问题，政府实施财政资助缺乏针对性，我国民办学校分类管理成为政府政策的不二选择。国家教育事业"十二五"时期，多个分类管理试点在全国范围内开展，取得了一定的成效，积累了相关有益经验。国家在 2015 年启动一揽子教育修法时对教育法律法规进行修改，为营利性教育的发展奠定了法律基础。例如，2015 年修改的《教育法》将"任何组织和个人不得以营利为目的举办学校及其他教育机构"修改为"以财政性经费、捐赠资产举办或者参与举办的学校及其他教育机构不得设立为营利性组织"。同时修改的《高等教育法》亦有类似规定。2016 年审议通过的《民办教育促进法》修正案明确规定"民办学校的举办者可以自主选择设立非营利性或者营利性民办学校。但是，不得设立实施义务教育的营利性民办学校"。民办学校分类管理制度正式确立。同时，2017年 3 月通过的《民法总则(草案)》关于营利性法人、非营利性法人、特别法人在法律上的分类也同步确立。

　　围绕分类管理制度，中央层面相继出台了相关法规、政策。2016 年，《关于加强民办学校党的建设工作的意见（试行）》《民办学校分类登记实施细则》《营利性民办学校监督管理实施细则》等进一步细化了民办教育营利性和非营利性学校的分类登记管理。《促进民办教育健康发展的若干意见》（2016 年）对民办学校分类管理作出了全面的规定，对建立分类管理制度、差别化政策体系、放宽办学准入条件、扩宽办学筹资渠道、探索多元主体合作办学等内容进行了详细的规定。此后，2017 年，国务院印发的《国家教育事业发展"十三五"规划》对民办学校分类管理亦作出实行差别化扶持、分类指导规范管理、明确法人属性产权属性等详细规定。至此，国家层面的分类管理法律政策主要框架设计已经形成。

　　民办学校分类管理制度为营利性教育打开了制度的空间，既满足了民办教育发展的现实诉求，解决了民办学校显现的内部矛盾，如产权归属、法人属性等问题；又为政府落实差别化民办教育扶持、规范政策、降低国有资源流失奠定了制度基础，使政府从"一刀切式的粗放管理"转变为有差别、有区分的精准化管理。分类管理制度的确立和完善，开创了民办教育繁荣发展的春天，激发了民办资本的投入，也促进了民办教育向高质量、内涵式办学模式发展，提升了教育服务水平。

（二）民办教育政策与法律制定与实施的现实诉求

1. 立法层面

　　目前，我国初步形成了以《民办教育促进法》为核心的民办教育法律体系。新《民办教育促进法》开创了民办学校分类管理的新时代，但是仍然存在诸多问题，如转设营利性民办学校时资产税费问题、营利性民办学校的土地供给问题、义务教育阶段不能设置营利性民办学校等。新《民办教育促进法》仅规定"营利性学校的办学结余依照公司法等有关法律、行政法规的规定处理"，对营利性民办学校其他方面的诸多规定并不完善。比如，未详细规定营利性民办学校的性质是有限责任公司还是股份有限公司，若为股份有限公司，是否可以发行股票，公开募股集资；未规定营利性学校能否向其他学校或企业投资等问题。这些需待各地制定详细的实施细则予以落实。在中央层面，2018 年，新《民办教育促进法》的实施条例虽已公布《征求意见稿》，但尚未正式公布实施，围绕支持和规范民办学校分类管理的一些实施细则尚未出台；在地方层面，尚有大部分省级行政区域未能形成以省级层面支持与规范民办教育发展相关规定为核心的法律与政策体系。

2. 执法层面

行政执法是推进民办教育依法治教的关键和核心，其实际效果是衡量我国民办教育法治化程度的重要标准，是我国教育体制改革和发展进程的主要因素[①]，直接影响教育部门甚至政府部门的行政效能和公信力。当前民办教育行政执法层面主要存在两个方面的问题。一方面，政府依法行政意识不强。众所周知，法规政策具有规范民办学校办学行为和规范政府管理行为的双重作用，既保障民办学校的权益，又促进民办学校发展。当前，在政府依法行政方面，仍然存在诸如依法行政意识不足、管理权限不明、重管理轻服务、限制与扶持界限不清和依法管理多停留在纸面等问题。另一方面，民办教育执法环境亟待优化。政府部门对民办教育还存在不同程度的歧视，相关政策法律执行不力、落地不实。例如，民办学校用地、信贷、税收等方面享受优惠待遇程序烦琐，手续繁多。新《民办教育促进法》规定实行分类扶持，但具体到非营利性民办学校如何同公办学校一样享受优惠待遇、申报程序如何，并没有相应具有可操作性的措施和细则。此外，各地执行政策差距较大，甚至在一些地方难

① 梁兴国：《法治时代的教育公共政策：从"依法治教"到"教育法治化"》，载《政法论坛》，2010，28(6)：168—175。

以落地、形同虚设。由于执行资源缺乏，导致利于民办教育发展的政策流于形式，难以产生实际效果。我国经济不发达的地区主要依靠财政转移支付生存和发展，扶持和鼓励公办教育的义务教育都尚且艰难，扶持民办教育的政策乏力也就不足为奇了。例如，我国学前教育发展中存在急剧扩张的规模和乏力的监管机制之间的矛盾、刚性需求的市场和失衡师资供给之间的矛盾、高水准行业与低学历速成式从业者之间的矛盾、高强度工作性质和低报酬保障之间的矛盾等，充分暴露了我国民办教育法律实施力度不够，执法监管力度不足的现状。

3. 司法层面

民办教育法律法规的司法适用性不强。在《中国裁判文书网》检索民办学校涉诉案例，统计结果显示，自 2014 年起民办学校相关涉诉纠纷开始增长，2016 年达到高峰，2017 年有所回落。通过人工检阅判决文书，发现民事法律纠纷所占比例较大，其次为行政法律纠纷，再次为刑事法律纠纷。民事法律纠纷中，合同纠纷案件所占比例最大，主要涉及民办学校与其他民事主体之间、民办学校合作办学、借款、转让及培训合同纠纷等；其次是与民办学校有关的劳动争议、侵权纠纷、继承纠纷等内容。行政法律纠纷中，主要涉及因民办学校违法办学行为被查处而产生的行政行为确认、行政赔偿、行政检查纠纷等案件，以及因民办学校设立、变更、退出而产生的行政确认纠纷等案件。刑事法律案件中，贪污贿赂罪占比最高，这是因为民办学校生存环境较为艰难，监管政策落地不力，加之民办学校的融资能力、国家给予的扶持有限，为谋求自身发展，一些民办学校举办者便寻求特殊支持。此外还涉及非法吸收公众存款罪、玩忽职守罪、诈骗罪、合同诈骗罪、非法经营罪等罪名，由此也显现出我国民办学校监督管理机制尚不完善的问题。一方面，民办学校举办者、教师、学生权利受损后维权艰难，耗时耗力；另一方面，民办学校性质不清，政府监管不严，导致国有资产流失、教学秩序被毁、教学事故频发。此外，我国目前尚未形成完善的教师、学生权利受损申诉、复议、仲裁等救济途径，单纯依靠诉讼难以保障其权利。

三、民办教育法治化的目标和路径

法治化指实现法治的过程。即在坚持法律至上、法律权威的原则上，将法律作为公民行为和政府活动的最终导向和规制，判断人的行为的最高标准，使社会成员同等地受法律保护和约束，把任何人或组织的行为和活动都纳入法制轨道。法治化是社会高层次发展的追求，是促使社会规范、制度化运行的保障，是形成稳定秩序状态的必然要求，也是社会进步和文明发展的表现。从世界范围来看，法治化也是促成现代教育发展的重要指导思想，如作为世界高等教育强国的美国，法治化的力量在其高等教育形成、发展、强盛过程中无处不在。[1] 民办教育法治化即关于民办教育的法律在所有关于民办教育的社会规范中具有至高无上的地位和权威，具有优先性和优越感，其强调民办教育法律建设的社会系统性。不同于依法治教，其侧重于对各类民办教育关系进行法律调整，为各种民办教育行为确立法律标准，强调各层次的民办教育立法的合法性及程序的正当性，使法治精神贯串教育活动始终。依法治教更偏重于依法管理，强调缘法而治。民办教育法治化追求民办教育关系的制度化、透明化、规范化，追求民办教育制度安排的公开性、合理性、合法性，追求民办教育活动参与主体尊重民办教育发展规律，遵守制度的约束，偏重于对政府管理民办教育权力的制约，加强对民办教育主体权利的保护。民办教育法治化本质即从法律或法治的层面全面、系

---

①   梁兴国：《法治时代的教育公共政策：从"依法治教"到"教育法治化"》，载《政法论坛》，2010，28(6)：168—175。

统地审视民办教育问题。① 探索实现民办教育法治目标需从观念、制度、程序和监督等方面入手。

（一）树立民办教育的法治基本理念

亚里士多德认为："法治应该包含两重意义：已生效的法律获得普遍的服从，而大家服从的法律又应该本身是制定得良好的法律。"②由此，我们可以看出，法治的前提是"良法"，关键是法律信仰，是法律的普遍遵守。因此，民办教育法治化必须先从观念这一基础着手。一是必须树立"良法"观念，有关民办教育的法律必须符合广大人民的意志，具有民主性；必须符合民办教育的发展规律，具有科学性、合理性；同时也须符合我国的传统美德和现代的新道德。二是需树立法律至上的观念，树立维护教育法律权威的意识，对法律的制定和实施有强烈的愿景并愿为之付出艰辛努力，这种努力是民办教育的法律得以实施的保障。

（二）完善民办教育的法律法规体系

法治的前提是法律制度，民办教育法治化必须建立在完善的民办教育法律制度基础之上。教育的普及和发展正是在法律的保护与促进下才实现的，教育的法制化本身也必然会进一步促进法律的完善与发展。③ 增强立法的计划性和主动性，立法机关组织专家学者需从总体上、宏观上、法理上对民办教育法律体系进行调查研究，提出构建民办教育法律体系的科学合理的建议，妥善安排涉及民办教育的相关问题，明确目标，突出重点。针对颁布实施的政策措施，认真及时总结经验，针对民办教育相关问题制定近、中、长期规划，

---

① 梁兴国：《法治时代的教育公共政策：从"依法治教"到"教育法治化"》，载《政法论坛》，2010，28(6)：168—175。

② ［古希腊］亚里士多德：《政治学》，吴寿彭译，199页，北京，商务印书馆，1985。

③ 劳凯声：《我国教育法制建设的回顾与展望》，载《中小学管理》，2000(1)：34—37。

形成不同层次、不同法律位阶、层次鲜明、协调一致的法律法规规范，结合地方性法规，形成衔接有序、自治配套的操作性强的民办教育法律体系。此外，国务院、有关教育行政部门仍需依据国家立法机关制定的民办教育相关法律，教育部门需制定一系列实施细则，为各级民办教育主管部门依法行政提供依据和保障。

（三）加大民办教育的法律实施力度

目前，我国已经初步建立了民办教育法律体系，必须聚力有法不依、执法不严、违法不究现象，以及民办教育相关法律法规中虚置、难以实际执行等现象，完善执法监督机制，如教育行政部门上级对下级的监督机制、问责机制，增强教育行政执法人员的法治意识，促进民办教育法律的实施，使法律法规落地落细，切实为民办教育的发展保驾护航。民办教育行政部门需树立依法行政观念，严格按照相关法律法规、规章制度的规定行使自身权力，减少违法行政、损害行政相对人合法权益的行政行为；推行民办教育行政部门管理清单机制，在主管部门与民办学校的关系中，将其管理权限采用清单的形式固定下来，做到有章可循、临界须止，防止教育行政部门越权、错位；明细民办教育行政部门管理权限，集中行政主管部门主要精力管理民办教育主要事宜，下放管理权限，把属于社会管理的事宜交由社会管理，创新教育行政部门管理民办教育新模式，发挥社会组织的优势作用，发挥政府购买服务的制度机制优势。

（四）健全民办教育的法治监督体系

民办教育法制监督指有关国家机关、社会组织或公民依法对宪法中有关民办教育条款、民办教育法律、民办教育行政法规及规章实施情况的监督。有效的法律监督是民办教育管理法治化的重要组成部分，是有效革除"有法不依、执法不严"现象的利器。在实践中，我国民办教育法制监督的种类主要有国家权力机关的监督、行政机关的监督、司法机关的监督、社会监督和党的监督。健全和完善民办教育法律监督主要从以下方面着手：一是从立法上，健全和完善民办教育法制监督的相关规定，为民办教育的法制监督提供依据。提升民办教育法制监督的合法性和权威性，确保监督的合规性和准确性。二是完善社会监督，使社会监督更具有组织化、制度化，并形成完备的社会监督体系。三是加强监督主体对民办教育相关法律实施的监督。撤销或修改完善与宪法、教育法律、民办教育促进法相抵触的"土法""政策""章法"等地方性法规、部门规章等，维护民办教育法制的统一，加大民办教育执法检查的力度。

（五）推进民办学校法人治理

民办学校法人治理即在研究举办者所有权与学校管理权分离的基础上学校权力体系的构造问题，也就是权力的分配与运行机制问题。① 民办学校内部治理法治化亦是民办教育法治化的重要目标，是解决民办学校发展问题的关键。应建立健全民办学校科学民主决策机制，完善决策机构的职权和议事规则，落实校内重大事项集体决策规则，推进学校决策的科学化、民主化、法治化。具体包括：建立民办学校干部选用动议机制，完善民办学校领导选任程序，保障民办学校领导选任程序的合法性；建立健全民办教育重大事项决策专家参与机制，确保决策全面、科学，降低决策风险，保障民办学校秩序健康发展；规范民办学校章程、规则等文件的制定程序，并保障按照程序制定的章程及其他文件能够被尊重，在实践中予以严格执行。

———————————

① 谢锡美：《民办学校法人治理结构制度渊源探析》，载《教育发展研究》，2005（24）：41—46。

第五章

内部治理变革

随着国家治理体系和治理能力现代化建设进程加快，"治理"概念在民办教育领域成为热点之一。"治理"指"各种公共的或私人的个人和机构管理其共同事务的诸多方式的总和。它是使相互冲突的或不同的利益得以调和并且采取联合行动的持续的过程"。① 民办学校治理可分为内部治理和外部治理。民办学校内部治理由学校内部力量驱动，涉及学校举办者、管理者、教师、学生等内部各利益主体之间的权力配置模式和运作机制；外部治理由学校外部力量驱动，涉及学校与外部利益相关者之间的权力配置模式和运作机制。内部治理是民办学校增强自主办学治校能力、提高办学品质、实现可持续发展的关键。改革开放 40 年来，在国家政策引导、地方试点探索及民办学校积极实践下，我国民办学校内部治理经历了从多样到统一、从"任性"到理性、从粗放到精细、从传统管理到现代治理的变革。民办学校内部治理的演变和革新进程为引导我国教育体制改革、构建中国特色现代学校制度提供了有益借鉴。

---

① 俞可平：《权利政治与公益政治》，113 页，北京，社会科学文献出版社，2000。

第一节　民办学校内部治理的演进历程

在民办教育恢复发展过程中，民办学校不断深化改革，完善内部治理体系。在民办教育恢复起步期(1978—1992 年)、快速发展期(1993—2002 年)、规范发展期(2003—2016 年)和内涵式发展期(2017 年至今)等不同阶段中，国家和地方有关民办学校内部治理的政策导向以及民办学校内部治理的实践探索，都呈现出鲜明的阶段性特征。

一、恢复起步期(1978—1992 年)

改革开放初期，现代化建设对人才的巨大需求激发了一些知识分子的办学热情，民办教育开始复苏，各种非学历民办教育机构如雨后春笋般兴起。这一时期，民办学校大多处于"野蛮生长"和依靠经验管理的自发、自为状态，为数不多的国家民办教育政策文件也较少涉及民办学校内部治理问题。

在恢复发展初期，面对民办学校财务管理不善、教学治理缺乏保障等现象，相关规定陆续出台。《社会力量办学的若干暂行规定》在第十六条对民办学校内部财务管理方面做出相应规定，要求民办学校建立健全财务管理制度，并接受财政、银行、审计、教育等有关部门的监督和检查。1988 年 10 月，国家教委发布《社会力量办学教学管理暂行规定》，要求社会力量举办的、未取得颁发国家学历证书资格的、面向社会招生的各级各类学校及其分校、分部以及独立设置的培训中心、各类培训班、辅导班、进修班等从事教学活动的组织等，均应根据有关规定，按办学规模、层次、教学形式等，设立教务或教学管理机构，建立健全教学管理制度，逐步开展教研活动；学校应经常征求教师和学员以及用人部门对学校教学工作的意见，对他们提出的合理要求或建议，应及时予以解决和采纳。国家开始引导民办学校注重教学管理，并首次在政策文件中建议民办学校吸纳利益相关者参与内部治理。

1992 年后，我国民办教育迎来改革开放后的第一轮大发展，民办教育内部治理也进入新的发展阶段。

二、快速发展期(1993—2002 年)

随着民办教育快速发展，中央和地方政府高度重视民办学校的内部治理，并连续出台相关政策，重点要求民办学校完善内部治理框架。

1993 年，国家教委颁布改革开放后针对民办学校的第一部行政规章——《民办高等学校设置暂行规定》。这一规章对民办学校的党团组织、校长任免等内部治理要素作出规定：学校建立共产党、共青团和工会组织以及必要的思想政治工作制度；民办高等学校校长的任免，须报省级教育行政部门核准；国家明令撤销的民办高等学校，校长应负责对其在校学生妥善安置。1996 年，国家教委出台《关于加强社会力量办学管理工作的通知》，对民办学校教育教学管理制度、财产财务制度等提出了更加明确的要求。

《社会力量办学条例》首次提出社会力量兴办的教育机构"可以设立校董会"，并规定校董会的职责是"提出校长或者主要行政负责人的人选，决定教育机构发展、经费筹措、经费预决算等重大事项"；规定"校董会由举办者或者其代表、教育机构工作人员的代表和热心教育事业、品行端正的社会人士组成，其中三分之一以上的董事应当具有 5 年以上教育、教学经验"。第二十二条对校长选拔作出规定："校长或者主要行政负责人负责教学和其他行政管理工作"；"教育机构的校长或者主要负责人的人选，设立校董会的，由校董会提出；不设立校董会的，由举办者提出，经审批机关核准后聘任"。该条例是当时国家颁布的与民办教育发展直接相关的最高法规，在这一政策文本中，民办学校设立"校董会"并不是强制性的要求。

为了更好地实施《社会力量办学条例》，同年国家教委发布《关于

实施〈社会力量办学条例〉若干问题的意见》，再次明确：教育机构应
建立健全内部决策、执行和监督的管理体制，建立健全各项管理制
度，实行民主管理；实施学历教育的学校和专修（进修）学院、专修
（进修）学校以及规模较大的幼儿园原则上应设立校董会；校董会的
组成、职责、权限、任期、议事规程等应在教育机构章程或校董事
会章程中作出规定；校董的年龄一般不超过 75 岁；教育机构的校长
（院长、园长）全面负责教育机构的教学、财务及其他行政管理工作；
校长应具有高尚的思想道德品质、五年以上从事教育教学工作的经
历以及与教育机构的层次相适应的学历水平，并经过岗位任职资格
培训；校长的年龄一般不超过 70 岁。

　　这一阶段，国家政策法规对民办学校内部治理的规定还存在一
定的模糊之处。如《关于实施〈社会力量办学条例〉若干问题的意见》
与《社会力量办学条例》相比，在设立校董会的态度上更为坚决，从
"可以设立"转为"原则上应当设立"，拓展了董事会职责范围，但是
对董事会职责内容的规定不够清晰，导致民办学校选择性执行或出
现执行偏差。针对这一时期民办教育发展迅速但民办教育制度滞后
的现象，国家加快了民办教育立法进程。2002 年 12 月，第九届全国
人大常务委员会第三十一次会议通过《民办教育促进法》，为民办学
校内部治理提供了更坚实的法律基础。

三、规范发展期（2003—2016 年）

　　随着《民办教育促进法》及其实施条例的颁布和实施，民办教育
相关政策逐渐健全完善，对民办学校内部治理的要求和指导也日趋
深入。这一时期，民办学校内部治理日趋规范，推动民办教育进入
规范发展期。

　　《民办教育促进法》及其实施条例在民办教育发展的宗旨上与《社
会力量办学条例》一脉相承，但对民办学校治理结构的规定更为详细
具体，并进一步提高了强制性。如《民办教育促进法》确定了民办学

校内部的治理结构，一是规定必须设立理事会、董事会或者其他形式的决策机构，并明确决策机构人数，对决策机构职权范围作出更具体的规定；二是明确学校法人代表由理事长、董事长或者校长担任；三是更具体地规定了民办学校校长的管理职责与权限。民办学校校长职权的确定，从法律上保证了民办学校校长能够独立行使办学权。至此，民办学校内部治理的国家制度框架初步清晰。

以《民办教育促进法》及其实施条例确定的基本制度框架为依据，以全面规范为特征的各类规章制度相继出台配套。2006 年国务院办公厅印发《关于加强民办高校规范管理　引导民办高等教育健康发展的通知》，进一步明确理事会(董事会)作为学校决策机构依法行使决策权；理事长、理事(董事长、董事)名单必须报审批机关备案；校长依法行使教育教学和行政管理权；校长必须具备国家规定的任职条件并报审批机关核准。同年，中共中央组织部和中共教育部党组专门下发《关于加强民办高校党的建设工作的若干意见》，强化民办高校党组织建设。2007 年 1 月，教育部讨论通过《民办高等学校办学管理若干规定》，对民办高校的政府管理、内部管理进行规范，特别提出"建立民办学校督导员制度"。

《国家中长期教育改革和发展规划纲要(2010—2020 年)》对民办学校完善法人治理结构和落实民办学校法人财产权两大核心问题提出明确要求。2012 年，教育部配套出台《关于鼓励和引导民间资金进入教育领域　促进民办教育健康发展的实施意见》，对规范民办学校董(理)事会运行机制提出要求：规范董(理)事会成员构成，限定举办者代表的比例，校长及学校关键管理岗位实行亲属回避制度；完善董(理)事会议事规则和运行程序，董(理)事会召开会议议决学校重大事项，应做会议记录并请全体董事会成员签字，存档备查。这些规定体现出政府的法规制度对民办学校内部治理规定日趋清晰、具体的发展趋势。

在此阶段，地方政府有的放矢地制定了更具可操作性、更为详尽的内部治理规定。如黑龙江省人民政府 2005 年颁布《关于促进民办教育发展的若干意见》，明确民办学校应当设立学校理事会、董事会或者其他形式的决策机构，实行民主管理，特别明确不要求取得合理回报的民办高等学校（含助学高等学校）实行理事会制。2010 年黑龙江省制定《关于加强民办高校校长队伍建设的意见》，规定民办高校决策机构选聘校长要求。为切实加强民办学校的监督管理，2007 年江西在全国率先向全省 10 所民办学校委派了督导专员，成为民办高等教育管理工作中的一项制度创新。2011 年江西省政府连续出台了《江西省民办普通高等学校巡视工作暂行规定》《江西省民办普通高等学校董事会(理事会)议事规则（试行）》《江西省民办普通高等学校行政管理工作规程（试行）》《江西省民办普通高等学校党委会议议事规则（试行）》《江西省民办普通高等学校督导专员工作规程（试行）》5 个规范性文件，有针对性地提出依法办学、规范办学要求。为加强民办学校党的建设，福建、河北、辽宁、广东、云南、湖南、宁夏、江西等省（区）先后研究制定选配民办学校党组织负责人的工作方案，挑选德才兼备、熟悉教育工作的党员干部到民办学校担任党组织负责人，兼任政府派驻学校的督导专员。山东省委组织部、省委高校工委先后下发《关于加强民办高校党的建设工作的若干意见》等 6 个文件，对民办高校党组织的建立、职责、工作开展等作了具体规定。这些都为其他省市开展相关工作提供了有益借鉴，促使地方民办教育的内部治理走向完善。

至此，法规制度层面民办学校内部治理机制设计初步形成，为民办学校完善内部治理结构、实现内涵式发展奠定了基础。

四、内涵式发展期（2017 年至今）

2015 年 12 月全国人大常委会对《教育法》《高等教育法》进行了修订，2016 年 11 月又表决通过了关于修改《民办教育促进法》的决定，此次修法的一个重要内容在于对民办教育实行营利性与非营利性分类管理。随后国家出台的一系列制度文件，构建了民办教育分类管理框架，从法律上破解了困扰民办教育发展的学校法人属性不清、财产归属不明、支持措施难以落实等瓶颈问题，也为民办学校规范内部治理结构奠定了法治基础，为实现良善治理提供了更多可能。

新《民办教育促进法》明确规定举办者根据学校章程规定的权限和程序参与学校的办学和管理；进一步健全民办学校治理机制，规定民办学校应当设立理事会、董事会或者其他形式的决策机构并建立相应的监督机制；学校理事会或者董事会由举办者或者其代表、校长、教职工代表等人员组成，其中三分之一以上的理事或者董事应当具有五年以上教育教学经验；教育行政部门及有关部门依法对民办学校实行督导，建立民办学校信息公示和信用档案制度，促进提高办学质量；组织或者委托社会中介组织评估办学水平和教育质量，并将评估结果向社会公布。

《促进民办教育健康发展的若干意见》（2016 年）对完善学校法人治理提出了具体的要求。一是民办学校要依法制定章程，按照章程管理学校。二是健全董事会（理事会）和监事（会）制度，明确董事会（理事会）和监事（会）成员组成要求，董事会（理事会）应当优化人员构成，由举办者或者其代表、校长、党组织负责人、教职工代表等共同组成；监事会中应当有党组织领导班子成员；探索实行独立董事（理事）、监事制度；董事会（理事会）和监事（会）成员依据学校章程规定的权限和程序共同参与学校的办学和管理。三是强调健全党组织参与决策制度，积极推进"双向进入、交叉任职"，学校党组织领导班子成员通过法定程序进入学校决策机构和行政管理机构，党员校长、副校长等行政机构成员可按照党的有关规定进入党组织领导班子。四是完善校长选聘机制，依法保障校长行使管理权；民办学校校长应熟悉教育及相关法律法规，具有五年以上教育管理经验和良好办学业绩，个人信用状况良好；学校关键管理岗位实行亲属回避制度。五是要求完善教职工代表大会和学生代表大会制度。

至此，国家法津法规层面关于民办学校内部治理的设计基本成型。在分类管理的新时期，我国民办学校将进一步优化内部治理结构，逐步完善现代学校制度，不断提高内部治理水平。

第二节　民办学校内部治理的类型和特征

经过 40 年的恢复发展，我国民办学校内部治理经历了从多样到统一、从"任性"到理性、从粗放到精细、从传统管理向现代治理的转变。目前民办学校形成了几种相对稳定的内部治理模式，并尝试通过内部治理改革解决一些长期积累的问题。

一、民办学校发展过程中的内部治理模式

民办学校内部治理的实质是利益相关主体在遵循学校内部发展逻辑和应对外部环境要求的互动博弈中的权力平衡。[1] 按照办学资金的不同来源与性质，民办学校可以区分为捐资办学型、滚动发展型、企业（个人）出资办学型和混合所有制办学型，资金募集方式直接影响了民办学校的内部治理模式。有学者曾从控制权角度将民办学校治理结构分为人力资本控制模式、股东控制模式及共同治理模式三种类型[2]，也有学者根据出资者控制权与教职工控制权强弱的不同，将民办学校的内部治理结构划分为松散型治理、人力资本单边治理、出资者单边治理、关键利益相关者共同治理四种类型[3]。

明茨伯格认为，一个组织由五部分构成，即战略层、操作层、

---

①　李永亮：《高等学校内部治理结构优化研究》，北京，经济管理出版社，2017。
②　苗庆红：《民办高校治理结构的演变研究》，载《中国高教研究》，2005(9)：28—30。
③　王维坤、张德祥：《我国民办高校内部治理结构类型及演变路径》，载《现代教育管理》，2018(1)：30—35。

中间层、技术层和保障（支持）层，并由此分析提出了五种标准的组织结构。借鉴明茨伯格理论，如图 5-1 所示，民办学校内部治理涉及各个层面的多维权力，主要为举办权、决策权、执行权、参与权、监督权五类。其中，如举办权又可以衍生出举办者的法定财产类权利，包括税收减免权、学校终止时的补偿和奖励权等，营利性民办学校还有财产收益权，非财产类权利即成员权、选举权、表决权、知情权和监督权等；民办学校师生具有双重治理身份，既是治理的主体，又是治理的目标群体，具有主体的民主参与权和监督权。

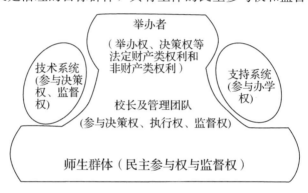

图 5-1　民办学校内部主要权力模型

根据民办学校举办权、决策权、执行权、参与权、监督权五种权力在不同组织中不同的分配比例、位序、生成和演进的过程，结合民办学校实践，这里将民办学校内部治理模式分为五种，如表 5-1 所示。

表 5-1　民办学校五种内部治理模式比较

治理模式	松散结合型治理模式	专家单边治理模式	出资者单边治理模式	双层（多边）治理模式	利益相关者共同治理模式
时间段	发展萌芽期（20 世纪 80 年代）	发展起步期（20 世纪 80 年代至 90 年代）	规模扩张期（20 世纪 90 年代至 21 世纪初）	规模扩张向内涵建设转变期（20 世纪 90 年代末至 21 世纪初）	内涵建设、质量提升期（21 世纪早期）

续表

治理模式	松散结合型治理模式	专家单边治理模式	出资者单边治理模式	双层(多边)治理模式	利益相关者共同治理模式
举办者特征	无原始投入，滚动发展	无投入或较少投入，滚动发展	企业投入，滚动发展	公办高校与企业共同举办、中外合作举办	非营利性学校为主
内部治理特征	松散治理	专家治校	举办者控制	分权治理	共同治理
优　势	权力平等，无绝对控制权	决策迅速，政令统一	办学资金保障，管理效率高	让渡部分权力，实现部分制衡	利益相关者共同拥有对学校的控制权，实现分权制衡、有效协调
局限性	不稳定、无序状态，必将迅速转为有序	人治为主，难保稳定和可持续发展	缺乏利益制衡机制，学校发展或导致公司化倾向，背离教育规律	有限的利益制衡机制，利益相关者参与度低	需要配套构建科学系统的运作机制，防止决策时间冗长，治理效率低下

（一）松散结合型治理模式

这一治理模式一般见于 20 世纪 80 年代民办学校初创时期。这一时期的民办学校大多是由资深教育工作者发起创办，办学规模小，仅有几名教师，租借几间教室，教学内容主要是针对高考落榜生、城市待业青年的高考复习、业余课程进修等。

这种治理模式下，学校举办者和办学者自发结合，各种权力较弱，处于不稳定、无序状态，并且内部层次简单，管理松散。随着学校规模不断扩大，其内部治理必将迅速向有序治理转变。

（二）专家单边治理模式

这一治理模式缘于一批来自公办学校的退休教师和管理人员参与办学，这些创办人身兼数职，既担任董事长又兼任校长，同时从事教学工作。创办人或团队拥有绝对的权力，形成了以专家为核心的治理结构，即"专家治校或教授治校"的雏形。学校举办权、决策权、执行权三权合一，决策效率高。

这种治理模式下，学校内部权力高度集中，其他主体的参与权和监督权相对被弱化，学校决策层与执行层比较模糊。学校战略多反映了执行层对学校发展的愿景，甚至是举办者个人观念的直接外推或者个性的外延，战略决策过程倾向于高度直觉化。这种治理模式难以保证学校发展的稳定性和可持续性，亟须转为更加符合发展需要的治理模式。

（三）出资者单边治理模式

这一治理模式产生于民办教育扩张发展时期，一批企业家纷纷加入社会力量办学行列。在学校治理结构上，这些企业家举办者一般沿用企业的"股东控制"模式，由股东组建和控制董事会，实行董事会领导下的校长负责制。企业或企业家投资办学，有利于缓解民办学校的资金困境，保障学校拥有优良的办学条件和较好的教职工待遇。

这种治理模式下，学校相当大一部分权力掌握在举办者手中，权力结构高度集群化，等级和权力链明显，强调行动规划，管理效率较高。校长及其管理团队权力被弱化，专家、教授以及教职工在学校重大战略方向上的参与权、话语权较弱。由于学校内部缺乏有效的制衡机制，并且受"教育产业化"思潮的影响，学校的内部治理与发展可能会出现公司化倾向，导致教育公益性与民间资本寻利性之间出现矛盾冲突，甚至一些举办者因过度追求办学经济效益而背离教育规律。

（四）双层（多边）治理模式

这一治理模式是随着民办学校（主要是独立学院）法人治理结构逐步完善而形成的。在独立学院办学形态下，学校设立的申请者是公办普通本科高校，即所谓的母体学校；合作者多为企业、事业单位、社会团体或个人，也可以是其他有合作能力的机构。申请者负责学校教学和管理，保证办学质量；合作者负责提供办学所需的各项条件和设施，并参与学校领导、管理和监督。董事会由母体学校代表和投资者（企业或个人）组成，其构成反映利益和权力关系，一般是投资者控制董事会并担任董事长，公办高校决定校长人选并负责学校的运行。

这种治理模式下，举办权、决策权、执行权、监督权相对分立，实现了部分权力的制衡，有利于不同利益主体之间相互监督和制约，有别于专家单边治理模式和出资者单边治理模式。随着国有资本、集体资本、民营资本、个体资本等投资主体合作办学越来越多，采用双层（多边）治理模式的民办学校也逐渐增多，但相对于利益相关者共同治理模式，利益制衡机制有限，利益相关者参与度仍较低。

（五）利益相关者共同治理模式

这一治理模式是随着民办学校向内涵式发展转型以及相关法规制度趋于明朗、师生群体维权意识不断增强，传统强化控制的治理方式受到利益相关者抵制的背景下产生和发展的。如图 5-2 所示，利益相关者共同治理模式是指民办学校出资者、行政管理人员、教师、学生、校友、政府等利益相关者共同拥有学校控制权，通过董（理）事会等决策机构共同参与决策，并与其他利益相关者有效协调。

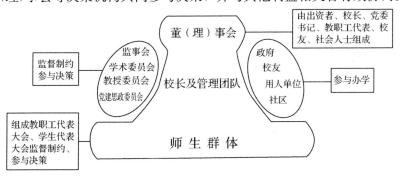

图 5-2　利益相关者共同治理模式

这种治理模式下，民办学校重视教师、学生等群体在学校内部治理中的主体意识和能动性，凸显师生在学校重大决策、民主管理和监督等方面的主体地位与作用，把控制权分散到整个组织，以使所有利益相关者能够影响决策、对战略和方向提出建议，并参与改善组织相关绩效。无论是非营利性民办学校，还是营利性民办学校，随着学校利益相关者各方控制权的不断博弈，其内部治理结构都必然会走向"利益相关者共同治理"。

需要说明的是，以上几种模式是对一些事实作理性简化，以便更好地理解类型化特征，而不是说每个组织都应该完全且唯一符合某一种模式，实际上任何一个组织都不会如此，所有的模式都是一种"科学抽象"的类型化解释。

二、民办学校内部治理发展特点

（一）从多样到统一

由于民办教育系统自身演化的复杂性，以及政府对民办学校治理形式缺乏统一的规定和要求，在《民办教育促进法》出台之前，民办学校内部治理形式杂乱多样。当时较为常见的内部治理形式包括董（理）事会领导下的校（院）长负责制、校长负责制、校务委员会领导下的校长负责制、教职工代表大会基础上的校长负责制（这类学校主要由集体发起成立，无实质性的出资者，教职工根据工作时间长短和贡献大小享有学校股权）、主办企业领导下的校长负责制等。这些治理结构形式名称各异，治理主体的职责和权力范围各不相同。教育部有关部门 2000 年对 159 所民办高等教育机构和 744 所民办中小学的调查发现，约 67% 的民办高等教育机构实行董事会领导下的校长负责制，28% 实行校长负责制；约 57% 的民办中小学实行董事会领导下的校长负责制，28% 实行校长负责制。①

① 韩民：《民办学校法人治理结构如何完善》，载《中国教育报》，2004-7-18。

这种状况一直延续到 2002 年《民办教育促进法》及其实施条例颁布之后，民办学校才逐渐朝着建立董（理）事会领导下的校（院）长负责制方向发展，到 2016 年通过新《民办教育促进法》，明确将实行民办学校非营利性、营利性分类管理，民办学校法人治理结构统一到实行董（理）事会领导下的校（院）长负责制。

董（理）事会领导下的校（院）长负责制明晰了学校董（理）事会和校长的权责范围。学校董（理）事会行使下列职权：聘任和解聘校长；修改学校章程和制定学校的规章制度；制定发展规划，批准年度工作计划；筹集办学经费，审核预算、决算；决定教职工的编制定额和工资标准；决定学校的分立、合并、终止和其他重大事项。校长负责学校的教育教学和行政管理工作，行使下列职权：执行学校理事会、董事会或者其他形式决策机构的决定；实施发展规划，拟订年度工作计划、财务预算和学校规章制度；聘任和解聘学校工作人员，实施奖惩；组织教育教学、科学研究活动，保证教育教学质量；负责学校日常管理工作；学校理事会、董事会或者其他形式决策机构的其他授权。

在实际运行中，受政策法规不完善、学校发展沿革、社会环境以及举办者理念等因素影响，仍有相当一部分民办学校的法人治理结构只是停留在形式上，未充分付诸实施并发挥应有的作用。这些问题将在下一节讨论。

（二）从"任性"到理性

在发展初期，民办教育在夹缝中求生存。为了获取更多资源，一些民办学校利用国家法规政策对学校内部治理规定尚不健全、相应规范制度缺乏的漏洞，在功利性办学的刺激下，忽视内部治理建设，"任性"办学。少数投资者单纯追求经济利益而忽视教育质量，违背教育公益性原则，在社会上造成了负面影响。个别民办学校滥用办学自主权，利用虚假招生广告欺骗群众，不能做到诚信办学，等等。随着学校发展，民办学校内部治理机制方面的缺陷日益严重，由此导致的深层次问题不断显现。2004 年托普集团办学圈地事件、2005 年南洋教育集团倒闭事件、2011 年福建仰恩大学师生罢课群体抗议事件等在一定程度上均由内部治理紊乱所致。

民办学校办学中的混乱现象和严重问题引起了政府和主管部门的高度关注。2006 年国务院办公厅印发《关于加强民办高校规范管理引导民办高等教育健康发展的通知》，文件指出"近一段时间来，有些地方的民办高校相继发生因学籍、学历、收费等问题而导致的学生群体性事件，经过地方党委、政府和高校的努力，这些事件已经平息，正常的教学秩序已经恢复。这些事件的发生，既是民办高校发展进程中出现的问题，也是民办高校深层次矛盾长期积累的结果，集中反映了一些民办高校办学指导思想不端正、内部管理体制不健全、法人财产权不落实、办学行为不规范，也反映了一些地方政府对民办高校疏于管理、监管不到位。这些问题如不引起高度重视并及时解决，势必影响民办高等教育的健康发展和社会稳定"。因此，政府和主管部门在后续出台的法规制度文件中，不断强化对民办学校内部治理的要求。

日益激烈的市场竞争也暴露出民办学校内部治理的短板，一批方向不明确、内部治理混乱的学校被市场淘汰。2007 年的一项调查显示，20 世纪 80 年代末 90 年代初，北京市成立的 15 所民办学校只剩下 3 所，四川成都 40 多所民办学校只剩 1 所。在大浪淘沙中生存下来的民办学校充分认识到内部治理的重要性，趋于按照法规制度的引导和要求，加强内部治理机制建设，更加注重理性办学，并逐渐构建面向市场、依法办学、民主管理、自主发展的长效机制。

（三）从粗放到精细

初创时期，民办学校办学层次较低，办学条件较差，办学规模较小，学校的组织形态、管理模式等带有一定的自发性，多采用家族化、亲情化或友情化明显的小企业管理模式。"夫妻店""父子兵""兄弟连""朋友帮"往往能够形成非常有效的工作团队，既能提高效率、节省成本，又便于统一思想、保证内部团结一致，容易控制办学风险。① 在 20 世纪 90 年代初期民办教育大扩张大发展期间，民办学校大都将发展重点放在规模扩张上，学校领导主要忙于应付规模扩张所带来的基本建设和条件配备压力，无暇顾及内部治理机制建设，仍沿用成立之初的家族化、企业式管理，或简单模仿公办学校，管理方式总体上是粗放式的。

随着民办教育规模扩张发展黄金期的消逝，以内部治理为核心的内涵式建设成为民办学校的必由之路和建设重点。民办学校更加注重建立健全学校组织机构与制度，加强董事会等决策机构建设，建立理事会决策、党政联席会议决策、校长办公会议决策等决策制度，完善人事制度、财务制度、后勤制度等执行制度，以及逐步建立工会制度、教代会制度、学代会制度等民主管理制度。同时，民办学校也充分利用其办学体制机制优势，走管理精细化之路。如浙江越秀外国语学院积极探索与实行"理事会领导、校长负责、专家治学、民主管理、党组织发挥政治核心作用"的内部治理机制，健全学校管理制度，梳理优化 260 余项涉及教学、科研、学生管理、财务、后勤等方面的管理制度，推动"目标管理、标准化管理，绩效考核"的"二标一考"管理创新。又如西安欧亚学院在全校推进组织结构变革与重组，推进职能部门从监督控制转向服务支持的角色转变；以美国波多里奇质量保障体系为标准建立绩效管理指标体系，在学校绩效管理中全面推进卓越绩效模式（Performance Excellence Model），

---

① 徐绪卿：《我国民办学校内部管理体制改革和创新研究》，41 页，北京，中国社会科学出版社，2012。

开展以全面推进授权为核心的二级学院管理机制变革。①

（四）从管理到治理

2013 年，党的十八届三中全会提出"推进国家治理体系和治理能力现代化"，将治理理念上升到国家高度。民办学校作为社会组织的一个重要组成部分，是国家治理体系的内容之一。完善民办学校治理体系、推进治理能力现代化，既是推进国家治理体系现代化的根本要求，也是深化教育综合改革、推动教育现代化的迫切需要。

伴随着教育综合改革、内部治理结构改革的推进，民办学校内部管理方式也逐渐由注重管理走向强调治理。这里需要说明的是，强调民办学校治理并非弱化管理，治理与管理是一种互补关系，两者缺一不可。从时间边界来看，民办学校管理产生的时间早于治理，治理是民办学校发展到一定阶段的产物。民办学校由管理转向治理是在国家出台《社会力量办学条例》，对民办教育予以政策重视、扶持与鼓励的背景下开始的，并在近年来逐步成为发展的主流。从制度边界来看，民办学校治理的基本前提是学校利益主体的多元化以及所有权与管理权的分离。从规模边界来看，当民办学校规模较小时，管理职能占主导地位，随着学校规模的逐步扩大，治理职能越来越重要。② 在作为基层组织的民办学校中，治理与管理更需要协同推进。具体来说，治理作为教育机构未来改革的方向，强调的是"自主办学、学术自由、平等沟通、协商共治、程序合法"等理念的引入与践行，并将所有关涉学校发展的利益相关主体纳入治理结构，真正地实现以协调沟通、横向参与保障的各主体之间动态平衡的结

---

① 潘东燕：《再造欧亚——西安欧亚学院十年转型变革记》，载《民办教育新观察》，2016(10)：62—68.
② 李福华：《大学治理与大学管理：概念辨析与边界确定》，载《北京师范大学学报（社会科学版）》，2008(4)：19—25。

构。① 治理提供了民办学校运行的框架和基础，而管理则在这个框架与基础下负责具体的目标实施，同时管理又对治理起到调节作用。只有使民办学校治理与管理合理分工、密切合作，民办学校才能实现良性运转。

三、民办学校内部治理存在的突出问题

面对新时代民办教育改革发展的新形势新要求，民办学校内部治理尚在不断完善优化之中，不可避免地存在一些突出问题。

(一)董(理)事会组建及运行随意化

当前我国的法律政策对民办学校董(理)事会的规定比较笼统，因而给实际操作留下了较大的自由空间，在一些民办学校实际的董(理)事会治理形式与规范的董(理)事会形式和内涵出现了偏差。一是相关法规对董(理)事会席位数及人员比例虽有明确规定，但是民办学校董(理)事会实际成员中往往没有师生代表及外界人士；二是举办者、董(理)事会、校长行使权力的边界仍不清晰，权力交叉、权力越位现象时常发生，董(理)事长和校长互不理解、互不支持，甚至发生矛盾冲突的现象频发；三是董(理)事会为主的权力决策运行机制也不规范，制度的随意性执行或选择性执行无法衡量、规制。有些学校虽然设立了董(理)事会，但仍沿用"家族式""家长式"管理模式，董(理)事会形同虚设，未发挥真正作用。实践证明，法人治理仅有组织结构是不够的，必须有严格、规范的运作程序和规则保障治理机制协调运行。

(二)基层党组织边缘化

相比于公办学校实行党委领导下的校长负责制，多数民办学校的领导体制是董事会领导下的校长负责制。在这种情况下，如何发

---

① 李永亮：《高等学校内部治理结构优化研究》，89 页，北京，经济管理出版社，2017。

挥好党委在学校发展中的政治核心作用，成为民办学校党建工作的
重要课题。

当前，在民办学校内部治理中，党建工作面临不少新情况、新
问题、新挑战。如有的民办学校内部治理需要进一步增强党组织的
政治核心地位，建立具体化、可操作的制度，确保党委书记有效参
与学校重大问题决策，在工作中不缺位、不错位、不越位；针对有
的民办学校兼职党组织书记较多、流动性大，支部书记抓党建精力
不足、党管党务能力不够，党建工作"谈起来重要、抓起来次要、忙
起来不要"等现象，需要进一步加强党务干部队伍建设；需要进一步
增强党组织的渗透力，扩展党组织在校内作用的领域，破除干部能
力、场地保障、经费投入等因素的制约，解决部分民办学校党组织
覆盖率较低、隶属关系不顺畅、党组织生活不正常、党建工作作用
不明显、党组织监督作用发挥不到位等问题。

（三）学术权力异化

一直以来，我国高校的整体概念和形象往往被视为事业单位，
在内部管理上主要沿袭行政管理体制，隶属关系清晰，建构了一个
金字塔式的组织结构。在行政权力泛化以及民办学校内部仍存在举
办者控制的情况下，一些民办学校学术权力更加式微，行政权力干
预学术事务导致行政权力和学术权力冲突现象比较明显。虽然一些
学校也设立了学术委员会、教学工作指导委员会等学术机构，但其
作用并不明显，大多作为咨询机构，学校学术事务大部分由行政权
力决定。行政权力泛化还导致了学术人员和行政人员的冲突和对立，
专家治校、教授治学得不到充分体现。

（四）监督机制虚化

有些民办学校监事会制度尚不健全，有些学校或尚未成立监事
会，或成立了监事会，但是作为非常设机构，监事会职责不明。教
师、学生的监督力更是薄弱，教师的主要精力在教学研究上，作为

受聘者，自身受到学校评价考核制约，对学校内部治理的直接监督力较弱。学生对民办学校的监督主要是通过"用脚投票"（不就读该校或退学）的方式进行，这种监督方式其实主要是监督民办学校的教育教学质量，而对其财产、治理结构的内部运转模式往往知之甚少。由于信息不充分或不对称，事实上教师和学生对学校的监督是很有限的。

（五）利益相关者参与弱化

利益相关者作为术语被学者界定为"那些没有其支持，组织便不复存在的各种集团"[①]。有学者依据利益相关者与学校的密切程度，将民办学校利益相关者分为四层：第一层是核心利益相关者，包括教师、学生、管理人员；第二层是重要利益相关者，包括财政拨款者、管理部门和校友；第三层是间接利益相关者，指与学校有契约关系的当事人，包括科研经费提供者、产学研合作者、贷款提供者等；第四层是边缘利益相关者，包括用人单位、当地社区和社会公众等。[②] 现阶段，由于民办学校教师人事关系或在人才市场代理，或按照企业身份对待，一定程度上造成了学校教师"打工者"的思想，对学校事务的参与度不高；另因大多数民办学校办学历史不长，一般缺少有影响力、有组织的校友参与。此外，社会对民办学校或多或少还存在认识上的偏见，更遑论积极参与民办学校管理。

第三节　民办学校内部治理优化的未来路向

伴随着新一轮教育体制机制改革的深化和教育国际化、网络与信息技术的发展，优化民办学校内部治理，构建办学自主、决策科

[①]　转引自刘俊海：《公司的社会责任》，36 页，北京，法律出版社，1999。

[②]　李福华：《大学治理的理论基础与组织架构》，79-98 页，北京，教育科学出版社，2008。

学、权力制衡、方式先进、多方参与的内部治理体系应是未来发展
趋向。

一、民办学校内部治理的价值理念

价值认同是优化民办学校内部治理的逻辑起点。民办学校内部
治理结构的优化，需基于一定的行事规则和价值标准，规定什么类
型的行动者被允许存在，什么结构特征是合理的，应该遵循什么程
序及与上述行动相关联的意见等规则。[①]

(一)遵循依法治理的价值理念

依法治理，既是我国治国的基本方略，也是各行各业努力推进
的重要工作。在教育领域，要推进依法治教、依法治校。民办学校
要坚持社会主义办学方向，贯彻国家教育方针，非营利性民办学校
与营利性民办学校都要恪守教育公益性原则，把完善章程、落实法
人财产权、健全内部治理结构作为重点，牢固树立依法办事的理念，
建立公正、合法、系统、完善的制度与程序。要全面推进民办学校
依法治理，构建政府依法管理、学校自主办学、社会依法参与的治
理格局。

(二)遵循教育规律的价值理念

教育的本质就是教化人心、陶冶情操、完善人生，培养高素质
的公民。民办学校虽然有着与公办学校不同的发展轨迹，但都必须
遵循教育的规律，掌握实现教育目的的路径与方法；以教育规律为
指导，遵循学生身心发展特点和教育教学规律，提供适合的教育；
注重创新和发展，依照育人规律、可持续发展规律治校。

(三)遵循以人为本的价值理念

人是发展主体，坚持以人为本的价值观，就是把满足广大学生

---

① 张永宏：《组织社会学的新制度主义学派》，104 页，上海，上海人民出版社，
2007。

的成才发展需要作为学校治理的出发点和落脚点。实践以人为本的治理理念，以关心人、尊重人、激励人、解放人、发展人为根本思想来管理学校，把人作为学校内部治理的核心和学校最重要的资源。① 具体来讲，就是以教师为主导，重视教师的创造性发展；以学生为主体，为学生营造民主、宽松的学习环境。

（四）遵循分权制衡的价值理念

"分权制衡"是法人治理结构的基本特征和基本原则。通过建立一套既能分权又能相互制衡的制度来降低代理成本和代理风险，防止经营者对所有者利益的背离，从而达到保护所有者利益的目的。② 民办学校需要通过组织机构以及制度之间的制衡机制，通过健全理事会制度、监事会制度、落实校长负责制，实现民办教育组织私利性与公益性之间的平衡，构建一种各自独立、权责明确、运作高效的治理机制。

（五）遵循共同治理的价值理念

民办学校的法人共同治理是指在民办学校出资人、管理者、教师、学生、家长及其校外相关人员之间合理配置学校控制权，形成利益相关者共同治理。民办学校内部治理建设，应遵循利益相关者共同治理的理念，确保所有相关主体能够实质性地参与到治理中，通过平衡内外部利益相关者及其相互之间的关系，为实现学校教育目标、提高资源使用效率、平衡经济效益和社会效益提供组织上的保证。

---

① 赵金昌：《树立以人为本的思想 推动高等教育发展》，载《太原理工大学学报（社会科学版）》，2001，19(s1)：6—7。

② 薛飞：《关于完善民办高校法人治理结构的探索》，载《经营管理者》，2009(21)，291—292。

二、民办学校内部治理的优化路向

(一)健全外部制度体系，保障自主办学权力

优化民办学校内部治理，需要建立民办学校、政府、市场、社会四位一体的良性互动关系，保障民办学校办学自主权。

1. 科学界定政府与学校的权力边界

落实权力清单制度，明晰政府在学校内部治理过程中的职责，改变直接管理学校的单一方式，综合利用立法、拨款、规划、信息服务、政策指导和必要的行政措施，减少不必要的行政干预，转向宏观管理，尤其是要完善相关法律，立足各级各类学校的差异性与特殊性，适当分类立法，细化相关规定，增强可操作性。在保证学校办学自主权的同时，明确相关主体应该承担的义务及法律责任。

2. 健全外部监督机制

建立"政府主导、部门配合、社会参与"的监督机制。政府监督主要侧重于民办学校对法律法规的落实情况以及有无违法行为。具体而言，一是民办学校日常管理工作的规范化监督，即民办学校是否按照其章程规定，建立健全内部管理制度，完善法人治理结构，实行民主管理，推进民主决策；二是监督和查处民办学校未经登记而擅自开展活动，以及抽逃、转移或挪用办学资金、办学结余分配不符合国家有关规定的行为。通过报纸、电视、广播等各种媒体向社会公众介绍监督和举报民办学校不良办学行为的方法途径，发挥群众监督、新闻舆论监督、民主党派监督和社会团体监督等社会监督的作用。

3. 引入和遵循市场化原则

民办学校是自筹经费、自负盈亏、面向市场自主办学的法人实体。民办学校在办学过程中更加注重办学效率和经济效益，力求在保证教育教学质量的前提下，降低成本、减少浪费、提高效率，实现教育资源的最优化组合，用最经济的消耗获得最佳的教育效果。

这种"民办"特性决定了民办学校内部治理的构建和运行必须引入并遵循市场化原则，包括控制运行成本、畅通人力资本进入退出等。[①]

4. 强化社会参与

优化社会参与环境，强化社区参与学校管理，学校与社区单位挂钩，与社区进行全方位的互动；社区中知名人士、家长代表联合组成教育委员会，提供教育咨询；由家长选举成立家长工作委员会，直接参与学校管理。

(二)完善法人治理结构，提高办学法治化水平

1. 发挥党组织政治核心作用

完善民办学校的法人治理结构，需要加强党组织的政治核心作用，进一步促进学校端正办学指导思想、健全内部管理体制、规范办学行为，引导和监督学校遵守法律法规，督促决策机构和校长依法治教、规范管理，确保民办学校在遵循教育规律、依法规范办学、认真履行办学责任的前提下，实现又好又快的发展。

2. 完善决策机制

对一个组织来讲，决策权是具有根本性意义的重要权力。董(理)事会是民办学校的最高权力机关和最高决策机关。在当前明确董(理)事会组成人数、产生办法、任期和任职资格、权力范围等基础上，确保董(理)事会主体多元化、专业化，将学术组织负责人、师生代表、杰出校友、社会知名人士、国内外知名专家等纳入董(理)事会。明确对董事间亲属关系以及董事兼任校内相应职务等方面的要求，可以借鉴我国台湾地区民办学校董事会和校长不得由家族三代以内的亲属(含直系和旁系)同时担任的做法，避免董(理)事会的家族化倾向。明确议事规则，规定会议召开的最少人数、能否

---

① 杨炜长：《完善民办学校法人治理结构的现实思考》，载《高等教育研究》，2005(8)：51—56。

委派代表参加会议、通知传达程序、回避制度、表决程序、董(理)事会无法召开或出现违法情况时相关部门的作为等问题。为确保董(理)事会决策的科学性和有效性，可以借鉴国外私立大学的做法和经验，建立董(理)事会决策咨询委员会、发展规划委员会、财政预算委员会以及绩效考核委员会等常设机构，分别从事董(理)事会会议组织、重大决策前可行性分析、制定学校发展规划、审查学校预算方案并负责筹集发展资金以及考核行政班子业绩等工作。

3. 健全内部监督机制

监事会制度是公司法人治理结构中的一项重要制度，构成了公司内部制约机制。在权力配置上，监事会必须与董事会、以校长为主的行政系统、教代会等其他机构实现合理、恰当的平衡，避免畸轻畸重导致权力结构失衡。① 监事会的成员可以从四个方面产生：一是教育行政机关指派的代表，以便于监控学校办学行为；二是学校教职工代表，以利于维护其合法权益；三是学生或家长代表以及社会公益人士，确保在信息不对称情况下保护受教育者权利；四是股东(非董事非校长股东)的代表，以维护其作为投资者的权利。监事会中应有一半为教职工代表和社会专家(律师或会计师等)代表，以充分发挥监督作用。除此之外，还应发挥纪检、监察、审计等党政系统内部监督机构以及其他多种内外部监督形式的作用，形成内外兼治的合力，强化监督成效。

4. 明确校长负责制

校长对于一所学校的建设和发展，发挥着极为重要的作用，而且这种作用往往是学校内其他组织所无法替代的。"校长处于行政管理结构的顶端，他们对下进行指挥、下达命令并负全部责任。"②保

---

① 彭宇文：《中国高校法人治理结构研究》，216 页，北京，中国社会科学出版社，2006。

② 教育部人事司：《高等教育学(修订版)》，14 页，北京，高等教育出版社，1999。

障校长行政管理权力的依法取得和自主行使，又要明确职权分工与工作规章，构建起校长等民办学校管理人员的激励与约束机制。

第一，建立校长遴选制度，积极推进大学校长职业化。西方发达国家高校校长的选拔，体现出较强的学术性、广泛性和民主性。如美国大学校长的选拔一般需要几个月到一年的时间，董事会制定选拔的程序规范，并成立专门的选拔委员会。① 第二，建立校长任期制、责任目标制及利益共享制。第三，建立民主集中制，确保校长决策的科学正确。校长必须按照民主集中制的原则办事。凡是涉及教学、科研、学生等重大问题，均需提交校长办公会讨论，并按少数服从多数的原则进行决策。同时要坚持正副校长分工负责制，防止校长专权独断，无法监督，造成重大失误。加强以校长为首的行政管理者队伍专业化建设，如学校管理者的任职条件、职业素养、遴选机制、流动机制、薪酬标准、考核机制以及管理者的权力、动力、能力建设与去行政化问题等。

（三）平衡行政与学术权力，增强专家治学能力

民办学校尤其是民办高校作为学术性组织，客观存在行政权力和学术权力两种权力。两种权力各有特点，彼此区别而又相互补充，构成了民办学校内部权力的二元结构。② 提高民办学校自主办学能力，也必须发挥专家学者在校务管理中的重要作用。通过设置评议会或教授委员会、学术委员会，明确委员会组成、负责人产生机制、运行规则与监督机制等方面的规则，保障学术组织在学科建设、专业设置、学术评价、学术发展、教学科研计划方案制订、教师队伍建设等方面充分发挥咨询审议、决策作用，维护学术活动的独立性。

---

① 熊万曦：《大学校长遴选：美国顶尖大学的经验——哈佛大学前校长德里克·博克专访》，载《现代大学教育》，2013(5)：7。

② 彭宇文：《中国高校法人治理结构研究》，194页，北京，中国社会科学出版社，2006。

（四）引入科学管理方法，提升内部治理现代化水平

为完善内部治理，民办学校可以借鉴现代企业中的管理理念和管理手段，加强战略管理，采用扁平化管理、目标管理等多种管理方法，提升内部治理效率。一是重视战略导向，实施战略管理。在战略规划阶段，重视学校利益相关者的作用与利益诉求，广泛沟通、多方协调确定战略目标，提高各利益相关者对战略目标的共识度，减少矛盾与摩擦，强化各利益相关者的责任担当意识；在战略执行阶段，在调动各利益相关者积极性、兼顾各方利益诉求的基础上，优化内部资源配置与工作流程，加强执行力建设，强化对战略实施的跟踪管理；在战略控制阶段，要兼顾学校管理系统的内部控制和利益相关者的外部控制。二是积极推动学校内部治理革新，实施扁平化管理。通过降低管理重心，减少管理层级，突出基层教学单位管理主体地位，构建高效、弹性的管理体制。三是综合运用目标管理、标杆管理、绩效管理等方法，提高内部治理和管理的有效性、规范性、有序性，增强学校的环境适应能力、产出能力、信息沟通能力和整合能力。

（五）强化多方参与，建立利益相关者共同治理机制

利益相关者与民办学校之间存在不同程度的利益关系，建立利益相关者共同治理机制有助于维护学校和各方主体的利益，调动其参与学校治理、推动学校发展的积极性。一是建立利益相关者沟通机制。完善信息公开披露制度，按时向学生、家长和社会公示学校办学、收支等情况，接受社会的监督。二是建立利益相关者指导机制，推进教（职）代会参与校园管理决策，利用网络化参与机制允许学生、家长、校友、社会公众参与指导学校事务，构建扁平化、多中心共同参与的互动体系，保障所有相关主体充分表达自身利益诉求。三是建立利益相关者权利救济制度，如申诉制度、复议制度、听证制度和信访制度等，全方位保障利益相关者的权益。四是建立

利益相关者问责机制，由学校内外部利益相关者组成的问责小组评议、监督、考察学校办学行为，学校主动应对和接受利益相关群体的问责。

如图 5-3 所示，民办学校的所有成员之间需要建立一种相互支持的关系，人人感到在需求价值、愿望、目标方面有真正共同的利益。通过不同角度、不同利益相关者的沟通与协调，形成为实现学校教育目标、提高资源使用效率、获得经济效益、扩大社会效益的共建共享机制。

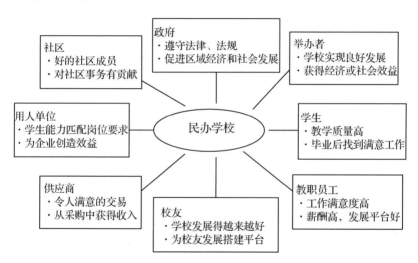

图 5-3　民办学校主要的利益群体及其期望

第六章

民办学校举办者群体分析

目前，举办者是我国民办学校的"掌舵者"和"一把手"，在民办学校的发展中发挥着不可替代的关键性作用，决定着我国民办学校的发展方向、发展模式和发展路径，进而影响民办学校的发展成就和发展高度。可以说，改革开放以来我国民办教育的发展历史，就是民办学校举办者群体勇于实践、不断探索的奋斗史。没有民办学校举办者群体，就没有我国当前蓬勃发展的民办教育。

改革开放40年以来，受我国经济和社会发展的影响，举办者的群体特征和办学动机不断发生变化。2016年以来的新法新政推动我国民办教育进入了分类管理、特色发展的新时代，以分类管理、分类扶持为主线的民办教育新的法律法规与制度政策体系已经形成，这也必然引起举办者群体特征和办学动机发生新的变化。

第一节　民办学校举办者的类型沿革

举办者是一个法律概念，《民办教育促进法》中的多项条款都与举办者有关，《民办教育促进法实施条例》(修订草案)(送审稿)用更多的笔墨对举办者进行了规定。

一、民办学校举办者的类型

国务院法制办与教育部将民办学校举办者定义为"以出资、筹资等方式，发起、倡议并具体负责创办民办学校的社会组织或公民个人"①。新《民办教育促进法》第二条指出，"国家机构以外的社会组织或者个人，利用非国家财政性经费，面向社会举办学校及其他教育机构的活动，适用本法"。也就是说，民办学校的举办者是国家机构以外的社会组织或个人。目前我国大多数民办学校的举办者是社会组织而非个人。

二、民办学校举办者类型变迁

(一)由自然人举办者向社会组织举办者变更

在我国民办教育发展早期，大多数民办学校的举办者都是自然人。改革开放以来，我国社会生活的各个方面发生巨大变化。经济建设被定为党和国家的中心工作，为满足经济建设过程中对广大人才的需求，1978年恢复了高考制度和"文化大革命"期间遭破坏的教育秩序。虽然在教育领域继续实行计划经济时期的措施，但是已经有一些相关的政策对民办教育的限制有所松动，民办教育开始萌芽。如1979年中共中央批转湖南省桃江县委《关于发展农村教育事业情况的报告》中指出，"发挥国家办学和群众集体办学两个积极性"，群众办学正式在文件中得到认可。1982年通过的《宪法》第十九条明确规定，"国家鼓励集体经济组织、国家企业事业组织和其他社会力量依照法律规定举办各种教育事业"。"其他社会力量"是一个重要的关键词，这一规定为民办教育营造了法律保障的土壤。

政策上的松动激发了众多教育工作者和知识分子的办学激情。很多从工作岗位上退休的教育工作者和知识分子希望发挥自己的余

---

① 孙宵兵：《民办教育促进法实施条例释义》，44、50页，北京，中国青年出版社，2004。

热，为国家建设和社会发展培养更多的人才，他们成为改革开放早期我国民办教育复兴的重要力量。随着我国经济不断发展，居民家庭收入不断提高，人民群众对教育质量的要求越来越高，与此同时，我国民办教育的法律不断完善，这些因素都导致民办学校的办学门槛越来越高，越来越多的民办学校开始由社会组织而非自然人创办。与自然人相比，社会组织的筹资能力更强，能够创办规模更大、水平更高、质量更优的民办学校。

由社会组织作为民办学校的举办者，另一个优势是可以更好地保护举办者的办学权益。首先，将举办者变更为企业之后，举办者的后代可以通过公司股份继承的方式间接实现对举办权的继承。其次，举办学校的公司的股东变更手续简便，而民办学校举办者变更手续包含清算等强制性限制条件，更为烦琐。将自然人举办者变更为公司举办者，可以通过工商层面的股东登记间接实现对举办权的变更。我国《公司法》第三十二条规定："公司应当将股东的姓名或者名称向公司登记机关登记；登记事项发生变更的，应当办理变更登记。未经登记或者变更登记的，不得对抗第三人。"根据《公司法》第七十二条、第七十三条和第七十四条规定，公司股东之间可以相互转让其全部或者部分股权，也可以向股东以外的人转让股权。因此，公司层面的股东变更，只需要在公司登记机关（各级工商行政部门）办理变更登记即可，而不必经过教育行政部门同意。最后，举办者由自然人变更为公司以后，更容易实现融资。在自然人为举办者的情况下，只能通过协议控制实现举办者权利，保障很脆弱。变更为公司以后，可以通过股份登记比例变动来间接实现对举办者权益的变更，利于融资合作。

关于民办学校举办者的类型，当前出现了一种新的趋势，就是早期由个人举办的民办学校往往通过一系列的法律手段，将举办者由个人变更为社会组织（主要是教育投资公司）。民办教育分类管理以后，这种趋势似乎更加明显。虽然当前也有民办学校的举办者由社会组织变更为个人的案例，但是由个人变更为社会组织的情况更加普遍。一方面是因为公司作为举办者可以更好地保护举办者的权益；另一方面是目前我国很多民办学校的举办者年龄偏大，急需寻找接班人。虽然可以将举办者变更为原举办者的子女，但这可能会引起社会公众质疑，且举办者的子女很可能不符合管理一所大学所公认的外部特征，如教育和职业经历等。在这种情况下，民办学校便将举办者由自然人变更为自然人所控制的公司。举办者的接班人可以通过多种间接的方式控制民办学校的举办公司，进而实现对民办学校的控制。由于社会组织作为法律上的举办者可以更好地保护出资人的权益，所以新举办的民办学校其举办者大都是社会组织。

（二）举办者面临的新的法律要求

2003 年的《民办教育促进法》第九条指出，"举办民办学校的社会组织，应当具有法人资格。举办民办学校的个人，应当具有政治权利和完全民事行为能力"。2016 年新修订的《民办教育促进法》第十条保留了该条款。与此同时，《民办教育促进法实施条例》（修订草案）（送审稿）对民办学校的举办者提出了更多的新规定和新要求。

首先，规定民办学校可以不设立举办者。第五条规定，以捐资等方式举办，不设举办者的非营利性民办学校，其办学过程中的举办者权责由捐赠人、发起人或者其代理人履行。这是相对于已有的《民办教育促进法》和《民办教育促进法实施条例》的重大修改，之前的法律都规定民办学校需要由举办者举办。这一修改基于两个背景：一是一些作为民办学校举办者的自然人去世后，民办学校不愿意再确定新的举办者；二是一些捐资办学者，只希望向学校捐赠资金但不想成为举办者。

其次，是对举办者的办学资质提出了更严格的要求。第六条规定，举办民办学校的个人或者社会组织应当有良好的信用状况。针对越来越多的民办学校由社会组织举办的事实，对举办民办学校的社会组织提出了更严格的要求。第十一条规定，举办者为法人的，其控股股东和实际控制人应当符合法律、行政法规规定的举办民办学校的条件。该条同时规定，民办学校的举办者不再具备法定条件的，应当在 6 个月内向主管部门提出变更；逾期不变更的，由审批机关或者主管部门责令变更。第六十二条规定，民办学校举办者及其实际控制人存在利用办学非法集资、挪用办学经费、侵占学校法人财产等情形的，由主管行政部门或者审批机关需责令限期改正，有违法所得，没收违法所得；情节轻微的记入执业信用档案并可视情节给予 1 至 3 年从业禁止；情节较重的，列入失信联合惩戒名单；构成犯罪的，依法追究刑事责任。也就是说，一旦失去良好的信用或者违法犯罪，举办者就失去了办学资格。

最后，界定了不同举办者的办学范围。第五条规定，在中国境内设立的外商投资企业以及外方为实际控制人的社会组织不得举办、参与举办或实际控制实施义务教育的民办学校。第七条规定，公办学校不得举办或者参与举办营利性民办学校。公办学校举办或参与举办非营利性民办学校的，应当经主管部门批准，并不得利用国家财政性经费，不得影响公办学校教学活动，不得以品牌输出方式获得利益。也就是说，公办学校可以举办民办学校，但是只能举办非营利性民办学校，而且要遵守必要的规范。

第二节　民办学校举办者的群体特征

此次《民办教育促进法实施条例》（修订草案）（送审稿）与之前的《民办教育促进法实施条例》相比，一个很大的不同是提出了"实际控制人"的概念。"实际控制人"源于公司法的规定。《公司法》第二百一十六条指出，"实际控制人，是指虽不是公司的股东，但通过投资关系、协议或者其他安排，能够实际支配公司行为的人"。据此可以理解，民办学校的实际控制人是虽然不是学校的举办者，但是可以通过协议或其他安排，能够实际支配民办学校行为的人。

当民办学校的举办者是社会组织时，关注民办学校的实际控制人具有特别重要的现实意义。

第一，组织的决策是由人做出的，特别是在制度不太规范的情况下，决策者个人对组织的发展会产生更大的作用，将分析单位定位于自然人，会使分析更有针对性和深入性。

第二，自然人在举办民办学校时，为了便于获得土地的使用权，便于对学校的控制，一般会先成立一个教育投资公司或者其他类似的投资公司，以公司的名义购置土地、筹办学校，而实际的决策者依然为自然人。因而，投资公司等组织往往是民办学校的"壳"，实际控制人才是核心。

第三，很多民办学校的投资公司除了运营民办学校之外，并没有其他的业务，即使有其他的经营业务，其业务量也微不足道。在访谈很多民办学校的教职工时，当问到"谁是学校的举办者"，受访者一般不会提及某个公司，而是直接提及该组织的实际负责人。

将举办者界定为自然人的方式也符合管理学的研究方式。管理学研究中的一个共识是，企业的终极股东一定是具有实际控制权的自然人。上市公司披露的控制性股东无论是企业法人还是其他经济组织实体，都有一个相对具有控制影响力的自然人，以代表个人及某个组织执行上市公司的控制权力。[①]

为更好地理解民办学校举办者群体，本部分统计分析了我国部分民办高校（包括独立学院）举办者的信息，以及民办中小学举办者群体信息。

---

　　① 高闯、郭斌、赵晶：《上市公司终极股东双重控制链的生成及其演化机制——基于组织惯例演化视角的分析框架》，载《管理世界》，2012(11)：156—169。

（一）民办学校举办者的性别特点

从已获得的 344 位民办高校举办者的性别信息看，其中男性 304 位，占 88.4％，女性 40 位，占 11.6％。不能否认的是，部分女性"掌舵者"带领民办高校取得了不俗的成绩。民办中小学女性举办者的比例和民办高校女性举办者的比例基本持平。从山西省 156 所民办中小学举办者的性别信息分析，发现女性举办者的比例为 10.52％。

（二）举办者的年龄特征

年龄是人口学的基本特征之一。管理民办学校需要健康的体魄和旺盛的精力，目前我国民办学校举办者年龄偏大，应该引起民办教育政策制定者和研究者的高度关注。

我国相关法律对学校的领导班子年龄有明确要求。《中共教育部党组关于进一步加强直属高等学校领导班子建设的若干意见》："列入中央管理的党委书记和校长初任时，属提拔任职的年龄一般不超过 58 岁"，"党政领导班子实行任期制，每届任期 5 年，任期届满应及时换届"。依据《教育法》《教师法》《全国中小学校长任职条件和岗位要求（试行）》《义务教育学校校长专业标准》及相关法律法规的规定，公办中小学校长任职年龄原则上不超过 54 岁。

教育部的相关文件对民办高校校长的年龄也有规定。《民办高等学校办学管理若干规定》规定民办高校校长应当具有 10 年以上从事高等教育管理经历，年龄不超过 70 岁。校长报审批机关核准后，方可行使《民办教育促进法》及其《民办教育促进法实施条例》规定的职权。《教育部关于废止和修改部分规章的决定》修改了教育部令第 25 号的规定，民办高校校长不再需要审核机关核准，但是仍然需要具有 10 年以上从事高等教育管理经历，年龄不超过 70 岁，任期原则上为 4 年。到目前为止，国家尚未出台针对民办中小学校长年龄的相关规定，一些地区参照公办中小学校长的年龄和任职标准对民办中小学的校长年龄提出要求，也有一些地区未对民办中小学校长的年龄作要求。

　　由于举办者大多担任董事长，部分举办者担任党委书记，而国家尚未规定民办高校董事长以及民办高校党委书记的年龄，因此国家关于民办高校校长的年龄要求很难对举办者起到约束和限制作用，造成我国民办高校举办者的年龄普遍偏大。从 191 位民办高校举办者的年龄信息看，年龄最小者为 33 岁，最高者 99 岁，平均年龄 58 岁。我们以 10 岁为一个年龄段，绘制我国民办高校举办者年龄段分布图。由图 6-1 可见，年龄在 39 岁及以下的比例只有 1.6%；40～49 岁的比例为 24.6%；50～59 岁的举办者最多，共有 73 位，比例为 38.2%；60～69 岁的比例为 18.3%；70～79 岁的比例为 9.4%；80 岁及以上的比例为 7.9%。进行简单计算可知，60 岁及以上的举办者共有 68 位，占 35.6%，也就是说，1/3 以上的民办高校举办者年龄超过了 60 岁。

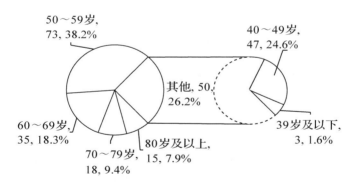

图 6-1　我国民办高校举办者年龄分布图

　　研究发现，民办学校举办者建校时的年龄呈逐渐增长的趋势。建校时间在 21 年以上的民办学校（创办较早的民办学校），举办者建校时的平均年龄为 36 岁；建校时间在 11～20 年的民办学校，举办者建校时的平均年龄为 44 岁；建校时间在 10 年以下的民办学校（即新建的民办学校），举办者建校时的平均年龄为 50 岁。之所以会存在这个趋势，可能的原因在于创办学校既需要较高的文化基础、经济基础和管理素养，又需要社会资本，而社会资本的积累与人的社会阅历息息相关，所以只有很少的民办学校是由初出茅庐的年轻人创办的，大部分民办学校是由中年人或已经退休的干部、教师等群体举办的。而且，随着教育领域的竞争更加激烈，年轻人创办学校的现象越来越少，只有积攒了较多经济资本和社会资本的人士才有更大的办学可能。

我国部分民办学校举办者的年龄偏大，因此今后一段时间将是我国民办学校领导权代际更替的关键时期。虽然民办学校举办者可以终身担任学校的董（理）事长，但管理学校需要健康的身体和充沛的精力，年纪太大的举办者一定会力不从心。所以，随着举办者年龄的逐渐增长，尤其到了 70 岁以后，选择接班人问题便非常重要。目前民办学校主要采用两种方式选择接班人，一为家族化的，二为非家族化的。

根据已搜集的信息，子女接班在民办高校比较普遍。当然，很多较为年轻的举办者也开始有意识地培养子女接班。阿特巴赫曾指出，墨西哥、泰国、日本、韩国、菲律宾、阿根廷和印度等地都存在家族式私立大学，"这种类型的学术机构需要调查研究，因为它们增长非常快，而且虽然一部分家族式大学已经存在了半个世纪或更久，但它们并没有受到人们普遍的重视和了解"[1]。我国的"家文化"浓厚，家族企业在企业组织中的比例很高，所以未来我国可能会产生很多带有浓厚家族化色彩的民办高校，这类民办高校可能会成为我国民办高校的重要类型之一。

就民办中小学而言，目前也存在举办者子女接班现象，但初步

---

[1]　［美］菲力普・G. 阿特巴赫、颜莉冰：《家族式大学》，载《国际高等教育研究》，2006(2)：32—37。

观察，民办中小学中举办者子女接班现象不如民办高校普遍。原因可能在于，民办高校的规模更大，所产生的社会效益（名声）和经济价值更大，所以举办者培养子女接班的积极性更高。民办中小学的规模小，而且根据新《民办教育促进法》，义务教育阶段的民办学校只能选择成为非营利性民办学校，因而其产生的经济价值显著小于民办高校，举办者培养子女接班的积极性低于民办高校举办者。

（三）民办学校举办者的教育背景

就民办高校而言，从 190 位举办者的教育背景信息看，民办高校举办者是一个典型的高知群体，他们具有良好的教育背景，知识水平高，文化素质好。民办高校举办者群体的教育背景和其他产业举办者群体的教育背景形成了鲜明的对比。据全国工商联在 2009 年的调查，全国私营企业业主低学历段（含文盲、小学、初中、普高、职高）的比例为 76％，而高学历段（含中专、大专、大学本科和研究生）的比例只有 24％。[1] 可以认为，民办高等教育领域是一个"选择性排斥"的领域，低学历者进入民办高等教育会遇到较大的困难，如果举办者本人没有接受高等教育的经验和成功体验，可能既没有兴趣也没有能力创办一所大学。

根据其他学者的观察和研究，民办中小学举办者的受教育水平大多略低于民办高校的举办者的受教育水平。比如，赵树凯在 1999 年调查北京市 114 所打工子弟学校举办者时发现，79 所学校的举办者当过教师，另外的则是半路出家，以包工头、小贩、厨师、菜农、建筑工、清洁工、保姆等形形色色的角色走上了办学道路。[2] 这些举办者看到了当时大规模的流入人口子女对教育的迫切需求（因为这些孩子很难进入公办学校），所以就办起了简陋的民办学校。虽然这

---

① 杨轶清：《企业家能力来源及其生成机制——基于浙商"低学历高效率"创业现象的实证分析》，载《浙江社会科学》，2009(11)：26—30。

② 赵树凯：《农民的新命》，199 页，北京，商务印书馆，2012。

些举办者自身的受教育程度不高，但他们借助灵活的管理机制和聘请的大学生志愿者等师资力量，使这类民办学校迅速发展。

表 6-1　民办高校举办者学历层次

学历层次	频率	有效百分比（%）	累计百分比（%）
博士	51	25.6	25.6
硕士	73	36.7	62.3
本科	45	22.6	84.9
专科	16	8.0	92.9
专科以下	14	7.1	100

　　从分析看，民办学校举办者的受教育水平在不断提高。这个趋势是由三个原因所致。第一，早期举办民办学校的举办者在积极通过各种方式提高自身的学历层次。对部分民办学校举办者的访谈发现，举办者们认识到只有不断拓宽自己的知识视野才能更好地应对迅速发展的世界。第二，我国教育发展整体水平的不断提高助推民办学校举办者的受教育水平逐渐提高。比如，40 年前仅少数人拥有高中学历，该群体被视为当时的"知识分子"，而在今天越来越多的人拥有研究生学历。第三，随着我国教育资源不断丰富，公办学校和民办学校间以及各民办学校间的竞争加剧，自身教育水平较低的人已难以成为民办学校的举办者。在社会经济快速发展的当今时代，只有接受更多的教育，才能更深刻地理解教育，从而更好地带领民办学校的发展。目前很多民办学校的举办者都在攻读博士学位，努力提高自身的专业水平和综合管理能力，进一步提升民办学校的办学质量。

　　（四）民办学校举办者的职业背景

　　分析 159 位民办高校举办者信息发现，其职业背景主要是教师、退休干部、专家和企业家，显示了这一群体的精英性质。并且发现打工子弟学校的举办者和民办高校的举办者的群体特征存在显著差异。

首先是"教师办学"。117所民办高校的举办者具有学校工作经历，占举办者总数的73.6％，其中79人具有大学工作经历，占举办者总数的49.7％。教师办学具体包括几种情况：一是退休教师办学，如三江学院、杉达学院的举办者。二是教师辞职办学，如上海建桥学院的举办者。部分教师离开学校后直接创办学校，通过滚动发展的方式使学校从小到大，如黄河科技学院的举办者，也有部分教师先在其他行业摸爬滚打积累了创业经验和财富后，再以"投资办学"的方式创办民办高校，如银川能源学院的举办者。学校工作的经历使他们热爱教育，熟悉教育，这成为他们创办民办高校的重要动力；同时，学校工作中积累的经验也是他们带领学校发展的重要力量源泉。三是"老领导办学"。22位举办者有政府工作背景，占举办者总数的13.8％，他们或者从政府机构退休后举办民办高校，或者在尚未退休时便"下海"办学。一些举办者在退休之前曾担任省部级领导。政府官员拥有重要的社会资本，会带来更多的社会交往优势，比如，他们有机会结识政府中高层次行政级别的官员，在各种社会活动场合中也会被给予更多的尊敬。[1] 四是"专家办学"。很多举办者长久钻研某个领域，对该领域具有强烈的兴趣，他们创办民办高校是受到自身兴趣的强烈驱使，并希望培养这些领域的青年人才。某些举办者更是在某个领域内做出较大成绩、取得较大社会影响的学者、专家，这类民办高校是典型的"专家办学"。这些举办者所创办的民办高校的"拳头专业"与他们自身的专业往往是一致的。五是"企业家办学"。我国很多民办高校是由企业家举办的，部分位列各类富豪榜。一些企业家希望创办民办高校为企业培养人才，如湖南三一工

---

[1] 朱旭峰：《中国政策精英群体的社会资本：基于结构主义视角的分析》，载《社会学研究》，2006(4)：86—116。

业职业技术学院主要"根据三一集团各事业部、子公司的用人需求，对学生进行定向培养"，以工程机械类专业作为学校的主要专业类型，着力打造"工学交替""项目导向""顶岗实习"等特色教学模式，努力实现学习与岗位的"零距离"无缝对接。也有一些企业家通过捐资办学回馈社会，如王雪红夫妇在贵州惠水县创办盛华职业技术学院，章程明确规定举办者永远不分红并坚持公益办学不求经济回报，致力于帮助优秀贫困学生"零成本"完成学业并找到一份工作。

房地产领域的企业家是我国民办高校举办者的重要组成部分。《中国青年报》曾报道，我国 70% 的独立学院由"房地产及各类投资公司、企业"所举办，这个报道凸显了房地产对我国民办高等教育领域的强烈渗透。[①] 民办中小学举办者的职业背景可能并不像民办高校举办者的职业背景一样显赫，领导办学、专家办学的比例可能稍低，教师办学的比例可能更高。根据对山西省民办中小学的调查，民办中小学的举办者大多为教师，也有部分举办者是具有商业经历的人士。

改革开放早期，我国经济发展水平低，市场化程度不高，人民群众的收入差距小，尚未出现拥有大量财富的富翁。当时我国民办学校的举办者大多是教师、退休干部等知识分子群体依靠知识资本创办民办学校。早期的民办学校主要依靠滚动发展，以学养学，通过学费积累实现规模的扩大。随着我国经济持续发展和市场化程度不断提高，出现了拥有大量财富的富豪；同时，人民群众对教育质量的要求越来越高。在这种情况下，仅仅拥有知识资本的教师等群体很难成为民办学校的主要创办力量。拥有大量财富的企业家等群体逐渐成为我国民办教育举办者的主体。拥有教师经历的人，也往往借下海经商等方式获得物质资本积累后，再来创办民办学校。当

---

① 李剑平：《近七成独立学院由房地产等投资资本掌控》，载《中国青年报》，2014-4-15。

前,人民群众对优质教育的需求迫切,因此新创办的民办学校多是大投入、高质量、有特色的学校,这对举办者的物质资本提出了更高的要求。此外,随着我国社会捐赠制度日益完善,可以预见,未来捐资办学将成为重要趋势。

(五)民办学校举办者的政治面貌特征

我国有着数千年官本位传统,"小政府大社会"的改革目标尚未实现,政府依然掌握着资源分配的重要权力。张建君等学者指出,对于民营企业而言,其政治行为、政治选择和政治战略对于企业的竞争优势和生存发展有着极其重要的影响。政府环境构成民营企业外在环境的重要部分,对企业的生存和发展发挥着至关重要的作用。如何应对政府环境、处理与政府的关系是民营企业战略决策和经营行为的重要方面。[1] 与企业相比,民办学校作为提供精神产品、维护国家意识形态的教育组织,其和政府的关系比企业和政府的关系更为密切,如土地划拨、招生指标分配、财政扶持、评优评奖等重要资源都受到政府的影响。

1. 举办者的政治面貌特征

从举办者的政治面貌看,157 位民办高校举办者政治面貌为中共党员的比例最高,这在客观上更有利于保证民办高校正确的办学方向。

表 6-2 民办高校举办者的政治面貌

政治面貌	中共党员	民盟	民进	民革	九三学社	民建	农工党	致公党	群众
频率	106	12	10	7	6	5	4	3	4
有效比(%)	67.52	7.64	6.37	4.46	3.82	3.18	2.55	1.91	2.55

---

[1] 张建君、张志学:《中国民营企业家的政治战略》,载《管理世界》,2005(7):94—105。

此外，各民主党派成员是我国民办高校的重要创办力量。部分民办高校主要是由民主党派的基层组织而非民主党派成员创办的，如民盟绍兴市委是浙江越秀外国语学院的举办者和目前的举办者之一，民革广西区委是南宁学院（原邕江大学）的主要举办方，民革浙江省委员会是浙江长征职业技术学院的举办方之一。之所以有很多民主党派举办民办高校，与国家早期的民办教育政策有关。1987 年国家教委发布的《关于社会力量办学的若干暂行规定》中，把社会力量界定为"具有法人资格的国家企业事业组织、民主党派、人民团体、集体经济组织、社会团体、学术团体，以及经国家批准的私人办学者"。

除了民主党派的基层组织之外，很多民主党派的成员直接创办了民办高校。在我国 8 个民主党派中，除台湾民主自治同盟外，其他 7 个民主党派均有成员创办了民办高校，其中，民盟成员创办民办高校的比例最高。民办高校举办者中来自民主党派的人数较多，共有两种情况。一是"先办学后加入民主党派"。各民主党派一般倾向于从社会地位高、社会成绩突出且没有加入中国共产党的社会成员中发展成员，所以民办高校的举办者成为各民主党派争相发展的对象。二是"先加入民主党派再办学"。各民主党派的成员往往有较高的文化水平，且有通过办教育来奉献社会的良好愿望。在办学过程中，各民主党派的成员可获得本党派其他成员以及民主党派组织的支持、帮助和指导，这大大提高了他们办学成功的可能性。

2. 举办者的政治身份特征

从举办者担任各级人大代表或政协委员的情况看，收集到的 115位民办高校举办者均拥有政治身份。部分举办者当选为全国人大代表和政协委员。民办教育领域第十三届全国人大代表共 8 人，见表 6-3。

表 6-3　民办教育领域第十三届全国人大代表

人大代表	在民办学校所担任的职务
秦　和	吉林华桥外国语学院院长
李孝轩	中国新高教集团董事会主席
林滕蛟	阳光控股集团有限公司董事局主席
杨雪梅	黄河科技学院院长
李光宇	宇华教育集团董事长
赵　超	陕西国际商贸学院董事长兼院长
牛三平	山西工商学院董事长（院长）
缪国乐	广东德爱教育集团有限公司董事长

民办教育领域第十三届全国政协委员共 8 人，见表 6-4。

表 6-4　民办教育领域第十三届全国政协委员

政协委员	在民办学校所担任的职务
俞敏洪	新东方教育集团董事长
胡　卫	上海协和教育集团创始人
苏　华	四川现代教育集团董事长
杨　文	山东英才学院董事长
刘　林	北京城市学院党委书记兼校长
李胜堆	东华教育集团董事长
何　伟	辽宁何氏医学院院长
刘卫昌	河北肥乡县曙光学校校长

相比于民办中小学，民办高校举办者更容易获得较高的政治身份。比如，民办教育界 8 名第十三届全国人大代表中，只有缪国乐创办的广东德爱教育集团的主要业务范围是中小学教育；民办教育界 8 名第十三届全国政协委员中，胡卫创办的上海协和教育集团、李胜堆创办的东华教育集团、刘卫昌创办的河北肥乡县曙光学校的主要业务范围是中小学教育，俞敏洪创办的新东方教育集团的主要

业务是教育培训。

　　少部分民办学校的举办者在办学前就获得了较高的政治身份，如企业家鲁冠球、李书福、周宝生等，他们在办学前都是著名的企业家，并被遴选为全国人大代表或全国政协委员。

　　高等教育是一个准入门槛相对较高的行业，没有足够的经济实力、社会资本和政治身份是很难进入的，拥有较高政治身份的人具有进入该领域的相对优势。[1] 但绝大部分民办学校的举办者是在办学成功之后，因社会成绩突出、社会影响广泛被遴选为各级党代表、人大代表或政协委员。如此高比例的举办者被遴选为全国党代表、全国人大代表和全国政协委员，说明了民办教育在我国教育体系中的地位和影响力，也说明了国家对民办教育的高度重视。

表 6-5　115 位民办高校举办者的政治身份

政治身份	频率	有效百分比（%）	累计百分比（%）
全国党代表	4	3.5	3.5
全国人大代表	18	15.7	19.2
全国政协委员	9	7.8	27.0
省人大代表	10	8.7	35.7
省政协委员	40	34.8	70.5
市人大代表	17	14.8	85.3
市政协委员	10	8.7	94.0
其他级别的人大代表或政协委员	7	6.0	100.0

　　在我国民办教育初创时期，由于民办教育比例小，地位低，且门槛高，所以，往往是拥有较高政治身份的人才有机会创办民办学校。随着我国民办教育在我国教育格局中的重要性越来越突出，国

---

　　[1]　周国平：《社会资本与民办高校资源整合研究》，87 页，广州，广东高等教育出版社，2012。

家对民办教育的扶持力度越来越大，带领民办学校取得巨大成就的
举办者很容易获得社会的认可而被赋予各种政治身份。

需要指出的是，举办者作为重要的政治力量，对民办教育法规
政策出台有重要影响，举办者不仅是民办教育制度变迁的"制度需求
者"，也在一定程度上发挥"制度供给者"的功能。只有对举办者的政
治身份和政治影响力进行深入的了解，才能了解举办者影响政策制
定和实施的过程，才能更好地理解我国民办教育的制度变迁过程。

第三节　民办学校举办者的诉求变化

动机是激发行为的直接原因，举办者的办学动机决定其行为，
其行为又直接影响民办学校的发展。如果举办者的办学动机是"赚
钱"，那么学校健康发展势必受到不利影响；如果举办者的理想是
"办百年名校"，则民办学校有更大的可能实现可持续发展。

民办学校举办者所从事的是教育事业。教育事业和其他行业有
明显不同，教育行业既可以教育受教育者，也对举办者自身具有教
育意义。从当前我国民办教育的阶段性特征看，我们将民办学校举
办者的办学动机分为经济回报、权力获得和自我实现三个方面，但
在具体实践和不同发展阶段中，这三类办学诉求不是一成不变、单
独存在的，有时相互重叠和交叉，办学诉求也在不断变化。

（一）举办者办学诉求的基本类型

我国民办学校举办者的办学诉求可以分为经济回报、权力和声
誉、自我实现和奉献社会三个维度。这三个方面并不是完全相互排
斥的，而且为认识民办学校举办者办学诉求提供了基本框架。

1. 经济回报

自恢复办学起，我国民办学校举办者基本是在"三无"（无校舍、
无教师、无资金）条件下白手起家的，通过"以学养学"的方式维持学

校的生存和发展。民办学校从一开始就与市场和融投资密切相连，具有浓厚的投资办学性质，这直接导致投资者或举办者的回报诉求，尤其是经济回报。民办学校的发展需要充足的资源和足够的资金支持，所以获得经济回报对学校和举办者至关重要。

在市场机制趋向完善的今天，民办教育的发展更加难以脱离市场，而且作为市场经济发展的产物之一，营利性在我国民办教育发展中具有一定的普遍性。我国民办教育是商业性市民社会的产物。[①]"投资办学"是我国民办教育发展的基本特征。[②] 目前，我国教育需求空间较大，而公共财政经费相对不足，加之捐赠激励机制尚未完善，民办学校大都是投资创办的，追求投资回报成为多数举办者的办学诉求。根据"经济人"假设，人的很多行为并非以服务他人为目的，而是对自身利益的追逐，个人经济利益最大化才是"经济人"的根本所在。对民办学校举办者而言，创建学校的最终目的是获得投入回报和收益。有利可图是民间资本进入民办教育事业的动力来源。有举办者直言，"办教育，从某种意义来说，是一种暴利行业，超过房地产行业的平均利润"[③]。有研究者对某省民办学校调查也发现，近 90%的民办学校举办者都希望获得经济回报并希望拥有学校的产权（所有权）。[④]

旧的《民办教育促进法》规定民办学校的举办者可以获得合理回报，但是获得合理回报需要遵循必要的程序并满足一定的条件，还需要在学校章程中注明要求获得合理回报。现实中几乎没有举办者

---

① 阎凤桥、林静：《商业性的市民社会：一种阐释中国民办高等教育特征的视角》，载《教育研究》，2012(4)：57—63。
② 邬大光：《我国民办教育的特殊性与基本特征》，载《教育研究》，2007(1)：3—8。
③ 张杰庭：《教育很赚钱 不要过度强调其公益性》[2018-8-6]，http：//edu. qq. com/a/20100303/000270. htm。
④ 《中国民办教育的财政贡献》调研组、张铁明、何志均：《信心回归：破解难题给举办者一个良好的成长环境——举办者信心丧失是民办教育发展的最深层危机》，载《当代教育论坛》，2015(5)：10—19。

通过法律所规定的程序提取合理回报，而且大多数举办者都在学校章程中注明不要求获得合理回报。但实际上，在获得了学校的控制权特别是财务和人事的控制权后，举办者可以通过开发房地产、压缩办学成本、计提折旧、关联交易、转让学校控制权等方式，利用国家监管的漏洞获得经济回报。由于举办民办学校可以获得丰厚的回报，所以目前很多投资者大量买卖民办学校，全国已涌现出一批专门从事民办学校投融资业务的教育集团和上市公司。这些教育集团办学的出发点之一就是把投资教育作为民营经济新的增长点，一些投资办学者把民办学校与企业一起打包上市，作为企业融资的一张招牌，获取资本效益的最大化。

2. 权力与声誉

权力和声誉是个体社会地位的重要象征。罗素曾说过："权力欲和荣誉欲是人类行为的两大动机。当获得适当的财富后，人们会把追求财富作为追求权力的手段，甚至可能为权力的发展而放弃财富的增加。"[1]尼采也曾说过："求生存只是最基本的要求，人的本质是权力意志，其渴望统治和扩张力量。"[2]民办学校的举办者对多个权力客体拥有多方面的权力：可以对上万名学生产生影响——决定他们的受教育机会；可以对上千名教职工产生影响——决定他们的工作机会和薪酬；可以对几十名甚至上百名管理干部产生影响——决定他们的校内升迁和待遇。举办者一般担任最重要的职务——董（理）事长，还有很多举办者兼任校（院）长或党委书记，虽然国家提出了"校长及关键领导岗位亲属回避"的要求，很多举办者仍然同时担任上述三大职务中的两项或三项。为了加强权力控制，很多举办者安排家属成员担任重要岗位的领导职务，部分举办者谋求对学校的长期控制。

---

① ［英］伯特兰·罗素：《权力论》，吴友三，译，北京，商务印书馆，2012。
② ［德］尼采：《权力意志》，孙周兴，译，北京，商务印书馆，2007。

权力和声誉往往相伴而生。在马斯洛的需求层次理论中，获得他人尊重也是人的重要行为动机之一。民办学校的举办者可以通过多种方式为自己赢得社会声誉，获得重要政治身份和社会兼职，参加重要会议并发言，施行教育理念，著书立说等。和企业家相比，作为教育家的举办者似乎有更好的名声，这也成为一些企业家创办民办学校的原因之一。

3. 自我实现和奉献社会

在中国古代，儒家提倡"修身、齐家、治国、平天下"的自我实现路径，大部分中国人也把"立德、立功、立言"作为自我实现的目标。在西方，萨特提出了"存在先于本质"，认为自我从"存在"出发，通过计划、选择和行动，实现自我的创造和超越。① 马斯洛提出"需要层次理论"，认为自我实现既是人的自发性动机，也是人格特征；既是最终状态，也是发展过程。自我实现意味着举办者将满足他人和社会需要而非自身需要作为行为的出发点，举办者希望从办学中获得胜任感和成就感等，能够完成自我认识、自我发展和自我完善，同时服务于社会教育事业的发展。

改革开放后诞生的第一批民办学校，其举办者往往是退休的老教授、老干部，他们中的部分人希望通过办学来改善自己和家人的物质条件，但更多人的办学动机是非功利性的，这在民办高等教育领域表现得最为突出。改革开放早期，公办高校的招生名额有限，门槛太高，高等教育的供给远远满足不了需求。部分退休的老干部或老教师在法律允许的条件下创办民办高校，为落榜青年提供读大学的机会，并借此发挥余热奉献社会。在我国民办高等教育早期发展历史中，涌现出很多无私奉献的举办者。他们在物质上倾尽私囊，为学校发展贡献了全部的精力，促进了社会主义教育事业的发展。

---

① 吴倬：《人的社会责任与自我实现——论自我实现的动力机制和实现形式》，载《清华大学学报(哲学社会科学版)》，2000(1)：1—4，21。

中国民办高校的第一代举办者，他们不是在办学校，而是在建设自己的精神家园，用的不仅是力更是心，力所不能及，心能感天地。[①]

（二）举办者办学诉求的变化趋势

综上所述，我国民办学校举办者的办学动机是复杂的。民办教育发展受到政治、经济和教育体制改革的影响，具有自身的发展规律。在不同的历史时期，因法规政策和个人认识变化，民办学校举办者的主要办学动机有所变化。

从民办教育恢复发展到 2016 年《民办教育促进法》修改之前，除少数由退休干部举办的民办学校外，大部分民办学校的举办者以产业思维发展民办教育，希望获得办学回报，因此这一时期的民办教育具有产业化的特征。早期的民办教育政策承认了举办者要求合理回报的办学诉求。1997 年出台的《社会力量办学条例》规定，教育机构清算后的剩余财产，返还或者折价返还举办者的投入。2003 年实施的《民办教育促进法》规定民办学校的举办者可以获得合理回报。这些政策符合我国投资办学的基本国情，有利于吸引社会资金进入教育领域。

民办教育进入分类管理新阶段后，营利性民办学校的举办者可以取得办学利润，非营利性民办学校不能再获得经济回报。虽然越来越多的举办者开始重视教育的社会效益和自我实现，但是现阶段的非营利性民办学校区别于纯粹的捐资办学，举办者希望拥有对学校的管理权和控制权，也希望通过教育服务、后勤服务、校办企业等非教学领域通过关联交易等合法方式取得收入。《民办教育促进法实施条例》（修订草案）（送审稿）并没有完全禁止非营利性民办学校的关联交易活动，只是对非营利性民办学校的关联交易活动提出了诸多的要求，如公平、公正、公允，不得损害国家利益、学校利益和

---

① 刘莉莉：《中国民办高等教育发展模式研究》，长春，吉林人民出版社，2012。

师生权益，与关联交易有利益关系的决策机构成员应当回避等。

不能否认，获得回报依然是我国民办学校举办者的基本办学诉求之一，短时间内无法从根本上改变。为了更好地激发现有民办学校举办者的办学积极性，同时吸引更多社会资金进入民办教育领域，必须综合考虑民办学校举办者的合理办学诉求，允许举办者通过合法的手段，在保证教学质量的前提下，在非教学领域取得收入。

随着我国民办教育的进一步发展，民办教育有望进入公益办学的历史阶段。在此阶段，越来越多的举办者不再将经济回报作为自己的办学动机，而完全追求办学的公益性，捐资办学行为会越来越多。有三种驱动力促使我国民办教育向这一历史阶段过渡。

第一是完成资本积累、拥有大量财富的商界领袖开始捐资兴办教育。目前我国已有部分商界领袖以捐资方式创办了民办学校，如陈一丹创办的武汉学院，陈文琦、王雪红夫妇创办的贵州盛华职业学院，杨国强、杨惠妍父女创办的广东碧桂园职业学院等。随着我国经济的持续发展，具有世界竞争力的企业越来越多，我国慈善捐赠的法律制度也不断完善，捐资兴学的社会氛围会愈加浓厚，更多富豪会选择捐资办学。

第二是现有民办学校的举办者或者现有民办学校举办者的继任者会淡化对经济利益的追求，将民办学校转变为真正的非营利性民办学校，不断完善内部治理机制，建立现代学校制度。从世界范围来看，很多私立学校在发展初期存在举办者谋求经济回报或者谋求家族控制的现象，但是随着学校的发展，举办者逐渐淡化对经济回报的追求或者家族管理的痕迹。比如，斯坦福大学的举办者斯坦福先生去世后，其夫人曾长期主持学校事务，后来逐渐退出了学校决策层。我国目前也有部分民办学校在主动消除家族化管理痕迹，向现代学校制度转变。

第三是在公私合作的大背景下，各种社会力量联合政府力量举办民办学校。很显然，只有非营利性民办学校才能以公私合作的形式发展起来。典型案例是西湖大学。西湖大学系社会力量举办、国家重点支持的新型高等学校，为非营利法人。学校的举办者是杭州市西湖教育基金会，享有制定学校章程、决定学校董事会人数及人员构成、推举学校董事会成员、监督学校资产和财务状况等权利。学校实行董事会领导下的校长负责制。董事会为学校最高决策机构，同时设立监事会、顾问委员会、校务委员会、学术委员会和学位委员会等，致力于形成董事会和校长依法行使职权、教师治学、民主管理、社会参与的大学治理体系。

　　与公益性不断提高相伴随的将是我国民办学校办学质量的不断提升，全国各地会涌现出更多办学水平卓越、办学特色彰显、公益属性明显的民办学校，在民办高等教育领域，可能涌现出一批能够和公办高校并肩而立的高水平民办高校。

第七章
民办学校教师和学生发展

　　教师是立教之本、兴教之源，是民办教育的第一资源。民办教育发展的关键在教师，教师队伍的素质直接决定着民办学校的办学质量。促进民办学校教师发展，加强民办学校教师队伍建设是民办教育改革发展的内在需求，也是落实民办教育新法新政的重要举措。与之相应的，学生是民办教育最核心的利益相关者之一，民办教育质量最终落实到学生发展质量上。促进民办学校学生发展，依法保障民办学校学生的基本权益，是民办教育法律法规的基本要求，更是维系民办学校生存发展、提升民办学校办学声誉的必然选择。本部分主要回顾民办学校教师和学生发展沿革历程，分析教师发展和学生发展的现状特征，探讨师生发展的未来动向和举措。

第一节　民办学校师生发展回顾

一、民办学校教师发展的历史沿革

　　改革开放 40 年来，民办学校教师发展及队伍建设与民办教育的整体改革发展同向同行，伴随民办教育规模不断发展壮大，教师群体逐渐受到政府、民办学校及社会各界的重视，相关法律法规给予保障，民办学校教师的重要地位正在得到广泛认同，教师发展经历了自主发展、引导发展、保障发展和分类发展几个阶段。

（一）恢复起步期（1978—1992年）：自主发展

教育战线拨乱反正后，社会各行各业对人才的迫切需求催生了在职人员、社会人员、备考学生的技术技能培训、学校课程补习热情，但当时的公办学校和企事业办学还不能完全适应现代化建设和广大青年学习科学技术的需要，团体或个人举办的职业学校、补习学校应运而生。

这一时期的民办学校教师主要以自主发展为主，政府和民办学校提供了较为宽松的政策环境，鼓励公办学校在职教师参与民办学校教育教学工作。民办学校教师大多为兼职教师，队伍来源比较复杂，有离退休干部、公办学校在职教师和热心教育事业的知识分子，也有社会无业人员和具备一定工作经验、文化知识和业务专长的技术工人，如缝纫工、驾驶员、修理工、理发师、厨师等。此外，民办学校对教师要求相对粗放，如要求教学人员历史清楚、品行端正，具有与所任学科匹配的文化程度、专业知识和教学能力，在教学中坚持党的领导，不散布资产阶级自由化言论，对学生严格执行考纪、淘汰制度等。在管理制度上，民办学校打破公办学校"干多干少都一样"的"大锅饭"制度，将教师聘任制落实到位，明文规定聘任标准、职责范围和奖励标准，有的学校采用先使用后聘请的办法，对优秀者高薪留任，对不合格、不胜任的教师随时予以辞退。民办教师多劳多得，干劲很足，薪酬待遇往往高于公办学校，有的民办学校采用"封包"方式给教师发奖金，奖金数目高低相差十几倍。① 同时，伴随民办教育的发展，也出现一些问题，如有的学校师资未达标准，

---

① 胡永槐：《"民办大学之翘楚"——访教育改革创新家邢亮先生》，载《民主》，1992（10）。

或巧以名师挂帅，或临时邀请公办学校教师拼凑，教师队伍兼职多、流动性大，致使教学质量达不到规定要求。

《关于社会力量办学的若干暂行规定》首次对民办学校教师提出相关要求："社会力量办学聘请在职人员作兼职教师或兼职行政工作人员，须经受聘人所在单位批准，并与受聘人所在单位及受聘人签订聘约或合同。"这在一定程度上反映了民办学校发展过程中的问题，同时也为促进发展提供了政策依据。各地在落实上述规定时，对民办学校教师发展给予了更为明确的政策。如广西壮族自治区结合本地实际情况，要求社会力量办学必须将要有适应教学需要的、能胜任教学工作的专、兼职教师和管理人员，教师队伍要相对稳定，专职教师要占一定比例作为基本条件之一，且规定任课教师主要从已退离休的干部、教师、工程技术人员中选聘；在职人员在做好本职工作的前提下，经所在单位同意，可以利用业余时间适量兼课，在职大中小学教师业余时间兼课要适当控制，经本人所在学校同意方可外出兼课，每周兼课时间最多不能超过 6 课时。对那些在校内不顾教学质量，不服从安排，私自外出兼课的教师，学校及教育行政部门有权停止其兼课，并给予批评教育。对担任办学和教学的工作人员，由办学单位按政策规定付给一定的报酬。

(二)快速发展期(1993—2002 年)：引导发展

这一时期，我国民办教育事业成就斐然，教育法律法规和政策体系逐渐完善，教师发展及队伍建设更受重视。在"积极鼓励、大力支持、正确引导、加强管理"方针的指引下，国家鼓励引导民办学校教师发展的动向更加清晰。为建设具有良好思想品德修养和业务素质的教师队伍，促进社会主义教育事业的发展，1993 年颁布的《教师法》，首次从法律层面为教师发展提供了切实保障。《教师法》明确了教师的权利义务、资格任用、培养培训、考核评价、待遇奖励等内容，适用于在各级各类学校和其他教育机构中专门从事教育教学工作的教师，也包括民办学校教师，民办学校可以根据实际情况参照执行。但是因办学资金来源不同，《教师法》也规定民办学校教师的待遇由举办者自行确定并予以保障，这为民办学校教师发展提供了引导性的法律保障，并谨慎地预留了适用范围和空间。1995 年颁布的《教育法》也明确了教师的法律地位，保障教师享有法律规定的权利和合法权益，改善教师的工作条件和生活条件，提高教师的社会地位。

为了鼓励民办教育发展，维护举办者、学校及其他教育机构、教师及其他教育工作者、受教育者的合法权益，《社会力量办学条例》首次明确提出了"社会力量举办的教育机构及其教师和学生依法享有国家举办的教育机构及其教师和学生平等的法律地位"，同时要求"各级政府对社会力量举办的教育机构在业务指导、教研活动、教师管理、表彰奖励等方面，应当与对国家举办的教育机构同等对待"。民办学校可以自主聘任教师和其他教育工作者，但应当符合国家规定的教师资格和任职条件，并对其聘任的教师加强政治思想教育和业务培训，保障教师工资、社会保险和福利等。

(三)规范发展期(2003—2016 年)：保障发展

这一时期，民办学校教师发展及队伍建设得到了更高、更健全的法律保障，民办学校教师同等法律地位、同等合法权利、同等发展机会、同等扶持政策等得到法律认可。但是，在具体办学实践和法律政策落实的过程中，民办学校教师同等地位没有得到切实保障，其薪酬待遇、社会保险、退休养老等明显不如公办学校教师，许多民办学校在教师资格认定、人事档案管理、专业技术职务评定等方面被区别对待，培养培训、考核评价、科研项目和课题申请、评先选优等专业发展机会较少。此外，民办学校在教师聘任和续聘方面随意性较大，缺乏客观和公正的法律依据，在队伍的建设和管理上还没有形成与市场经济相适应的体制和运行机制；政府层面因各地

认识不一、观念不同而较少给予实质性扶持政策。总之，民办学校
教师发展及队伍建设遇到了很大挑战。

为促进民办教育事业的健康发展，2003 年 9 月 1 日，我国首部
关于民办教育的专门法律《民办教育促进法》正式实施。《民办教育促
进法》在法律上保障了民办学校教师与公办学校教师的同等地位。同
时规定，"民办学校聘任的教师，应当具有国家规定的任教资格。民
办学校应当对教师进行思想品德教育和业务培训。民办学校应当依
法保障教职工的工资、福利待遇和其他合法权益，并为教职工缴纳
社会保险费。民办学校教职工在业务培训、职务聘任、教龄和工龄
计算、表彰奖励、社会活动等方面依法享有与公办学校教职工同等
权利"。2004 年施行的《民办教育促进法实施条例》对民办学校教师发
展及队伍建设有了更加具体、可操作性的规定。

2010 年，《国家中长期教育改革和发展规划纲要（2010—2020
年）》明确提出要"大力支持民办教育，依法落实民办学校教师与公办
学校教师平等的法律地位，建立完善民办学校教师社会保险制度"。
2012 年，《教育部关于鼓励和引导民间资金进入教育领域 促进民办
教育健康发展的实施意见》专门就落实民办学校教师待遇作出规定，
要求民办学校教师在资格认定、职称评审、进修培训、课题申请、
评先选优、国际交流等方面与公办学校教师享受同等待遇，在户籍
迁移、住房、子女就学等方面享受与当地同级同类公办学校教师同
等的人才引进政策。民办学校依法依规保障教师工资、福利待遇，
按照有关规定为教师办理社会保险和住房公积金，鼓励为教师办理
补充保险。支持地方人民政府采取设立民办学校教师养老保险专项
补贴等办法，探索建立民办学校教师年金制度，提高民办学校教师
的退休待遇。建立健全民办学校教师人事代理服务制度，保障教师
在公办学校和民办学校之间合理流动，鼓励高校毕业生、专业技术
人员到民办学校任教任职。

2016 年 11 月 7 日，第十二届全国人大常委会第二十四次会议审议并通过了关于修正《民办教育促进法》的决定，规定民办学校举办者可以自主选择设立非营利性或者营利性民办学校，鼓励民办学校按照国家规定为教职工办理补充养老保险，同时要求民办学校收取的费用应当主要用于教育教学活动、改善办学条件和保障教职工待遇。修正案自 2017 年 9 月 1 日起施行，民办教育及教师发展进入分类管理新时代。

（四）内涵式发展期（2017 年至今）：分类发展

伴随民办教育新法新政的实施，民办教育迎来以分类管理为特征的新时代，在政府实施差别化扶持政策下，民办学校教师发展及队伍建设也正在进入分类发展阶段，非营利性民办学校将获得更多政府补贴、基金奖励、捐资激励等扶持政策，其教师发展将获得更多政府实质性支持和保障。

国务院发布《促进民办教育健康发展的若干意见》(2016)明确要求"保障民办学校师生权益。完善学校、个人、政府合理分担的民办学校教职工社会保障机制。民办学校应依法为教职工足额缴纳社会保险费和住房公积金。鼓励民办学校按规定为教职工建立补充养老保险，改善教职工退休后的待遇。落实统筹跨地区社会保险关系转移接续政策，完善民办学校教师户籍迁移等方面的服务政策，探索建立民办学校教师人事代理制度和交流制度，促进教师合理流动。民办学校教师在资格认定、职务评聘、培养培训、评优表彰等方面与公办学校教师享有同等权利。非营利性民办学校教师享受当地公办学校同等的人才引进政策"。同时，要求加强民办学校教师队伍建设，加大教师培训力度，不断提高教师的业务能力和水平。

2018 年印发的《中共中央国务院关于全面深化新时代教师队伍建设改革的意见》是中华人民共和国成立以来党中央出台的第一个专门面向教师队伍建设的里程碑式的政策文件，专门就维护民办学校教师权益提出要求："完善学校、个人、政府合理分担的民办学校教师社会保障机制，民办学校应与教师依法签订合同，按时足额支付工资，保障其福利待遇和其他合法权益，并为教师足额缴纳社会保险费和住房公积金。依法保障和落实民办学校教师在业务培训、职务聘任、教龄和工龄计算、表彰奖励、科研立项等方面享有与公办学校教师同等权利"。

二、民办学校学生发展的历史沿革

纵观改革开放 40 年来我国民办教育发展历程，民办学校学生发展从不受重视到备受关注。在民办教育的起步阶段，相关政策较少涉及学生群体，学生合法权益保障问题尚未提上议事日程，发展过程少受关注。随着民办教育发展壮大和政府扶持力度增强，民办学校更加重视内涵式发展和办学质量，不断强化对学生的重视程度，学生主体地位逐渐得到体现。

（一）恢复发展期（1978—1992 年）：学生地位少受重视

在民办教育恢复发展初期，民办学校主要是从事文化补习、自考助学和职业培训的机构，受教育对象以在职职工、返乡人员等社会人员为主。在公办学校无法满足他们提高文化水平、掌握工作技能等多元需求的情况下，灵活的民办教育机构不失为一种适当选择。这一时期的民办教育尚处在不断探索的起步阶段，因学生群体多为社会人员和补习学生，管理和发展责任也以所在单位和公办学校为主，民办学校最大的关切在于扩生源、求生存，多数民办学校简单参照公办学校的学生管理制度，制定类似的学生管理办法，无暇顾及学生发展及法律地位、受教育权等基本问题。1984 年，教育部报请国务院颁发《关于社会力量举办高等学校和中等专业学校试行条例》（以下简称《试行条例》）的请示中提到，"有的学校，师资、经费、设备等条件均不具备，就仓促上马，办学中困难重重；有的办学人员不学无术，教学质量低劣；有的利用办学诈骗钱财；有的流窜办学，一个人办三所'大学'；甚至还有利用办学进行封建伦理宣传的"。针对民办学校管理混乱问题，《试行条例》要求民办学校加强学籍管理，参照教育部制定的同层次同类型学校学籍管理制度执行，全日制高等学校按照同类学校、同层次、同专业的修业年限及教学计划组织教学。

《关于社会力量办学的若干暂行规定》初步涉及民办学校学生发展事宜。第十四条规定，"学生学习结束后，可由学校发给'结业证明'，注明所学课程内容和各科考试成绩，学校校长须在'结业证明'上签字，以对学生的学习成绩负责；学生要取得国家承认的大学、中专毕业证书，可按自学考试的有关规定办理"。第十五条提出，"社会力量办学的经费自行筹集。学校可向学员收取合理金额的学杂费，但不得以办学为名非法牟利。收费标准和办法由省、自治区、直辖市教育行政部门会同有关部门共同制定"。民办学校学生发展问题开始进入法律范畴。

(二)快速发展期(1993—2002 年)：学生的平等发展始受重视

这一时期，《教育法》第五章专门就受教育者的权利和义务等作出具体规定，认可受教育者在入学、升学、就业等方面依法享有平等权利，明确了国家、社会和学校等对受教育者的责任和义务，要求教育等相关部门和学校及其他教育机构应当完善教育、体育、卫生保健设施，保护学生的身心健康。这为民办学校学生平等发展奠定了法律基础。此后，《社会力量办学条例》对民办学校学生法律地位作出明确规定，提出就读于社会力量举办的教育机构的学生依法享有与国家举办的教育机构学生平等的法律地位，在升学、参加考试和社会活动等方面，依法享有与国家举办的教育机构的学生平等的权利；用人单位实行面向社会、平等竞争、择优录用的原则，不得对学生有就业歧视；对于完成学业、考试合格的学生，经批准实施学历教育的民办学校必须按照国家有关规定颁发学历证书，其他非学历教育机构应依法给完成学业的学生颁发相应的培训证书或其他学业证书；教育机构合并、解散时，应妥善安置原在校学生，尤其要确保义务教育阶段学生的正常就学。《社会力量办学条例》首次明确了民办学校学生的平等法律地位，细化了民办学校学生应当享有的权益，使民办学校学生的平等发展有了法律保障。

《民办教育促进法》标志着我国民办教育发展进入新阶段。该法确定了民办教育与公办教育同等的法律地位，为形成公办教育与民办教育共同发展的格局奠定了法律基础。其第四章专门规定民办学校受教育者享有与公办学校受教育者同等的法律地位，在升学、就业、社会优待以及参加先进评选等方面享有与同级同类公办学校受教育者的同等权利；规定民办学校要依法保障受教育者的合法权益，严格按照国家规定建立学籍管理制度，对受教育者实施奖励或者处分。与《社会力量办学条例》最大的不同在于，《民办教育促进法》将学生的法律地位由"平等"改为"同等"，避免了《社会力量办学条例》中"与国家举办的教育机构"的模糊表述，明确"同等法律地位"是与同级同类公办学校学生的相比之下的"同等"，规定了学生同等法律地位的参照标准，界定了今后民办学校学生发展保障工作的基本范围，有利于提升民办学校学生发展保障工作的针对性。

(三)规范发展期(2003—2015 年)：学生的同等地位更加明确

2003 年《民办教育促进法》生效，《民办教育促进法实施条例》进一步细化有关学生发展及权益的规定，明确提出，民办学校受教育者申请国家设立的有关科研项目、课题等，享有与公办学校受教育者同等的权利。民办学校的受教育者在升学、就业、社会优待、参加先进评选、医疗保险等方面，享有与同级同类公办学校受教育者同等的权利。在组织有关的评奖评优、文艺体育活动和课题、项目招标时，教育行政部门、劳动和社会保障行政部门和其他有关部门，应当为民办学校及其教师、职员、受教育者提供同等的机会。《民办教育促进法实施条例》明确了各级各类教育行政部门在保障学生合法权益方面的责任，有利于切实保障民办学校学生的同等权利。

2006 年，针对当时一些民办高校因学籍、学历、收费等原因相继发生的学生群体性事件，《国务院办公厅关于加强民办高校规范管理 引导民办高等教育健康发展的通知》要求依法规范民办高校办学行为和内部管理，建立健全党团组织；充实党务干部队伍和思想政治工作队伍，加强对学生的服务、管理和思想政治教育，依法维护学生合法权益，建立健全维护学校安全稳定的工作体系；依法落实民办高校有关扶持政策，使民办高校学生在升学、就业、档案管理、评奖评优等方面，与同级同类公办高校学生享受同等的权利。

2007 年，教育部颁布的《民办高等学校办学管理若干规定》对民办高校招生行为进行规范。要求民办高校招收学历教育学生的，必须严格执行国家下达的招生计划，按照国家招生规定和程序招收学生。对纳入国家计划、经省级招生部门统一录取的学生发放录取通知书。未列入国务院教育行政部门当年公布的具有学历教育招生资格学校名单的民办高校，不得招收学历教育学生。民办高校应当按照普通高等学校学生管理规定的要求完善学籍管理制度。民办高校应当按照国家有关规定建立学生管理队伍。按不低于 1：200 的师生比配备辅导员，每个班级配备 1 名班主任。民办高校应当建立教师、学生校内申诉渠道，依法妥善处理教师、学生提出的申诉。这些规定有利于维护民办高校学生的同等发展权益，引导民办高校健康发展。

民办学校在发展初期，其体制机制灵活，学生培养成效明显，但随着国家财政性教育经费投入不断加大，民办教育的相对优势已经失去，社会资本投入不足却成为劣势，这也严重影响了民办学校发展及培养工作。为弥补民办学校学生培养工作中的经费不足问题，2015 年国务院常务会议提出建立统一的城乡义务教育经费保障机制，

要求从 2016 年春季学期开始，国家统一确定生均公用经费基准定
额；从 2017 年春季学期开始，统一对城乡义务教育学生（含民办学
校学生）免除学杂费，免费提供教科书，补助家庭经济困难寄宿生生
活费。

不难看出，这一时期的关于民办学校学生发展及权益保障的制
度体系更加健全，不仅从总体上明确民办学校学生的同等权益，而
且明确界定了学生发展及权益保障的具体内容，出台了针对性保障
举措。如学生入学前的招生宣传与管理，学习过程中的学校行为规
范管理与学籍管理，以及学生学习期满后的公平对待权等。此外，
相关政策文件还规定了民办学校退出时学生的安置及权益救济途径，
防范民办学校中途退出侵害学生权益。

（四）内涵式发展期（2017 年至今）：学生发展及权益保障力度加大

2016 年 11 月，第十二届全国人大常委会第二十四次会议通过了
修改《民办教育促进法》的决定，新《民办教育促进法》第二十八条重
申了民办学校学生与公办学校学生的同等法律地位，在升学、就业、
社会优待以及参加先进评选等方面享有与同级同类公办学校受教育
者的同等权利。

《促进民办教育健康发展的若干意见》（2016 年）要求落实同等资
助政策。民办学校学生与公办学校学生按规定同等享受助学贷款、
奖助学金等国家资助政策，民办学校学生在评奖评优、升学就业、
社会优待、医疗保险等方面与同级同类公办学校学生享有同等权利，
享有对学校办学管理的知情权、参与权，享有参与管理和民主监督
的权利，并完善民办学校学生争议处理机制，维护学生的合法权益。
《促进民办教育健康发展的若干意见》并对各级教育行政主管部门、
民办学校等政策执行主体提出明确要求。各级人民政府应建立健全
民办学校助学贷款业务扶持制度，提高民办学校家庭经济困难学生
获得资助的比例。民办学校应建立健全奖助学金评定、发放等管理

机制，应从学费收入中提取不少于5％的资金，用于奖励和资助学生；完善教职工代表大会和学生代表大会制度；落实鼓励捐资助学的相关优惠政策措施，积极引导和鼓励企事业单位、社会组织和个人面向民办学校设立奖助学金，加大资助力度。

2017年，《民办教育促进法实施条例》（修订草案）（送审稿）更加明确保障民办学校学生的发展及权益保障，要求政府保障民办学校的受教育者在升学、就业、社会优待、参加先进评选，以及获得助学贷款、奖助学金等国家资助政策等方面，享有与同级同类公办学校的受教育者同等的权利，并要求民办学校按照不低于当地同级同类公办学校的标准，从学费收入中提取相应比例的资金用于奖励和资助学生。

第二节　民办学校师生发展现状

一、教师发展现状及特征

近年来，面对教育领域全面深化改革的新形势，国家修订《民办教育促进法》及实施条例，出台一系列配套政策，形成了民办教育的新法新政框架，很多地方政府也出台了有关教师发展的新政策新措施，民办学校也不断加强教师队伍建设投入力度。虽然民办学校教师发展取得了新进展，但民办学校教师社会地位不高、待遇保障不足、职称评聘不畅、参与管理不够等问题仍未从根本上得到解决。

（一）教师社会地位不高，身份编制不清

当前，有些民办学校尤其是民办高校，不是人们的优先选择，大多是不能或难以进入更高质量公办高校或重点高校考生的一种无奈选择，很多高校毕业生也不愿意去民办学校工作。毋庸置疑的是，与公办学校教师相比，民办学校教师社会地位较低，法律身份不平等。有些民办学校教师表示，"当走出校园，到社会上，我还是感到被差别对待，不被认可或被歧视，和公办学校教师站在一起，也没有太足的底气，总感觉低人一等"①。

从现有政策看，政府对民办学校教师队伍建设和权益保障扶持力度不足，举办者(出资人)和学校管理者对教师的重要作用和地位认识不到位，社会和民众对教师地位的认识也有待提高。一些地方政府和教育行政管理部门对民办学校教师发展及队伍建设的重要意义认识不足，仍持有"民办教育是权宜过渡、拾遗补缺，民办学校相当于 20 世纪 80 年代的个体户，民办学校教师相当于企业员工，可多可少"的观点。社会和民众对民办学校的管理体制、运行机制、收费标准等理解不够，把民办学校视为举办者(出资人)的私人产业，因此也戴着"有色眼镜"看民办学校教师，视其为"老板和企业的员工"。②

在民办教育分类管理政策实质性落地前，我国民办学校法人属性不清，导致其教师的身份不明。我国公办学校属于事业单位法人，其正式聘任的教师享有"事业编制"。但是，在以前的法人框架下，关于民办学校的"民办非企业单位"属性属于哪种类型的法人，相关法律法规并没有作出明确规定，由此造成民办学校与公办学校"同等法律地位"无法落实，也致使民办、公办高校教师的"同等法律地位"无法落实。

(二)教师薪酬待遇较低，存在"双轨制"社保体系

近年来，中央和地方政府对民办教育的支持力度不断加强，但由于公共财政预算中没有专门设立民办教育相关科目，公共财政支持民办学校教师发展及队伍建设缺乏有效渠道，民办学校教师薪酬

---

① 周海涛、景安磊：《民办学校教师队伍建设面临的问题及其成因》，载《当代教师教育》，2015(3)：7—11。
② 周海涛、景安磊：《民办学校教师队伍建设面临的问题及其成因》，载《当代教师教育》，2015(3)：7—11。

待遇整体较低，且薪酬设计存在缺陷。有研究者通过案例分析了民办高校教师薪酬制度，认为"当前民办高校教师薪酬制度设计不合理，随意性、人为性较大；福利薪酬体系缺乏科学性、可操作性和可持续性；民办高校间和学校内部不同教师群体间差异较大，同工不同酬的现象比较严重；薪酬激励水平较低，缺乏外部竞争力，工作量大，任务重，但工资水平却较低"[①]。此外，由于缺乏监督问责机制，民办学校教师聘任违法违规现象时有发生，变相增加教师工作时间的行为普遍存在，教师的薪酬待遇和社会保险体系有待完善。例如，上海市民办高校教师队伍存在"学历低""职称低""收入低"的"三低"问题，而公办高校的经费投入不断增加，教师待遇尤其是退休后待遇远远高于民办高校。中小学实施绩效工资制度之后，民办中小学原本的在职收入优势也逐渐被拉平，这直接影响到广大教师工作的积极性与师资队伍的稳定性。尽管上海实施了教师年金制度等相关措施，并督促举办者加大投入改善教师待遇，但并未从根本上解决由于法人属性问题带来的教师保障体系问题。

在社保缴纳体系上，公办学校教师和民办学校教师的"双轨制"社会保险始终是困扰民办教育发展的"老大难"问题。目前，我国社会保险主要有五大险种：养老保险、医疗保险、失业保险、工伤保险和生育保险。养老保险是社会保险体系中最重要的险种，最能引起社会关注。从现有资料分析看，民办学校教师最关注退休后的养老金问题。目前，公办学校教师属事业编制，缴纳事业单位养老保险，民办学校教师则属于或等同于企业员工，购买的是企业社会保险，比公办学校教师缴费高且退休后领取工资差别很大。那么，公办学校教师缴纳的养老保险和民办学校教师缴纳的养老保险到底有哪些差别呢？有分析认为，按照新法修订前的政策，"民办学校登记

---

①　刘翠兰：《民办高校教师薪酬制度与薪酬激励研究》，71—80 页，济南，山东大学出版社，2011。

为民办非企业单位后，其教师按照企业的标准参加社会保险，与同级同类公办学校教师相比，退休后的收入相差一倍以上"。这个观点也得到了民办教育研究学者的赞同。有研究者认为，"民办高校教师如果参加企业养老保险，企业职工缴纳的基本养老保险标准是上年度职工个人平均工资，个人缴纳标准是平均工资的 8%，企业为职工缴纳职工平均工资的 20%，参保缴费满 20 年后退休，养老金仅仅能拿到其退休前工资的 36%，即使缴纳满 30 年后再退休，养老金也只能拿到其退休前工资的 44%。但是，民办高校教师如果参照同级同类公办高校教师参加事业单位养老保险，同为 20 年后退休，养老金便能拿到其退休前工资的 70% 以上，若是缴纳 30 年后退休，几乎可以拿到退休前工资的 100%。因此，从比较中可以看出，公办学校、民办学校两种不同的养老保险参保体系，教师退休后的养老金领取额相差一倍以上"[1]。

(三)职称评聘不畅，专业发展受限

由于历史和发展的客观原因，多数民办学校自有专任教师学历和职称严重偏低，中高级职称比例较少，教师专业发展空间严重受限。

与公办学校教师相比，民办学校教师在职称职务评聘、表彰奖励、科研项目申请、交流培训等方面，存在渠道不畅或者受到明显歧视的情况，尤其是民办学校校长及教师培训机会较少。很多民办学校的校长及教师获得培训的机会较少，教师专业知识和教学理念得不到及时更新，学校管理及教学水平跟不上社会发展的需求，在很大程度上限制了民办学校的发展。教师培养培训、科研项目申请、交流访学等专业发展过程是民办学校教师职称评聘的基础，没有这

---

① 周海涛、景安磊：《民办学校教师队伍建设面临的问题及其成因》，载《当代教师教育》，2015(3)：7—11。

些辅助教师专业发展的条件，职称评聘就无法实现。现实中针对民办学校教师专业发展的歧视性做法时有发生。[①]

根据相关研究者对上海市 19 所民办高校教师的调查，有 31.5％的民办本科高校教师和 47.1％的民办专科高校教师没有承担任何科研项目；40.2％的民办本科高校教师和 50.7％的民办专科高校教师没有发表过论文，只有 4.3％的民办本专科高校教师发表过 3 篇以上论文；43.5％的民办本科高校教师和 58.0％的民办专科高校教师没有参加过任何学术交流活动，71.5％的民办专科高校教师没有参加或只参加过一次培训。[②] 由此可见，在承担科研项目机会少、发表论文数量少、参加学术活动和培训次数少的情况下，民办学校教师的职称评聘权在客观上是很难实现的。因此，民办学校教师在职称评审方面与公办学校教师条件同等，实质上是造成了新的不平等。从政策结果看，相对于公办学校教师，民办学校教师职称评聘难度更大。

此外，民办学校师资培训经费普遍有限，仅靠一己之力难以为教师专业发展提供必备条件。一方面，民办学校教师培训机会少，培训内容没有针对性；另一方面，民办学校教师培训经费几乎没有得到公共财政资助，多由学校自掏腰包。因此，培养培训、科研经费配套和交流访学等有助于教师专业发展的工作仅能靠民办学校自身完成。在办学经费过度依赖学费的情况下，很多民办学校缺乏依靠自身的经济能力为教师提供培训机会的能力和动力，影响学校教师的专业发展。

（四）参与民主管理有限，主体责任意识有待加强

当前，民办学校教师参与学校民主管理的程度较低，相当一部

---

① 周海涛、景安磊：《民办学校教师队伍建设面临的问题及其成因》，载《当代教师教育》，2015(3)：7—11。

② 徐雄伟、高耀明：《民办高校学术职业现状的调查分析》，载《高等教育研究》，2013(1)：62—69。

分教师认为学校管理过程中人文关怀不够，自身组织认同感不强，管理参与机制不健全，参与渠道不畅通。有的民办学校的教师表示，"作为基层教师，我的主要任务是教学，参与学校管理事务的机会很少。学校只开过一次教代会，这些也都是走形式，没有起到实质性作用，教师的发言权很小"。从现有法规政策的规定看，关于民办学校教师参与民主管理的论述内容最少，这也在一定程度上造成教师民主管理参与度较低。

此外，民办学校民主决策和民主管理体制机制有待健全。一方面，民办学校决策机构不健全。有的民办学校网站没有董事会的相关介绍，甚至连实际的负责人都难以找到；有的民办学校虽建立了董事会，但是董事会的组成不规范，职责不明确，决策程序不完善，运行不正常，教师参与学校民主管理的渠道受阻，影响学校民主管理。另一方面，教师参与学校民主管理机制不健全，参与机会少且参与意愿不高。办学过程中，教师不了解教职工代表大会和工会的作用，教代会等制度没有发挥实质性作用。有研究者调查了湖南省五所民办高校教师，有 50% 的教师认为自己没有参与学校民主管理的机会，另有 50% 的教师认为偶尔有参与学校民主管理的机会。同时，约有 70% 的教师认为学校管理不够民主，约 60% 的教师认为学校民主管理流于形式。①

有些民办学校的举办者（出资人）认为学校是私人产业，家族化管理、家长制作风、企业式经营比较普遍，有的民办学校举办者甚至将学校视为集团公司的子公司，忽视民办教育发展规律。这导致直接受聘于董事会的学校管理者不能切实落实管理职权，教师话语权和参与权不受尊重，最终导致教师参与学校民主管理的意愿较低，归属感与责任感不强，不会真心参与、真心付出。

---

① 张文姝：《我国民办高校教师权益维护研究》，长沙，湖南师范大学硕士学位论文，2011。

（五）对学生投入度不够，教师情绪衰竭值得关注

民办学校教师的职业倦怠和教学效能感是办学实践和研究领域中长期关注的问题。通过对民办学校近 2 万名教师的问卷调查分析，有研究者认为[1]，民办学校教师教学效能感整体水平较高，教师对学生的关注和投入情况不理想。其中，民办学校师生关系较为和谐，但师生互动有待提高，主要表现在学生群体认为教师主动帮助学生的意愿不强，没有空余时间帮助学生。通过调研了解到，导致教师对学生投入度不够的原因主要是观念和制度问题。观念上，民办学校教师缺乏对学校的认同感，部分教师认为自己只是被雇用的打工者，主人公意识较弱，缺乏责任心，使得教学质量难以提高。制度上，很多学校没有为师生交流提供必要的制度支持和资源保障，教师与学生的交流时间、空间有限。

此外，民办学校教师职业倦怠整体情况不严重，问题不显著，但教师的自我成就感和情绪衰竭情况需要引起关注。情绪管理是一种自我情绪认知、监控和驱动能力以及对周围情境的识别与适度反应的能力，具有适应性、功效性和特质性三个特征。民办学校教师情绪管理现状整体较好，说明同事关系比较和谐、融洽，工作热情度较高。但调研数据也显示，部分教师身心比较疲惫，对努力工作已产生抵触情绪。通过调研了解到，导致教师情绪衰竭的主要原因是教师教学任务重，量化考核压力大，教师常处于一种超负荷的工作状态，身心疲惫。此外，民办学校生源质量参差不齐，学生不良学习习惯突出，厌学情绪较重，这不仅增加了教师的教学和管理难度，也在一定程度上影响了教学效果，导致教师缺乏成就感，产生情绪衰竭。

---

[1]　周海涛、钟秉林：《中国民办教育发展报告 2015》，北京，北京师范大学出版社，2017。

二、学生发展现状及特征

随着民办教育新法新政的颁布实施，民办学校学生的发展及权益保障受到广泛关注，如何保障民办学校学生的同等法律地位，切实维护学生合法权益，成为民办教育改革发展的重要议题。但就目前来看，民办学校学生依然面临着发展水平不一、合法权益受损、经济负担较重、发展空间不足等问题。

（一）教育服务水平各异，学生能力水平不一

由于实行属地管理的管理体制，民办学校由各省市教育行政部门主管，民办教育的发展质量深受各地经济发展水平、社会发展环境和政府管理模式的影响，民办教育服务存在显著的区域差异和内部差异，不同地区和学校的学生享受到的民办教育服务水平不一，有的学生能获得同等甚至远高于当地同级同类公办学校的教育服务，而大部分民办学校学生获得的教育服务质量与公办学校的教育服务质量尚有较大距离。

在经济发展水平较高、社会认可度较高、地方政府宏观引领有力的地区，民办教育发展较快，活力较强，层次较高，高水平、高收费的民办学校不断涌现，使当地的民办学校类型更加多样、民办教育的服务方式更趋多元，这就赋予了当地学生充足的教育选择权，也能在很大程度上保障学生的受教育权，学生基本能享受到与同级同类公办学校同等的教育服务和社会地位，经济状况较好的家庭还有机会享受到优于公办学校的高端优质民办教育。

反之，在经济欠发达的中西部地区或对民办教育认可度不高的地区，地方教育行政部门对民办教育的财政和政策支持力度明显不够，民办教育的发展空间受到挤压，加上社会资本对学校的支撑力量不强不稳，民办学校在"内忧外患"的夹缝中生存，发展举步维艰，空间严重受限，体制机制优势活力很难激发。此时，公办教育无疑成了当地优质教育的主要代表，民办学校只能发挥补充性的作用，

从而导致多数民办学校学生无法享受到与当地公办教育同等的教育服务，学生的能力发展水平参差不齐。

（二）学校管理方式严格，学生合法权益受限较多

身体和心理健康是学生的两大核心权益，亦是社会各方的最大关切。《未成年人保护法》第二十二条规定，"学校、幼儿园、托儿所应当建立安全制度，加强对未成年人的安全教育，采取措施保障未成年人的人身安全"。民办学校学生依法享有身体健康权、人格尊严权、人身自由权、隐私权、肖像权等，这是民办学校学生最为重要的权益。但总体而言，民办学校的内部管理制度较为严格，管理方式趋于量化，管理的人性化稍显不足。

民办学校的管理模式致使民办学校学生的人身权益保障情况不容乐观。一方面，因管理理念落后、监管力量不足，学生的身体健康和人格尊严权受到不同程度侵害，这在民办幼儿园和民办中小学较为常见。当前，民办幼儿园是我国学前教育的主力军。在普惠性民办幼儿园政策效应有待激发、学前教育发展质量参差不齐的背景下，优秀的民办幼儿园能够提供质量较高、类型多样的教育服务，保障幼儿的身心健康发展。但大部分民办幼儿园办学条件简陋，生均校舍面积不达标，幼儿膳食搭配不科学，存在管理方式单一、育儿内容小学化等问题，很难为幼儿提供充分的游戏空间和应有的科学养护，甚至违背幼儿的生理和心理发展规律，损害了幼儿的身心健康权。一些民办幼儿园和中小学仍以取得经济回报为目的，违规招聘无资质教师，师德师风建设不力，学校安全管理存在漏洞，校园欺凌等学生人身受到伤害的恶性事件频发。

此外，有些民办学校采用"军事化"管理模式，对学生的人身自由和隐私权重视不够，这在民办高校中较为常见。与公办高校不同，民办高校的学生管理规定更细，行为的规范范围更多，民办高校学生无法像公办高校学生一样随意外出离校、自主选择学习资源、自

主安排学习和生活时间等，如某民办高校的《公寓管理条例》对学生在公寓内的行为进行了细致化规定，如"季节更替时，各寝室挂、收蚊帐应统一""盖被统一叠成方块形放在床的一端，枕头放在另一端""不得将一次性饭盒带入寝室"，对学生宿舍内的物品摆放位置、物品收放时间、作息时间进行近乎"军事化"的管理。不少学校还配有专门的纪律巡视部门和学生自治组织共同协助校内的管理工作，对违纪学生采取扣分、记过、通报等处理手段，不少民办学校将学生日常表现数量化，将学生日常的行为规范得分与评奖评优资格直接挂钩，甚至实行一票否决制。这种过度的集中管理极有可能触及法律底线，侵害学生的人身自由权和隐私权，对学生发展也影响极大。

（三）学生经济负担较重，心理压力不容忽视

目前，民办学校的学费定价机制与公办学校有所不同。我国公办高校执行成本补偿机制，即根据学生培养成本，由公共财政和个人合理分担比例，家长和学生可以以交学费的方式补偿部分教学成本，或以支付使用费的方式来补偿政府或大学提供的住宿和膳食服务。而民办高校按照办学成本收费，实行的是市场机制下的全成本定价方式，学费是民办高校的主要办学经费来源。不少研究发现，民办院校学费的均值和标准差都高于公办院校，表明民办院校学费水平明显高于公办院校，也彰显出民办院校学费的波动性和灵活性。

由于长期受计划经济体制下高等教育免学费政策的影响，人民群众对缴费上学的心理承受力一直比较低，尤其是对收费昂贵的民办教育，不少普通家庭更是颇感压力。因此，公办学校长期成为多数家长和学生的第一选择，就读民办学校往往沦为家长和学生的被动之举。值得一提的是，在市场经济转型发展的过程中，城乡居民的收入水平不断拉大，贫富差距日趋严重，能否承担起高额学费无疑成为影响学生入学机会的重要因素，并深入影响民办学校学生的

就读心态和心理健康水平。有调查表明，多数民办高校学生的家庭收入水平一般，高额的学费给普通家庭带来了较为沉重的经济负担，与此同时，民办学校学生的奖助贷机制尚不健全，国家层面的奖助学金名额明显少于公办高校，学校层面的勤工助学机会和资助金额明显不足，相当一部分民办高校学生只能选择贷款。在缴付了比同级同类公办学校更高的学费之后，民办学校学生还需要承担沉重的经济负担，极易引发焦虑等心理。

高额学费也导致民办学校学生的未来教育预期相对较高。有研究发现，学生认为学费水平受教育服务质量影响且二者密切相关。[①]这就意味着昂贵的教育投资之后，民办学校学生对教育的未来预期也随之上升，但由于民办学校的信息披露机制不健全、重要信息的不对称等缘由，民办学校尤其是民办高校学生的心理落差感较强，获得感较低。高额的学费极易使民办高校学生产生"教育消费者"的观念，对学校的硬件设施和教育服务质量期望较高，认为学校应尽最大可能满足他们的学习生活需求，实现招生宣传中的若干承诺。但由于我国民办高校的起步较晚、发展水平参差不齐、招生信息失真等历史及现实问题的存在，学校的硬件设施和软件条件很难符合学生的心理预期，学生对学校硬件环境和软件资源的满意度相对不高，不少学生对于毕业之后的去向充满疑惑，民办高校学生的心理压力较大，心理健康情况较为严峻。[②]

（四）学生发展空间受限，合法权益保障不足

依法保障民办学校学生的合法权益，是教育法律法规的基本要求，更是提升民办学校办学声誉、维系民办学校生存发展的必然选

[①]　晏成步：《关于高校学费问题的实证分析》，载《教育发展研究》，2011，31(19)：8—13。

[②]　靳诺：《民办高校学生德育专题研究：我国民办高校学生思想调研报告》，合肥，合肥工业大学出版社，2008。

择。落实民办教育新法新政、依法保障民办学校学生合法权益，首先要对学生权益的内涵和外延形成基本认知。民办学校学生权益是指民办学校在校生依法享有的不容侵犯的权利，意味着民办学校学生能够按照自己的意志实现一定的利益。

无论是从法理上还是情理上来看，民办学校学生都应当获得体能、智能的充分发展权益，应当获得全面发展权、和谐发展权、持续发展权和差异发展权等发展性权益，即学生的德智体美等各方面能力能得到全面发展，创新精神和实践能力得以提升，能根据自身实际和个人兴趣自主选择发展方向和发展路径，能按照自身成长成才规律自主发展，学生的学习基础和学习特点能够受到尊重，不同学习成绩和学习进度的学生能够得到公平对待。

但我国民办学校学生的发展权益保障情况依然严峻。一方面，各方对民办幼儿园和中小学学生的发展权益重视不足。《未成年人保护法》第三条明确规定"未成年人享有生存权、发展权、受保护权、参与权等权利"。法律赋予未成年人发展权，是保证未成年人身心健康发展的一项基本权利。但无论是在学术研究领域还是实践操作层面，民办学校学生的发展问题仍未深入人心，学界很少从权利的视角探析民办学校的学生发展问题，学生发展尚未被提升到学生基本权利的理论高度，导致与民办学校学生发展相关的理论研究虽不少，但大都很难发挥出引领实践的巨大作用。另一方面，民办学校学生很难享有充分的发展权。我国多数民办学校还处在维持生存、追求规模的外延发展阶段，学校资金和资源供给相对不足，只能将有限的资源用到教育教学工作的正常运转、教职工工资的按时发放、生源的稳定与增长等方面，没有足够的人力、物力、财力去关注教育教学中最重要的育人环节，学生的学业发展、升学深造、就业创业等发展性权益受到忽视，学生所能享受的资源总量和质量大打折扣，所能获得的学业、就业和创业指导相对不足。

第三节　民办学校师生发展的未来展望

回顾改革开放以来我国民办教育的发展历程，发现民办学校教师和学生发展在权益保障和社会地位等方面存在诸多发展困境。适逢民办教育分类管理的新时代，乘着民办教育新法新政贯彻执行和地方实践积极探索的春风，未来中国民办学校的教师和学生将在法律地位、合法权益、全面发展等方面得到切实保障，发展水平有望得到显著提升。

一、民办学校教师发展未来展望

教师是决定教育质量的关键。当前，我国民办学校教师队伍建设领域的矛盾集中凸显，教师发展及队伍建设问题未能得到及时有效解决，有的甚至进一步激化。究其原因，不乏利益相关者不敢担当，遇到矛盾和问题绕道走，存在观望、推诿现象；化解矛盾的办法不当，用老办法解决新问题；民办学校教师队伍建设体制不健全，政策长期得不到落实。实际上，政府、举办者（出资人）、教师和社会等利益相关者需要妥善解决民办学校教师身份地位问题，切实提高待遇，健全职称评聘机制，鼓励教师积极参与学校民主管理，把促进教师发展作为民办教育事业发展最重要的基础性工作。从民办教育新法新政动向看，未来总体动向是在营利性和非营利性民办学校分类扶持框架下，建立健全两类学校教师发展及队伍建设的不同政策选择和体制机制，重点扶持非营利性、高质量、有特色的民办学校，率先实现教师队伍的高质量发展。政府、举办者（出资人）、教师和社会等利益相关群体应切实承担相应责任，发挥共同促进教师发展的作用。

（一）明确政府支持和管理职责，保障教师发展

1. 转变政府职能和服务理念

树立有限、责任、法治、服务的政府观念，对民办教育实行包容性管理、服务型管理、协作性管理和保障型管理。把解决影响民办学校改革发展的突出问题和教师群众最关心、最直接、最现实的利益问题作为突破口，及时反映和协调民办学校教师各方面各层次的利益诉求，构建教育系统内部和外部多部门组成的综合协调机制，为民办学校教师队伍建设扫除体制机制障碍，依靠教师开创新时代民办教育发展的新局面。

2. 完善公共财政支持政策

第一，设立中央、省级和地市三级政府民办教育专项资金，用于支持民办教育发展，部分用于建立教职工年金制度、加强教师队伍建设和骨干教师培养等项目的支持。专项资金和项目纳入财政预算，与同级财政收入同步增长，每年安排一定比例的专项资金，优先用于民办学校教师薪酬待遇、社会保险和教师交流培训等权益保障。加强专项资金监管，加强对专项资金使用的绩效评价。优化经费投入结构，优先支持民办学校教师队伍最薄弱、最紧迫领域的建设，重点用于按规定提高教师待遇保障、提升教师专业素质能力。

第二，建立购买教育服务机制。要求县级以上地方政府将分担非营利性民办学校教职工社会保障的资金纳入预算，依法采取财政补贴、基金奖励、费用优惠等方式，支持、奖励民办学校为教职工建立职业年金制度，并可以采取差额补助、定额补助、专项补助、科研补助、奖励性补助等公共财政支持政策，鼓励、支持民办学校逐步提高教师待遇保障。

第三，鼓励和引导社会资本以多种方式进入教育领域，拓展民办学校筹资、融资渠道，建立和完善资金运筹机制，使更多经费进入并用在教师身上，为民办学校教师队伍建设奠定物质基础。鼓励、

支持保险机构设立适合民办学校的保险产品，探索建立行业互助保险等机制，为民办学校教师发展提供风险保障。

3. 统筹推进公办、民办"一体化"教师队伍建设

第一，把教师队伍建设作为提高教育教学质量的重要任务，建立公办学校、民办学校教师发展保障一体化发展机制，推进民办学校教师身份地位、薪酬待遇、社会保险、职称评聘和民主管理等方面与公办学校教师一体化。

第二，充分发挥民办学校党组织政治核心作用，着力加强教师思想政治工作，把思想政治教育纳入教师日常管理，把思想政治工作队伍建设纳入学校人才队伍培养规划，全面提升思想政治教育工作水平。建立健全教育、宣传、考核、监督与奖惩相结合的师德建设长效机制，全面提升教师师德素养。

第三，明确教师身份地位，提高民办学校教师的职业吸引力。明确非营利性民办学校法人属性，确保教师编制比例与本地同级同类公办学校大体平衡，按照公办学校教师标准参加社会保险，基本退休费以档案工资为依据，享受与公办学校教师同等的退休待遇，政府给予一定比例的补贴。支持营利性民办学校通过缴纳商业保险、职业年金等提高教师待遇。

第四，教育行政部门建立民办幼儿园、中小学专任教师聘任合同备案制度，建立统一档案，记录教师的教龄、工龄，在培训、考核、专业技术职务评聘、表彰奖励、权利保护等方面，统筹规划、统一管理，与公办幼儿园、中小学聘任的教师平等对待。民办职业学校、高等学校参照公办学校的标准和程序，建立分类评价、学校自主评聘、政府宏观管理监督的职称评聘制度，建立符合民办学校教师职业特点和队伍实情的职称评聘标准和体系，鼓励民办学校结合自身发展特点，自主制定教师职称评聘标准，自主组建评审组织。

第五，赋予民办学校相应的人事关系和档案管理权限，无此权

限的学校由各级人事部门、人事代理机构部门代理，产生费用由政府财政进行适当补贴。让民办学校的教师在办理调动、转正定级、职称评聘、业务进修、医疗保险、社会保险等方面享受与公办学校教师同等待遇。非营利性民办学校教师享受当地公办学校同等的人才引进政策。

第六，重视教师培训和专业发展。单列或增加民办学校教师课题立项申请机会和比例，帮助民办学校分类培训教师，培养学科带头人和骨干教师，以帮助教师实现专业发展。加强教学研究活动，重视青年教师培养，加大教师培训力度，不断提高教师的业务能力和水平。有力规定并要求学校在学费收入中安排一定比例资金用于教师发展和培训。

(二)学校承担主体责任，促进教师发展

教育以学生为本，办学以教师为本。民办学校及其举办者(出资人)应树立"以人为本"的办学理念，充分重视教师的地位和作用，完善学校内部管理机制，健全教师管理体系，加强资源配置管理，确保经费优先用于教师队伍建设，创新以教师为核心的民办教育改革与发展新模式。

1. 完善内部民主管理制度

体现以人为本，突出教师主体地位，落实教师知情权、参与权、表达权、监督权。依法设立董(理)事会、监事机构，实行董(理)事会领导下的校长负责制，规范民办学校董(理)事会、监事会成员构成，限定学校举办者(出资人)代表的比例，增加教师代表比例，使教师对涉及自身权益的事务有发言权和参与权。依法通过以教师为主体的教职工代表大会等形式，保障教职工参与民主管理和监督的权益，每年定时召开教职工代表大会，完善提案议案制度。逐步培育和完善民办学校教师工会组织，使之具有相对独立性，充分发挥其积极作用，同时也要用法律和道德对其进行约束，提高其自治和自律能力。建立健全民办学校教师权益救济机制，保障教师权益矛盾化解渠道顺畅。培育民办学校教师权益意识，使教师具有参与意识、民主意识、监督意识和维权意识，组织教师依法理性有序参与民办学校治理。

2. 逐步提高薪酬待遇

切实承担主体责任，依法保障教职工薪酬待遇。参照同级同类公办学校教师绩效工资标准，提供符合民办学校教师职业特点和学校发展现状的工资待遇，建立教师工资的正常增长机制，使工资水平与公办学校教师工资水平相当，与国民经济发展相协调，与社会进步相适应。按照同工同酬的原则，完善基础工资档案，落实民办学校教师岗位绩效工资制度。同时，积极筹措资金，保障教师工资待遇所需经费，坚持多劳多得、优绩优酬、倾斜一线、倾斜骨干、倾斜长教龄工龄的分配原则，完善内部分配办法，提高教师工作积极性。探索从学费收入中提取一定比例建立专项资金或者基金，由学校管理，用于教职工职业激励或者提高待遇保障。

3. 构建多层次的社会保障体系

建立由单一工资福利向"社会保险""补充养老保险""住房公积金""教师年金"转变的多层次社会保障体系。按照学校登记的法人类型，为教职工足额缴纳社会保险费（养老保险、医疗保险、失业保险、工伤保险、生育保险等）和住房公积金。根据学校发展情况，建立教师职业福利，按照有关规定为教职工建立职业年金等补充养老保险制度。营利性民办学校探索将部分剩余索取权转让给教师，允许教职工持股。通过权利重新配置，用剩余索取权来激励代理人，既增加教师收入，又调动教师工作积极性，最终形成资本所有者和劳动者利益共同体。

4. 加强教师发展专业机构建设

探索成立教师发展研究中心，加强教师教育教学指导和学术研究，为教师交流培训、科学研究、职称评聘和专业发展提供平台。
完善课时授课和学术休假制度，保证教师的正常休息休假权益。成
立教师权益办公室，负责教师权益保障相关事宜，为教师权益实现
提供有力保障。

（三）行业组织提供专业服务，助推教师发展

1. 鼓励民办学校教师积极参与

努力提高教育教学水平和专业素质能力，提高自身权益维护意
识和能力，主动把教书育人和自我修养结合起来，做到以德立身、
以德立学、以德施教，做"有理想信念、有道德情操、有扎实学识、
有仁爱之心"的好老师，更好担当起学生健康成长指导者和引路人的
责任。加强组织认同感、教学责任感和主人翁意识，积极参与教师
队伍建设工作，积极参与学校民办管理工作，通过各种形式和渠道
实事求是地反映意见，行使教育教学权、专业发展权、监督管理权
等。依照工会法行使相关权利，建立工会组织，维护其合法权益。

2. 营造教师发展良好社会氛围

把握行业组织的中立、协同优势，多层面、多方式提供专业服
务，有力推动民办学校教师发展及队伍建设。社会广泛宣传、大力
推广民办学校教师先进事迹，树立民办教育良好社会形象，努力营
造全社会共同关心、共同促进民办学校教师发展及队伍建设的良好
氛围。同时，充分发挥行业协会和工会的作用，引导社会参与民办
学校的管理与监督，积极联合企业行业参与民办学校教师培养培训
过程。对长期在民办学校从教、贡献突出的教师，予以表彰奖励，
积极宣传民办学校教师队伍建设的先进典型、改革成果和发展成就。

建立民办学校教师发展及队伍建设定期督导检查制度。加强民
办教育行业组织、中介组织建设，以中立的立场发挥第三方研究和
评估职能。加强国际比较研究，学习借鉴发达国家私立学校教师发
展经验，为促进队伍建设提供理论指导和政策咨询服务，搭建政府、

社会和民办学校之间的桥梁，探索民办学校教师发展新模式。建立第三方督导检查制度，把民办学校教师发展情况作为民办教育督导的重要内容，并公告督导结果，推动教师队伍建设政策落实到位。

二、民办学校学生发展未来展望

新《民办教育促进法》及相关配套文件，重申了民办学校学生的同等法律地位，并从生均教育经费、学校章程、举办者权责、学校资金来源等方面予以规定，体现出"公、民办学校学生法律地位一致"的法律框架和政策意蕴，也折射出民办学校学生在政策优待、权益保障和社会地位等方面的诸多瓶颈，迫切需要各方落实法规政策要求，保障民办学校学生的合法权益。当前，在民办教育进入分类管理新时代的背景下，未来民办学校学生的发展境遇将得以改善，学生的同等法律地位真正落实，社会认可不断提高，学生合法权益得到切实保障、学生满意度不断提高，学生全面发展成为常态、自主学习能力显著增强。

（一）同等法律地位真正落地，社会认可度不断提高

1. 落实民办学校学生同等待遇

第一，贯彻落实民办教育新法新政。各级政府须在规范和落实民办学校学生同等法律地位方面有所突破，保障民办学校学生在项目资助、评奖评优、交流学习、医疗保险等方面的同等权利。通过建立专项基金、提供生均拨款、购买民办学校服务等多种途径，大力支持民办学校发展，确保公、民办学校同等的政策优待，为人才培养工作奠定坚实物质基础。高度重视民办学校学生的权益保障工作，建立民办学校学生权益保障专题项目，考察、追踪不同类型层次民办学校学生的权益保障现状，督促各民办学校切实依法依规办学，着力维护学生的合法权益。

第二，建立健全民办学校助学贷款扶持制度。金融机构应公平看待民办学校和公办学校，给予民办学校学生同等的贷款机会；各

地应主动承担一定比例的风险补偿金，将全部民办学校纳入统一招标范围，统一贴息；制定专门的民办学校学生助学贷款机制，充分考虑民办学校学生学费高等特性，使用不同的贫困标准、贷款额度、贷款利率、风险补偿率等，将民办高校助学贷款在招标中单独列出，通过市场化确定风险补偿率，补偿商业银行风险。

第三，建立民办学校学生权益保障监督机制。加强民办学校经费使用的信息公开机制，杜绝挪用、占用或转移学生合法财产行为，确保学生足额及时收到奖助学金、奖励补贴等合法财产；建立民办学校学生权益监督及风险防控机制，动态监控区域内学生权益的具体内容、实现情况及改进措施，构筑校内监督、行业监督和社会监督的一体化监控网络，保障学生的合法权益。贯彻落实同等资助政策，建立健全奖助学金评定、发放等管理机制，确保学费收入中不少于5%的资金用于奖励和资助学生；建立民办高校学生发展专项基金，减少学生经济负担，增强学生学习动力。

2. 给予民办学校学生公正的社会评价

第一，努力营造公、民办教育共同发展的外部环境。大力支持民办教育发展，给予民办学校充分的发展空间，增强民办学校的未来发展信念；秉持一视同仁的公平趋向，保障民办学校学生在评奖评优、奖励资助、专业发展、升学深造、就业创业等方面的同等待遇，着力避免政策执行不力、资源分配不公造成的负面社会影响，维护民办学校和整个教育系统的安定团结。

第二，更新利益相关方的思想观念。当前，民办学校学生依然面临"合法性认知"的问题，各级各类教育行政主管部门、社会组织、公办高校等主体很难达成一致共识，各方对民办学校所承担的人才培养工作态度不一，对民办学校学生持有偏见。必须破除不合时宜、有失偏颇的错误观点，重新审视民办学校和民办学校学生的地位，从思想上客观评价民办学校学生，充分肯定民办学校学生的聪明才智。

(二)学生基本权益得到切实保障，满意度不断提高

1. 提升教育教学质量，保障学生合法权益

第一，优先关注办学的社会效益。民办学校举办者和管理者要有强烈的社会责任感和使命感，坚持社会效益第一的办学原则，不断追求社会效益的最大化。明确民办学校的社会责任，主动遵循党和国家的政策要求，自觉规范办学行为，加强学校内部建设，履行社会责任。坚持可持续发展的基本战略，坚持以生为本的发展理念，严格遵循教育和育人规律，提高人才培养效益，增强育人特色。支持民办学校坚守社会公益取向，不断提优增质，转变以知识传授为主的灌输型教学方式，更加注重学生兴趣、爱好的培养，实行以综合能力提升为核心的人才培养模式。

第二，构建人才培养质量保障与风险防范机制。教育质量是民办学校生存和发展的生命线，必须以教育质量提升为准绳，坚持特色办学的基本导向，及时识别和评估教学质量中的风险及潜在风险，防范和化解办学风险，确保教育教学质量的高效。合理控制招生规模，警惕招生规模过度扩张带来的教育教学质量下滑风险，保证学校人才培养工作的足够财力与精力。根据学校招生人才培养规格，适当调整专业结构和教师队伍供给，依据学校人才培养的具体方案，细化人才培养的目标，为教学质量的提升提供针对性指导。

2. 加强内涵式建设，提高学生教育服务满意度

第一，立足学校办学定位，保持学校发展特色。审时度势地坚持民办学校的办学定位，始终围绕学校的办学定位，探寻符合社会诉求、学校发展实际、学生迫切需求的人才培养模式，如地方应用型高校需明确服务地方经济社会发展的基本定位，摸清当地经济社会发展需求，调研产业结构布局形态，不断加强校企合作、产教融合，为地方经济提供优质高效的教育服务。

第二，发挥体制机制优势，提升教育服务水平。民办学校宜发

挥好市场作用，激发民办教育的独特活力，在政策制定、人才培养模式变革等方面寻找创新点，在建立出资人奖励制度和贷款贴息制度方面寻找突破口，在落实同等生均公用经费政策、保障民办教育同等生均经费补贴方面做出更大突破，真正实现民办学校学生与公办学校学生的一视同仁，充分保障学生合法权益，使民办学校学生在学籍管理、表彰奖励、升学、政府资助、毕业生就业、户口办理、社会优待、医疗保险等方面与同级同类公办学校学生平起平坐。

（三）学生全面发展成为常态，自主学习能力显著增强

1. 大力促进学生的个性发展

知识经济时代，获得个性化学习体验、充分发掘学生潜能，日渐成为教育综合改革的未来动向。

第一，民办学校要不断适应教育综合改革的总体趋势，逐渐突破统一化、标准化的人才培养模式，探索个性化人才培养模式，努力打造民办学校的育人特色，从而促进学生个性的全面发展。尊重学生生命，承认学生独特性。马克思在关于人的发展学说中一直强调"真正的人"就是"有个性的人"，民办学校首先要充分肯定学生的独特个性，尊重学生身心发展需求，充分发掘学生潜能，将学生的个性发展纳入教育理念与行动之中，在实践教学中坚持以学生为主体，为学生个性发展创造优良条件。

第二，学校立足于学生多样的智力水平和发展需要，以促进学生各方面充分、自由、和谐发展为目标，针对学生特定的学习需求、意愿或文化背景，量身定做教育项目、学习经验、教学方法和支持策略等。

2. 大幅提升学生的自主学习能力

自主学习能力，是个体从自我管理能力的训练、学习心理的转变到自主学习行为形成的过程。国内大量研究表明，我国大学生的自主学习能力普遍不高，实地调研也发现，民办学校学生的自主学

习能力更是堪忧，培养民办学校学生的自主学习能力、改革学校教学模式，成为民办学校转型发展的关键之举。

第一，要依托移动互联、物联网、云计算为代表的新一代信息技术，创新教学组织模式。可基于计算机和网络的翻转课堂，探索"课前自主学习＋课堂协作探究"的教学模式；可借助微视频等途径，翻转教学流程、师生角色和学习模式，为学生自主学习能力培养提供物质支持。[①]

第二，依托人工智能、互联网、大数据和智能终端等技术，精准分析民办学校学生的学习倾向、学习动机、学习风格和学习爱好等，实现个性化的学习资源推送，精准化的学业辅助，自助化的学习目标达成，使民办学校学生的自主发展成为常态。

第三，不断增强民办学校学生的自主学习心理，激发学生学习动机，引导学生在具体问题的解决过程中，不断提高自主学习能力，养成自觉持久的自主学习习惯，为终生学习奠定基础。

[①] 刘正喜、吴千惠：《翻转课堂视角下大学生自主学习能力的培养》，载《现代教育技术》，2015，25(11)：67—72。

第八章

民办学校风险防范

改革开放 40 年来，我国民办教育从无到有、由小到大、不断发展，在国家教育体系中的地位和作用日益增强，已成为我国教育系统的重要组成部分。与此同时，在内外因素影响下，民办学校存在着诸多办学风险。这些风险交织叠加，对民办学校构成较大影响，甚至导致民办学校破产倒闭。民办学校办学风险防范问题成为贯串民办教育发展历程的一条主线。梳理民办学校风险防范政策演进的历史脉络，探寻其规律与特征，并在分类管理框架下对其风险防控的重点与未来走向做出分析展望，具有重要的理论和实践价值。

第一节 民办学校风险防范的发展历程

办学风险主要指学校在经营管理过程中，因法规政策、生源、市场主体、组织管理、财务等因素的不确定性，导致学校经营管理过程出现失误而使办学主体遭受损失的不确定性和可能性。[①] 风险防范机制指组织或个人为消除不确定因素带来的风险，化险为夷甚

[①] 陈帆：《高校债务风险防范及化解问题研究》，长沙，湖南大学硕士学位论文，2007。

至转害为利而制定的一系列的策略、计划、方案和组织制度等。①
我国民办教育在 40 年的发展中取得不少成就，但办学风险也一直伴
随其左右；与此同时，各级政府及民办学校自身也不断出台应对风
险的相应对策。伴随民办教育的恢复发展、快速发展、规范发展和
内涵式发展不同时期，民办教育的风险防范对策也日益发展完善，
走向成熟。

一、恢复发展期(1978—1992 年)

1978 年改革开放以来，伴随着全党工作重心转移和人们思想观
念转变，教育领域的拨乱反正和教育战略的重新调整，我国民办教
育得以恢复和发展。1981 年，为解决人民群众对教育的迫切需求与
教育资源严重供给不足之间的矛盾，国家创立了高等教育自学考试
制度。1980 年，全国共有教育培训机构 30 所，奠定了中国民办高等
教育的基础，拉开了当代民办教育大发展的序幕。②《宪法》有关社
会力量办学的规定吹响了民办教育正式崛起的号角，民办教育得到
国家法律的承认。③ 1985 年《中共中央关于教育体制改革的决定》明
确指出，"地方要鼓励和指导国营企业、社会团体和个人办学"，同
时提出要实行中央、省(自治区、直辖市)、中心城市三级办学体制。

此后，国家层面又相继出台了《中共中央宣传部、国家教育委员
会关于不得乱登办学招生广告的通知》《国家教育委员会关于旧社会
由私人创办的私立学校可否恢复校名问题的复函》《关于社会力量办
学的若干暂行规定》《社会力量办学财务管理暂行规定》《关于社会力
量办学几个问题的通知》《社会力量办学教学管理暂行规定》《关于跨

---

① 孙杰夫：《民办学校办学风险防范机制研究》，18 页，沈阳，辽宁教育出版社，
2015。
② 汤保梅：《中国民办高等教育发展的历史与现状》，载《黄河科技大学学报》，
2006，8(1)：18—24。
③ 安杨：《我国民办教育政策法制建设 60 年》，载《北京教育学院学报(社会科学
版)》，2009，23(6)：63—66。

省、自治区、直辖市办学招生广告审批权限的通知》《社会力量办学印章管理暂行规定》《国务院关于大力发展职业技术教育的决定》共计9 项政策文本。

　　此阶段主要以实施规范性教育政策为主，民办学校风险防范整体还处于萌芽状态。这不仅源于国家和社会对民办教育整体上还抱有一种试探性的、谨慎的观望态度，也因为随着民办学校的快速发展，社会力量在办学过程中也出现了虚假招生、违规招生、管理混乱等办学乱象。1986—1991 年，国家先后发布实施了 9 项政策规定，旨在进一步规范社会力量办学。特别是我国第一个较为全面规范民办学校办学行为的法规性文件《关于社会力量办学的若干暂行规定》，为早期民办教育办学指明了方向。其后颁布实施的《社会力量办学财务管理暂行规定》《社会力量办学教学管理暂行规定》《社会力量办学印章管理暂行规定》，则分别从财务管理、教育管理、印章管理等方面对社会力量的具体办学行为作出了规定。这些政策对于规范办学主体的办学行为，维护民办教育办学秩序，化解办学风险起到了重要作用。但客观上，无论从风险防范的体系化、内容的全面性还是功能的预先防控性来讲，此阶段的风险防范机制仍然比较薄弱。

二、快速发展期(1993—2002 年)

　　20 世纪 90 年代是中国经济快速发展的时期，特别是邓小平同志发表南方谈话和党的十四大召开，我国开始了由计划经济体制向社会主义市场经济体制的转变，教育改革也开始突破"姓资姓社"的束缚得以深化发展。《中国教育改革和发展纲要》首次明确了对社会力量办学的十六字方针，"积极鼓励、大力支持、正确引导、加强管理"。我国第一个专门针对民办教育的行政法规——《社会力量办学条例》再次重申了"十六字方针"，并指出"社会力量办学是社会主义事业的组成部分""各级政府将民办教育事业纳入国民经济和社会发展规划"中。《高等教育法》也明确指出："国家鼓励企业事业组织、社会团体及其他社会组织和公民等社会力量依法举办高等学校，参与和支持高等教育事业的改革和发展。"同时规定："高等学校的举办者应当保证稳定的办学经费来源，不得抽回其投入的办学资金。"与此同时，1998年教育部出台的《面向21世纪教育振兴行动计划》提出："今后3～5年，基本形成以政府办学为主体、社会各界共同参与、公办和民办学校共同发展的办学体制。"

这些法律法规政策的出台，一方面反映了中国社会面临着经济、政治、文化、教育等各个领域的深刻变革；另一方面也反映出随着市场经济的逐步建立，我国教育领域供需矛盾的日益凸显。1999年我国高校开始实施扩招政策，民办教育进入了快速发展的黄金时期。以民办高校为例，其数量从1997年的1115所增长到2001年的1415所，平均每年增加75所；实施学历教育的民办高校从20所增长到124所，且出现本科层次的民办高校。[1] 与此同时，诸如办学质量不佳、经费困难、管理混乱等一些违规违法现象也日益凸显。这一阶段有三项政策法规对规范民办学校办学行为产生了深刻的影响和作用，分别是《社会力量办学条例》《民办教育促进法》《民办教育促进法实施条例》。尽管没有办学风险方面的直接论述，但有关办学风险防范和管控的措施在这几部法律法规中都得到了体现。

（一）加强资产监管

《社会力量办学条例》第四章"教育机构的财产、财务管理"、《民办教育促进法》第五章"学校资产与财务管理"，均专门对民办学校财务和资产管理作出了规定。例如，明确"教育机构应当依法建立财务、会计制度和财产管理制度，并按照行政事业单位会计制度规定设置会计账簿"。明确民办学校应当在每个会计年度结束时制作财务

---

[1] 杨秀英、甘国华：《民办高等学校办学行为博弈分析》，载《教育学术月刊》，2009(1)：56—60。

会计报告。该条例规定按审批机关的要求委托社会审计机构对其财务会计状况进行审计，报审批机关审查。《民办教育促进法》明确要求委托会计师事务所依法进行审计，并公布审计结果。财务会计报告公开范围由审批机关扩大到外部。

（二）关注产权

产权问题一直是民办教育领域关注的热点和焦点问题，产权不清也成为导致民办学校办学风险的重要诱因。这一方面涉及合理回报问题。为满足举办者利益，同时又不违背教育不得营利的原则性规定，《民办教育促进法》第五十一条规定："民办学校在扣除办学成本、预留发展基金以及按照国家有关规定提取其他的必需的费用后，出资人可以从办学结余中取得合理回报。取得合理回报的具体办法由国务院规定。"《民办教育促进法实施条例》第四十四条至第四十七条对如何取得合理回报、合理回报的比例及其不能取得合理回报的法定情形作出详细规定。合理回报制度从此登上民办教育历史舞台并成为日后饱受争议的话题之一。

另一方面，涉及学校法人财产权问题。《社会力量办学条例》规定："教育机构在存续期间，可以依法管理和使用其财产，但是不得转让或者用于担保。任何组织和个人不得侵占教育机构的财产。""教育机构清算后的剩余财产，返还或者折价返还举办者的投入后，其余部分由审批机关统筹安排，用于发展社会力量办学事业。"其中虽未明确提出法人财产权概念，有关剩余财产的处理规定中对举办者的投入也没有作出明确界定，导致民办学校举办者滥用举办者身份肆意侵犯民办学校财产权的事件屡有发生。《民办教育促进法》进一步明确了学校法人财产权制度，第三十五条规定："民办学校对举办者投入民办学校的资产、国有资产、受赠的财产以及办学积累，享有法人财产权。"第三十六条规定："民办学校存续期间，所有资产由民办学校依法管理和使用，任何组织和个人不得侵占。"《民办教育促进法实施条例》第三十六条则对民办学校资产中的国有资产、民办学校接受的捐赠财产的使用和管理具体作了规定。[①]

（三）完善法人治理结构

健全完善的法人治理结构是保障民办学校科学化、规范化办学、规避各类办学风险的重要基石。《社会力量办学条例》在第三章"教育机构的教学和行政管理"部分提出，民办学校可以设立校董会并对校董会的组成、人员任资资格、条件、职责分工等作出了规定，如规定"国家现职工作人员不得兼任教育机构的董事""担任教育机构的董事、校长或者主要行政负责人和担任总务、会计、人事职务的人员之间，实行亲属回避制度"等。但整体规定还较为粗糙，特别是校董会的设立并不当然作为民办学校的必设机构，导致很多学校没有设立或虚置校董会。《民办教育促进法》则在第三章"学校的组织与活动"从第十九条到第二十四条对民办学校法人治理结构作出了重点规定，明确"民办学校应当设立学校理事会、董事会或者其他形式的决策机构"。同时对民办学校理事会或董事会的人员组成、任职资格、具体职权、法定代表人、校长职权等作出了具体规定。《民办教育促进法实施条例》则首次提出"学校章程"问题，指出"民办学校的举办者应当依照民办教育促进法和本条例的规定制定学校章程，推选民办学校的首届理事会、董事会或者其他形式决策机构的组成人员"。并对理事会或董事会职权、会议召集、重大事项处理等具体实现作出了更加细致的规定。

此外，《社会力量办学条例》《民办教育促进法》《民办教育促进法实施条例》等在规范招生简章和广告等办学行为、民办学校解散退出等方面均作出了规定，特别是《民办教育促进法》首次提出"教育行政

① 宋秋蓉：《〈民办教育促进法〉出台后的若干思考》，载《浙江树人大学学报》，2004，4(5)：5—10。

部门及有关部门依法对民办学校实行督导，促进提高办学质量；组织或者委托社会中介组织评估办学水平和教育质量，并将评估结果向社会公布"等具体措施，为加强民办学校监管、防范民办学校办学风险等提供了新的认识思路和工作路径，具有积极的意义。

总之，这一阶段对民办学校办学风险防范关注，从招生办学等领域扩展到资产监管、法人财产权、法人治理结构等多个领域。特别是 2002 年《民办教育促进法》确立的"积极鼓励、大力支持、正确引导、依法管理"方针，成为我国民办教育走向法制化和规范化的里程碑，对民办教育发展产生了深远的影响。

三、规范发展期（2003—2016 年）

进入 21 世纪，随着国内外环境的深刻变革，我国民办教育的社会影响力和贡献率越来越大。以民办高等教育发展为例，从 1982 年成立改革开放以来第一所民办大学——中华社会大学起算，我国民办高等教育机构已经由 1982 年的 30 余所发展到 2005 年的 1329 所，24 年间增长了 43.3 倍，年均增加 50 余所。[①] 但是，在数量逐渐增长的同时，民办高校倒闭现象也不断增多。根据中国民办教育协会的不完全统计，2008 年全国民办非学历高等教育机构有 866 所，比 2003 年减少了 238 所。由于生源紧张，民办高校 2009 年招生人数普遍下降了一半左右。[②] 民办高校倒闭的背后，折射出民办高等教育领域存在的办学质量不高、办学行为不规范、管理制度不完善、师资队伍不稳定等诸多问题。

针对民办教育的成就和风险，这一阶段出台的主要法规政策有：《国务院办公厅关于加强民办高校规范管理 引导民办高等教育健康

---

① 卢彩晨、邬大光：《中国民办高等教育回顾与前瞻》，载《教育发展研究》，2007（36）：1—9。

② 《民办高校破产危机吹响教育改革号角》[2018-8-7]，http：//news.163.com/10/0401/18/6373LD11000146BD.html。

发展的通知》(以下简称《引导民办高等教育健康发展的通知》)(2006年)、《民办高等学校办学管理若干规定》、《国家中长期教育改革和发展规划纲要(2010—2020年)》、《关于鼓励和引导民间资金进入教育领域 促进民办教育健康发展的实施意见》(以下简称《促进民办教育健康发展的实施意见》)等。同时，来自国家多个部门出台的部门规章，如《教育类民办非企业单位登记办法》《民间非营利组织会计制度》《民办教育收费管理暂行办法》等成为规范和影响民办高校发展的重要法律法规政策。此外，地方政府也在规范民办高校发展、防范民办教育风险方面做出了重要探索。

（一）强化教育教学管理

鉴于2006年前后民办高校在招生、管理、教学等方面出现的一系列混乱现象乃至部分学校因学籍、学历、收费等问题相继发生的学生群体性事件。国家进一步强化了对民办高校的规范管理。从《引导民办高等教育健康发展的通知》的"规范管理"和《民办高等学校办学管理若干规定》的"办学管理"等称谓中可见一斑。具体体现在：一是强化教育教学管理。《引导民办高等教育健康发展的通知》要求要"严格按照国家规定标准充实和完善办学条件。健全教学管理机构""加强教师队伍建设"。《民办高等学校办学管理若干规定》强调"民办高校的办学条件必须符合国家规定的设置标准和普通高等学校基本办学条件指标的要求"。民办高校"不得以任何形式将承担的教育教学任务转交给其他组织和个人"。同时规定"建立教师、学生校内申诉渠道，依法妥善处理教师、学生提出的申诉"。二是强化党团组织建设。《民办高等学校办学管理若干规定》在《引导民办高等教育健康发展的通知》提出建立健全党团组织的基础上，进一步明确要"按照不低于1∶200的师生比配备辅导员，每个班级配备1名班主任"。此外，在招生、收费等问题上都作了重点规定。《国家中长期教育改革和发展规划纲要(2010—2020年)》则从进一步完善政府治理责任的角度，对强化民办高校规范管理作了规定。主要包括加强民办高等教育的统筹、规划和管理，积极探索营利性与非营利性民办学校分类管理，规范民办高校的法人登记制度，完善督导专员制度，依法明确民办高等教育机构变更、退出机制，加强教育部门或第三方评估机构对民办高等教育的办学评估等。

(二)规范法人治理

在规范法人治理方面，《引导民办高等教育健康发展的通知》规定要严格民办高校内部管理体制。明确董(理)事会、校长的职权分工。依法建立政府对民办高校的督导制度，省级政府教育主管部门向民办高校委派督导专员。在此基础上，《民办高等学校办学管理若干规定》给予了细化和深化。比如，在加强民办高校监督管理方面，除了要建立对民办高校的督导制度外，明确省级教育行政部门应当建立健全民办高校办学过程监控机制，及时向社会发布民办高校的有关信息。省级教育行政部门按照国家规定对民办高校实行年度检查制度等。《国家中长期教育改革和发展规划纲要(2010—2020 年)》则提出了一系列完善法人治理结构的措施。如明确理事会或董事会作为决策机构，民办学校的举办者和出资人通过这一决策机构参与对学校的治理；明确了校长的职权范围，健全党组织和教职工代表大会制度，完善监事制度。《促进民办教育健康发展的实施意见》则进一步细化了相关规定。比如，强调规范民办学校董事会(理事会)成员构成，限定学校举办者代表的比例，完善董事会议事规则和运行程序，健全校长和领导班子的遴选和培养机制等。

(三)加强财务管理

第一，加强法人财产权管理。《引导民办高等教育健康发展的通知》明确民办高校要落实法人财产权，出资人按时、足额履行出资义务，投入学校的资产要经注册会计师验资并过户到学校名下。《民办高等学校办学管理若干规定》的相关规定更为细致，第六条除规定民办高校的举办者应当按时、足额履行出资义务外，特别强调"民办高校的借款、向学生收取的学费、接受的捐赠财产和国家的资助，不属于举办者的出资。民办高校对举办者投入学校的资产、国有资产、受赠的财产、办学积累依法享有法人财产权，并分别登记建账"。同时规定了过户的时限，即"民办高校的资产必须于批准设立之日起1年内过户到学校名下。资产未过户到学校名下前，举办者对学校债务承担连带责任"。《促进民办教育健康发展的实施意见》更加强调分类登记建账和转款账户管理等制度。提出民办学校应将举办者投入的资产、办学积累的资产、政府资助形成的资产分类登记建账，将学费收入、政府资助等公共性资金存入学校银行专款账户，主管部门要对学校公共性资金的银行专款账户进行监管，确保办学经费不被挪作他用。

第二，完善财务管理制度机制。《引导民办高等教育健康发展的通知》和《民办高等学校办学管理若干规定》均提出要依法设置会计机构和会计人员。建立健全内部控制制度，严格执行国家统一的会计制度。严格执行价格部门批准的收费标准和收、退费办法。收取的各项费用应按规定予以公示。《国家中长期教育改革和规划纲要（2010—2020年）》在规定依法建立民办学校财务、会计和资产管理制度之外，第一次在国家战略层面提出建立民办学校办学风险防范机制，明确提出要建立民办学校办学风险防范机制和信息公开制度，加强对民办教育的评估，这对深化民办教育风险防范、促进民办教育依法办学、健康可持续发展起到积极的推动作用。《促进民办教育健康发展的实施意见》则在加强民办学校办学管理信息系统建设，完善办学风险评估、预警机制，制订工作预案，加强监管以及建立民办学校退出机制等方面作出了诸多创新性规定。

此外，除加强对民办高校规范管理外，特别是《国家中长期教育改革和发展规划纲要（2010—2020年）》出台后，也体现了鼓励引导民办高校健康发展的政策倾向。如对拓宽民间资金参与教育事业发展的渠道、清理并纠正对民办学校的各类歧视政策、落实民办学校办学自主权、落实民办学校招生自主权、落实民办学校教师待遇以及完善民办学校税费政策等方面的政策与规定，释放了有利于民办学校发展的积极信号，客观上增强了其防范和抵御风险的能力。

（四）地方政府有关办学风险防范的规定

一是加强资产监管。上海市从2010年开始对全市所有民办学校统一了财务管理和会计核算方法，安装了财务网络监管平台，推行了资金专户监管。对于办学使用经费，民办学校的举办者只能对其中14个项目进行自主支配使用，其他所有项目均要通过监管单位批准后才能使用。《云南省人民政府关于加快民办教育发展的决定》《湖北省人民政府关于进一步促进民办普通高等教育发展的若干意见》分别对建立和完善民办学校财务管理制度、财务审计制度作出了规定。山东、辽宁等省通过严格审批条件加强对民办学校的资产监管。江苏省全面推进民办学校资产过户，将招生指标和民办学校资产过户挂钩，有力地推进了民办高校资产过户。二是规范办学行为。辽宁省先后出台《辽宁省教育厅关于民办高校校长变更（连任）核准有关规定的通知》《辽宁省民办学校退费管理办法》《辽宁省教育厅关于进一步规范民办学校审批与管理的意见》等一系列规章制度，全面规范办学行为。山东、安徽等省对民办学校收费、招生等问题进行了重点规范。三是加强办学质量监管。浙江省出台了《浙江省人民政府关于促进民办教育健康发展的意见》，提出要建立健全民办学校各项教学管理制度。江苏省定期组织或委托社会中介机构，对民办学校的教育教学质量、办学水平进行检查评估，以改进教学质量。辽宁、江西等省积极落实民办学校办学自主权，提升教育教学质量。北京、上海等地积极鼓励民办学校开展国际化办学和特色办学，与公办学校开展错位竞争。四是建立风险防范机制。天津市规定，民办学校要按照办学开办资金的 5％和学校每年学费收入的 3％的比例提取办学风险保证金。办学风险保证金由市、区、县教育主管部门统一确定专门金融机构进行专项管理，并以各教育机构的名义单独立项。湖北省规定，对列入重点监管的民办普通高校，每年按照学费收入的一定比例提取风险保证金，存入学校银行专款账户，由省级教育行政部门和银行共同监管。2015 年《昆明市民办教育促进条例》规定民办学校要建立风险防范和应急处置机制，并购买校方责任险。民办学校应设立风险保证金，用于发生意外事故或者其他突发事件的处理。对未按规定设立风险保证金的，由相关行政部门责令限期改正，逾期不改的，责令停止招生。

这一阶段对民办学校办学风险防控关注重点，由早期强调以规范管理为重点逐渐转为以规范管理和引导发展并重，特别是《国家中长期教育改革和发展规划纲要（2010—2020 年）》把民办教育地位提升到"教育事业发展的重要增长点和促进教育改革的重要力量"的地位；明确提出要"建立民办学校办学风险防范机制和信息公开制度"。民办学校办学风险问题首次被正式纳入国家教育战略视野，具有里程碑式的意义。由此开始，民办教育进入一个新的发展阶段，迎来新的发展机遇。一方面，诱发民办教育办学风险的各种因素与挑战日益凸显，对风险管理系统化、科学化、制度化的要求愈加迫切；另一方面，地方政府成为规范和引导各地民办学校办学行为的主力军，并由此推动了一系列的改革创新与制度创新。

四、内涵式发展期（2017 年至今）

2017 年 9 月 1 日，新《民办教育促进法》正式生效，与先前发布的《促进民办教育健康发展的若干意见》（2016 年）、《民办学校分类登记实施细则》以及《营利性民办学校监督管理实施细则》等一系列文件构成了当前我国民办教育的主要制度体系。新法新政的出台也标志着我国民办教育进入以分类管理为主要特征的内涵式发展新时期。

按照新法新政的相关要求，民办学校办学风险主要类型、基本要求和管控重点将发生新的变化，健全完善的风险防范机制对民办教育平稳健康发展也将起到积极的作用。

（一）新法体现鼓励和促进民办教育发展的精神

为保护民办学校和举办者合法权益，新法避免了因实施导致的负面影响。一是没有设定统一的过渡期，授权各地按照法律规定制定具体办法，保障现有学校办学稳定，实现平稳过渡。二是设定对出资者进行补偿或者奖励等方式，保证现有学校办学稳定。新法充分考虑到我国民办教育发展的特点和现实情况，规定选择登记为非营利性民办学校继续办学的，在终止时可综合考虑出资、取得合理回报的情况以及办学效益等因素，给予出资者相应的补偿或者奖励。三是新法再次重申民办学校与公办学校具有同等的法律地位，进一步完善了国家扶持政策。新《民办教育促进法》规定非营利性和营利性民办学校在财政、税收优惠、用地、收费等方面的差别化扶持政策。《促进民办教育健康发展的若干意见》（2016 年）提出加大财政投入扶持力度，建立健全政府补贴、购买服务、助学贷款、基金奖励、捐资奖励等制度，在财政、税费、土地、收费等方面对非营利性民办学校给予更大力度的扶持。同时，新政也进一步强化了对民办学校的治理和监控，为防控各类风险提供了有效保障。新《民办教育促进法》进一步健全了民办学校治理机制。规定民办学校应当设立理事会、董事会或者其他形式的决策机构并建立相应的监督机制。教育行政部门及有关部门建立民办学校信息公示制度和信用档案制度。《促进民办教育健康发展的若干意见》（2016 年）提出中央和地方要建立部门协调机制。进一步简政放权，加强事中事后监管，规范行政许可行为。建立完善民办学校年度检查和年度报告、信息强制公开等制度，强化民办教育督导，实行"黑名单"管理，建立违规失信惩戒机制等。

（二）新政通过强化管理和监控来防范营利性民办学校风险

一是《营利性民办学校监督管理实施细则》强化对财务及资产的管理。明确依法执行财务会计制度，独立设置财务管理机构，统一学校财务管理。建立健全财务内控制度，按实际发生数列支。实行财务专户管理制度，党建、思想政治和群团组织等工作经费纳入学校经费预算。强调要落实学校法人财产权，办学结余的分配应当在年度财务结算后进行。要建立健全风险防范，安全管理制度和应急预警处理机制。二是强调完善营利性民办学校信息公开制度。三是强化对营利性民办学校办学行为的监督和规范。建立健全年度检查、年度报告公示、信息公开、信息公开保密审查等工作机制。加大对教学质量、招生和学籍、证书发放等环节的监管力度。通过实施审计、建立监管平台等措施，对营利性民办学校的财务资产状况进行监督。对营利性民办学校可能出现的 7 种违法违规办学行为，规定了处罚主体和处罚措施。明确民办学校举办者不得举办或者参与举办营利性民办学校的负面清单。从目前出台的 15 个省（自治区、直辖市）分类管理配套政策来看，普遍反映了民办学校分类管理、分类扶持的政策设计初衷。在如何提高民办学校教育教学质量、创新教育投融资机制、建立补偿奖励机制、推进现有学校有序过渡等方面，很多地方政策更加具体明确，并具有一定的创新性。

第二节　民办学校风险防范的阶段性特征

通过对民办教育主要阶段风险防控政策的梳理，可以发现我国民办学校风险防范政策与民办教育发展实践相伴而生、如影随形并呈现出鲜明的阶段性特征。

一、风险防范政策取向从稳定为主到质量优先

民办教育的每一个阶段都打上了浓重的政策印记，其生存发展

更与教育政策有着密不可分的关系。早期民办教育是在政府有限允许和谨慎发展的态度下发展起来的，其风险防范政策的价值取向侧重于民办学校生存方面。

第一，对民办教育合法性地位的承认和确立。《宪法》明确了社会力量举办各种教育机构的合法性，《社会力量办学条例》确认"社会力量办学事业是社会主义教育事业的组成部分"，再到 2002 年专门以"民办教育"为对象的《民办教育促进法》的出台。这一阶段不断加强并实现民办教育存在的合法性，也为民办教育的生存发展提供了制度之基。

第二，限制性教育政策背后体现了保护民办教育生存这一实质。像处于婴幼儿阶段的孩子需要父母更多的照顾一样，早期民办教育政策主要表现为一种规范性政策，特别是自 1986 年至 1991 年，先后发布实施了多项政策规定，重点加强管理和规范民办教育机构财务、教学和印章等方面。尽管这些政策具有一定的限制性和强制性，但对于刚刚起步且尚未得到社会认可的民办教育而言，无疑对民办学校办学与生存发展具有一定的积极作用。

21 世纪伊始，特别是 1999 年高校扩招和 2002 年《民办教育促进法》出台以后，民办学校的办学数量、办学规模和社会影响力获得了快速发展。与此同时，随着民办学校的规模扩张和迅猛发展，民办学校在办学过程中也出现了生源短缺、经费困难、管理混乱等诸多问题，甚至有相当一批民办学校纷纷倒闭。这一阶段民办学校风险防范的价值取向更侧重于在发展过程中如何保持稳定。诚如 2006 年《引导民办高等教育健康发展的通知》指出的："一些民办高校在招生、管理、教学等方面存在不少混乱现象和严重问题。近一段时间来，有些地方的民办高校相继发生因学籍、学历、收费等问题而导致的学生群体性事件……这些事件的发生，既是民办高校发展进程中出现的问题，也是民办高校深层次矛盾长期积累的结果，集中反映了一些民办高校办学指导思想不端正，内部管理体制不健全，法人财产权不落实，办学行为不规范，也反映了一些地方政府对民办高校疏于管理、监管不到位。这些问题如不引起高度重视并及时解决，势必影响民办高等教育的健康发展和社会稳定。各级政府要……把规范管理民办高校、促进其健康发展，作为当前的一项重要工作抓紧抓好。"此后，《民办高等学校办学管理若干规定》以及《教育类民办非企业单位登记办法》《民间非营利组织会计制度》《民办教育收费管理暂行办法》等法规政策相继出台，对民办学校在教学管理、招生收费、法人财产权、治理结构等方面进行了较为全面系统的规范管理，为促进民办教育健康稳定发展起到了非常重要的作用。

《国家中长期教育改革和发展规划纲要（2010—2020 年）》提出要"把提高质量作为教育改革发展的核心任务。树立科学的质量观，把促进人的全面发展、适应社会需要作为衡量教育质量的根本标准。树立以提高质量为核心的教育发展观，注重教育内涵发展，鼓励学校办出特色、办出水平，出名师，育英才。把提高质量作为教育改革发展的核心任务"。《国家中长期教育改革和发展规划纲要（2010—2020 年）》不仅首次提出了建立民办学校办学风险防范机制，并且把其作为加强民办学校"依法管理"和提高办学质量的内在要求。各地方政府以此为契机，在积极落实《国家中长期教育改革和发展规划纲要（2010—2020 年）》的同时，广泛深入地开展了包括民办学校办学风险防范等方面的制度创新和实践创新。民办教育政策价值取向进入更加注重质量和内涵建设的新阶段，推动民办教育进入一个新的发展时期。

为落实《国家中长期教育改革和发展规划纲要（2010—2020 年）》要求，2012 年教育部开始启动《民办教育促进法》修改工作，着力从法律层面破解民办教育在法人属性、产权归属、扶持政策、平等地位等方面的关键问题，进一步鼓励社会力量兴学，促进民办教育健

康发展。2017 年，以新《民办教育促进法》、《促进民办教育健康发展
的若干意见》(2016 年)、《民办学校分类登记实施细则》以及《营利性
民办学校监督管理实施细则》等系列新政出台为标志，民办教育进入
分类管理的新时代，围绕规范管理和质量提升，民办教育在加强党
的建设、进一步健全民办学校治理机制、保障实现平稳过渡等方面
对风险防范问题作出了新的规定。

二、防范主体从一体到多元拓展

教育作为一种公益性事业，在不同时期和阶段，教育政策总是
或强或弱、或隐或现地影响着教育的发展。如学者所言，"在我国，
主要是作为政策决策主体的政府掌握了教育资源及其配置权，因而
政策决定着民办高校发展的规模、层次和水平"①。在民办教育成长
发展的各个阶段，政府成为民办学校办学风险防范的主体，从政策
制定、制度供给、监管执行到责任追究，民办教育自始至终呈现出
浓厚的政府主导特点。

在制度供给层面，主要体现为政府出台的大量包含风险防范的
法规政策。如通过各种扶持奖励措施对民办学校财务风险、市场风
险的防范，或对招生管理、产权制度、党的建设、质量管理等风险
的防范和规避。在实践操作层面，主要体现为针对民办学校的年检
制度、水平评估制度和督导制度等。由于这些制度主要以各级政府
为发起主体和执行主体，缺乏专业机构和人员的广泛参与，其科学
性、客观性存在一定缺陷。需要注意的是，由于政府的有限理性和
权力惯性，政府本身也极易成为风险的制造者。

随着民办教育快速发展，民办学校的风险类型日益增多，风险
防范意识不断增强，风险防范的主体范围也不断拓展，逐渐形成了

---

① 徐绪卿：《我国民办高校内部管理体制改革和创新研究》，36 页，北京，中国社
会科学出版社，2012。

以各级政府、民办学校、社会机构等为主的多元防范主体。一是地方政府日益成为风险防范的主体。如《国家中长期教育改革和发展规划纲要（2010—2020年）》实施后，地方政府成为民办教育制度创新的主体。2017年新《民办教育促进法》出台后，辽宁、安徽、甘肃、湖北、云南、浙江、上海等省市先后出台了促进民办教育发展的正式配套实施意见，对过渡期、收费定价、融资、财务管理和退出机制等方面作出了规定。二是民办学校自我风险防范意识不断增强。改革开放初期，为解决人民群众日益增长的教育需求与教育供给严重不足的矛盾，我国民办教育获得了快速发展。由于投资办学的独特性和法律规范的不健全，我国民办学校具有天然的逐利性，因此也导致出现了一系列的办学风险。经过初期生存阶段、规模扩大阶段的各种风险洗礼后，很多民办学校风险防范的主动意识、自觉意识日益增强，更加注重以内涵建设为主的办学质量提升。特别是新政出台后，民办学校彻底改变了以往营利性与非营利性不分的状况，法人属性由"模棱两可"变得"泾渭分明"，法人治理上由"有法难依"变得"有法必依"，发展方式由"灰色地带"变得更加"阳光透明"。为了在日趋竞争激烈的教育市场中获得生存与发展，很多教育投资者采用多层次的发展战略，通过参股、收购、兼并等方式整合教育资本，加速资本的聚集，或通过拓展融资渠道、完善治理结构、提高教师待遇、加强特色办学等提高办学质量和影响力，增强风险防范能力。三是社会组织和机构积极参与风险防范机制建设。继《国家中长期教育改革和发展规划纲要（2010—2020年）》《中共中央关于全面深化改革若干重大问题的决定》提出推进"管办评分离"后，《促进民办教育健康发展的若干意见》（2016年）强调"大力推进管办评分离，建立民办学校第三方质量认证和评估制度"。教育评估、质量认证机构等第三方组织逐渐成为民办学校风险防范领域的新兴力量。如河北省教育厅将民办教育的部分行政执法事项委托给河北省民办教育协会代为实施。上海市积极探索"第三方治理"模式，将民办教育认证权和评价权交给符合资质的第三方机构。2014 年 8 月，上海市民办教育发展服务中心成立，并作为第三方专业教育服务机构接受政府委托与购买服务。上海市民办教育协会下设的上海市民办教育评估中心则开展民办教育评估方面的工作。北京市通过政府购买服务的形式委托民办教育协会开展民办高等教育结构办学状况评估等。①

三、防范内容从简单零散到全面系统

我国民办教育的勃兴，本质上源于缓解教育需求与教育供给不足之间的矛盾。这一时期由于民办教育准入门槛低、法规政策滞后，风险防范主要集中在财务管理、教育管理、印章管理等方面，并分散在《社会力量办学财务管理暂行规定》《社会力量办学教学管理暂行规定》《社会力量办学印章管理暂行规定》等法规政策中。《社会力量办学暂行规定》标志着国家正式将民办教育纳入正常的教育管理体制。20 世纪 90 年代末高等教育体制改革和高校扩招等政策实施为民办教育的快速发展注入了新的活力，但由此也衍生了较为严重的办学风险问题。2003 年实施的《民办教育促进法》标志着我国民办教育法律体系基本建立。这一阶段，民办教育进入快速发展期，伴之而来的是办学质量不高、经费短缺、管理混乱等带来的办学风险类型增多、压力增大等问题。风险防范的内容除强化教师队伍建设、党团组织建设、教育管理等外，逐步拓展到产权制度、治理结构、内控制度等方面。这些规定散见于《引导民办高等教育健康发展的通知》《民办高等学校办学管理若干规定》等相关法规、规章以及《教育类民办非企业单位登记办法》《民间非营利组织会计制度》《民办教育收费管理暂行办法》等多个部门出台的部门规章。

---

① 孙杰夫：《民办学校办学风险防范机制研究》，61—62 页，沈阳，辽宁教育出版社，2015。

随着民办教育发展壮大，国家对民办学校办学风险的认识不断深化。《国家中长期教育改革和发展规划纲要（2010—2020 年）》从民办教育是"教育事业发展的重要增长点和促进教育改革的重要力量"的认识高度，从深化办学体制改革的角度，针对民办教育提出了"大力支持"和"依法管理"两项要求，明确提出要"建立民办学校办学风险防范机制和信息公开制度"，并提出了一系列的防范措施。自此，民办学校的风险防范由单一的管理思维转变为支持和管理并行，并成为"我国民办高等教育政策从'规范'向'扶持'转型的分水岭"①。风险防范主体由中央政府下沉到地方各级政府，地方政府成为民办教育创新实践的主体。防范内容由简单分散变得更加全面系统。如温州作为全国民办教育综合改革试点地区，2013 年出台民办教育综合改革"1＋14"政策，探索出"温州民办教育模式"。上海专门出台了《上海市推进民办高等学校落实法人财产权的实施办法》，对民办学校法人财产权问题进行了规定。

四、防范路径从管控为主到鼓励规范并行

梳理民办学校办学风险防范法规政策发现，民办学校风险防范路径实现了由早期单纯强调风险管控到鼓励支持和规范管理并行的转换。特别是《国家中长期教育改革和发展规划纲要（2010—2020 年）》出台后，除加强依法管控外，地方政府更加注重对民办教育的鼓励扶持，这些政策主要涵盖税收、土地优惠、信贷支持、保障教师权益、产权激励等方面，客观上促进了民办学校健康发展，增强了民办学校风险防范能力（如表 8-1）。

---

① 徐绪卿、王一涛：《论我国民办高等教育政策从"规范"向"扶持"的转型》，载《高等教育研究》，2013，34(8)：42—48。

表 8-1　部分省(自治区、直辖市)相关鼓励扶持政策

省(市)	鼓励扶持政策
上海	1. 整体规划民办教育事业发展。 2. 支持民办学校利用自身资源为社会提供综合服务。 3. 建立由政府、社会、学校各方共同参与的民办教育发展基金，加大对非营利性民办教育机构的奖励资助力度。 4. 建立市级民办教育工作领导小组，协调落实促进民办教育健康发展的有关政策。 5. 成立民办教育发展服务中心，加强对民办学校的服务。 6. 鼓励金融机构向民办学校投放灵活多样的信用贷款。
浙江	1. 民办学校符合任职条件的专任教师，可以参照事业单位人员标准享受养老医疗等社会保障，在民办学校与公办学校之间有序流动。 2. 依法落实民办学校招生和办学自主权，民办学校(幼儿园)收费按培养成本核定并考虑合理回报。
重庆	1. 各级政府落实民办学校在招生就业、学历认可、土地征用、税费减免、资本运作等方面的支持政策。 2. 鼓励金融机构加大对民办学校的信贷支持，向民办学校投放灵活多样的信用贷款。 3. 建立民办学校合理回报机制，允许出资人从办学结余中取得合理回报。
陕西	1. 支持符合本省经济社会发展需要和具备条件的民办非学历高等教育机构申请设置普通高职院校、民办高职院校申请设置普通本科院校；支持民办高校发展继续教育和中外合作办学。 2. 实施示范性民办高校建设项目；实施民办高校内部管理体制改革试点；实施民办学校教师、管理者培训计划。对具备职称评审条件的民办高校，按规定程序予以审批。 3. 建立民办学校合理回报机制，允许出资人从办学结余中取得合理回报。
黑龙江	1. 纳入当地经济和社会发展规划。 2. 扶持民办本科院校建立科研平台，提高科研水平和能力。 3. 建立完善民办学校教师人事代理。 4. 创新民办教育投融资体制，鼓励民间资本以多种方式参与教育项目建设，鼓励国内外知名高校、有关机构来黑龙江合作办学。鼓励金融机构加大对民办学校信贷支持，投放灵活多样的信用贷款。 5. 构建促进民办教育发展的公共服务平台。

续表

省(市)	鼓励扶持政策
广东	1. 捐资举办和出资人不要求回报的民办学校，享有与公办学校同等的税收、用地及其他优惠政策。出资人要求合理回报的民办学校，享有国家规定的税收及其他优惠政策。 2. 参照事业单位人员为民办学校教师办理社会保险。 3. 支持办学规范的民办学校实验室、信息化、师资培训等重点项目建设。
江西	1. 各地要把民办学校用地纳入土地利用总体规划和城镇建设规划。 2. 民办学校建设涉及的规费征缴与公办学校相同。探索"民办非企业单位法人"向"事业单位法人"转变的有效途径。 3. 建立完善民办学校教师人事代理制度。 4. 支持县(市、区)将民办职业学校、民办中小学、民办幼儿园教师纳入县域教师管理，合理配置。 5. 鼓励金融机构对产权清晰、办学行为规范、诚信度高的民办学校给予灵活多样的信贷支持。 6. 支持和促进民办高等学校在省级科学研究平台、重点学科建设以及研究生教育等方面取得突破。
辽宁	1. 建立完善民办学校教师人事管理制度。 2. 在税收、用地、公共事业收费等方面保障非营利性民办学校享有与同类公办学校同等的优惠政策。 3. 完善基础教育阶段民办学校自主招生机制。

同时，我们亦应清醒地认识到民办学校办学风险防范机制还存在一定的问题和挑战：诸如办学风险防范机制制度化、体系化程度不高，法规政策不健全；民办学校办学风险意识整体滞后，风险防范能力不足；地方政府管控思维较重，在风险防范方面存在观念错位、管理越位、服务缺位等问题。特别是在分类管理背景下，如何面对国内外教育环境的深刻变化、民办教育重新分类组合等所带来的新旧办学风险交织叠加、风险防范应对等问题，将继续成为影响民办教育健康有序发展的关键问题。

第三节　民办学校风险防范的未来展望

如前所述，伴随新《民办教育促进法》、《促进民办教育健康发展的若干意见》(2016 年)、《民办学校分类登记实施细则》以及《营利性民办学校监督管理实施细则》等一系列文件出台，民办教育进入分类管理时代。作为民办教育的一项重大制度创新，分类管理对传统民办教育格局产生了根本性影响，民办学校重新洗牌、转型退出将成为民办教育发展的新常态。[①] 同样地，未来的民办学校风险防范也展现出一些新趋向。

一、民办学校办学风险防范重点

（一）质量风险

办学质量是民办学校的生命线和核心竞争力。我国民办教育风险防范，经过了早期关注生存风险、稳定风险到《国家中长期教育改革和发展规划纲要(2010—2020 年)》实施后更加关注质量风险的价值嬗变。长期以来，我国民办教育过分强调以速度和规模为导向的粗放式发展路径，忽视质量和效益为导向的内涵式发展。由于人才培养目标错位、专业课程设置不合理、师资结构不稳定、生源质量较低等原因，导致毕业生就业质量和学校社会认可度普遍较低。分类管理背景下，面对国内外教育环境的深刻变化，民办学校只有持续提高其办学质量才能立于不败之地。《促进民办教育健康发展的若干意见》(2016 年)对提高民办学校办学质量主要从三个方面提出了要求：一是明确学校办学定位。积极引导民办学校服务社会需求，更新办学理念，深化教育教学改革，创新办学模式，加强内涵建设，

---

① 张利国：《民办学校退出机制：概念、特征及其内在归因》，载《浙江树人大学学报(人文社会科学版)》，2017，17(2)：18—24。

提高办学质量。二是加强教师队伍建设。要求将民办学校教师队伍建设纳入教师队伍建设整体规划，全面提升教师师德素养、业务能力和水平，关心教师工作和生活，吸引各类高层次人才到民办学校任教。三是引进培育优质教育资源。鼓励支持培育高水平、有特色的民办学校，整体提升教育教学质量，着力打造一批具有国际影响力和竞争力的民办教育品牌，着力培养一批有理想、有境界、有情怀、有担当的民办教育家。因此，如何科学定位学校发展、正确选择发展路径、强化学校内涵建设、提升办学质量就成为当前和今后民办学校风险防控的重点之一。

（二）政策风险

如同任何事物都具有两面性一样，任何政策或制度在落实过程中，既可能产生法规政策要求的，契合立法者立法意图或制度设计者设计初衷，具有建设性或积极作用的正向价值，也可能产生立法者或制度设计者无意追求却偏偏可能出现的具有破坏性和消极作用的负效应或反向功能，诸如曾经饱受争议的"合理回报"制度一样。这表明政策本身也具有一定的风险性。分类管理后，在很多方面会打破民办学校固有的利益格局。意味着民办学校长期以非营利法人为假设条件，以捐资办学模式为参照的非对称性的政策管理模式嬗变为营利性与非营利性"分类""分管"的对称性管理模式；意味着举办者、民办学校、利益相关者之间的权利、义务、责任将由混沌不清变得泾渭分明；意味着"举办者利益优先"的妥协性资源配置方式将逐渐让渡于多元利益主体均衡发展的资源配置方式。① 特别是围绕分类管理的一些关键性问题，诸如如何确定政策过渡期、如何转为非营利性民办学校、如何进行财务清算、资产确权、剩余财产分

---

① 张利国、袁飞：《民办高校分类管理中政府职能的重塑》，载《黑龙江高教研究》，2014(10)：89—93。

配等问题，新《民办教育促进法》规定的都比较粗糙，需要地方教育主管部门和相关部门进一步的制度创新和高度的协同协作。目前全国大多数省（自治区、直辖市）相继出台了本地区民办教育分类管理的配套政策，但整体而言，各地规定不尽平衡，分类扶持优惠力度偏小，部分风险防控措施缺乏操作性。2018年，《民办教育促进法实施条例（修订草案）（送审稿）》已经出台，其中某些政策对部分民办学校影响甚巨。如第七条规定："公办学校举办或者参与举办非营利性民办学校的，应当经主管部门批准，并不得利用国家财政性经费、不得影响公办学校教学活动，不得以品牌输出方式获得收益。公办学校参与举办的民办学校应当具有法人资格，具有与公办学校相分离的校园、基本教育教学设施和独立的专任教师队伍，实行独立的财务会计制度，独立招生，独立颁发学业证书。"该条对长期以来饱受各界争议的独立学院影响较大，如何防控对独立学院带来的各类风险，涉及新旧政策的冲突调适、平稳过渡以及各方主体的利益平衡等诸多难题，从目前来看，各地法规和政策制定和落实的情况并不乐观，准备并不充分。因此，如何科学制定地方民办教育发展的配套政策，保证政策落实落地，避免因各方利益纠缠和认知分歧导致国家相关政策"搁浅""打折"或出现类似资产过户等"制度失灵"或"政策失效"等现象是风险防范的一个重点。

（三）市场风险

一直以来，由于民办教育在社会认知、政策环境、制度支持等方面与公办学校存在实质不平等，导致公办、民办学校在生源市场、就业市场、社会认可等方面存在较大差距，成为制约民办学校发展的主要风险源。新法新政背景下，原本制约民办学校发展的困境问题短期内难以从根本上克服。随着新法新政实施，部分民办学校可能面临更大的生存发展困境。一是少子化与教育国际化趋势加剧民办学校生源竞争，二是日益普遍和低门槛的留学教育对民办学校生源构成了威胁，三是新型多元主体合作办学模式的兴起对传统民办学校构成潜在冲击。按照《促进民办教育健康发展的若干意见》（2016年）第九条关于"多元主体合作办学"的相关规定，随着新政实施，政府和社会资本合作（PPP）模式、混合所有制办学模式将大量兴起。营利性民办学校法律地位的确认及其制度瓶颈的突破将进一步促进营利性民办学校的大发展。这些学校可能凭借其雄厚的资金基础、灵活的产权形式、良好的政府关系以及优质多元的教育产品和服务对传统民办学校产生巨大冲击，一部分学校的生存发展环境可能会进一步恶化。

（四）治理风险

完善的法人治理结构是现代学校制度的本质特征之一。实践中，一些民办学校由于法人治理结构不健全、内部管理不规范诱发办学风险甚至导致学校倒闭。[①] 一是法人财产权不清晰。实践中不少民办学校法人财产权未落实，办学初期由出资者投入的土地、建筑物等办学资产始终未过户到学校名下，甚至有的将贷款作为个人投入或将办学积累转移到出资人自己名下，致使学校存在严重的法人财产虚置现象。一旦举办者经营不善或资金链断裂，公司收回土地校舍，学校就陷入极其危险的境地，甚至倒闭。二是缺乏严格的法人治理机制。从表面上看，多数民办学校都建立了法人治理机构，实行了董事会领导下的校长负责制。然而实际上，相当一部分学校停留在形式上。诸如：董事长以出资人、投资人的身份行使权力，董事会沦为咨询机构或顾问机构；董事会被家族所垄断，事实上陷入"家族化经营"；董事长和校长的关系不顺，职责分工不明，矛盾冲突不断等。由于缺乏有效的监督机制，导致"家族式""家长式"管理

---

① 李钊：《民办高校办学风险防范研究》，102—105页，北京，社会科学文献出版社，2009。

盛行，学校往往面临严重的办学风险。

新法新政更加强化学校法人治理能力建设。新《民办教育促进法》规定民办学校应当设立理事会、董事会或者其他形式的决策结构并建立相应的监督机制。《促进民办教育健康发展的若干意见》(2016年)强调民办学校要完善学校法人治理结构，规范学校在办学条件、办学规模、宣传招生、学籍管理、证书发放等方面的办学行为，落实安全管理责任。这对民办学校治理能力建设提出了新的更高要求。然而任何制度变迁都不是一蹴而就、一帆风顺的。"如果变迁中受损失者得不到补偿(在大多数情况下他们确实得不到补偿)，他们将明确地反对这一变迁。"①新政实施后，学校治理能力建设成为民办学校完善大学制度建设、提升学校竞争力和社会影响力的关键，也必将对传统"家族式""家长式"管理方式产生较大冲击和影响，因此，现代民办学校法人治理能力建设本质上将是不同利益主体重新分配权力、财富和收入的利益博弈过程，极易成为诱发各类办学风险的策动源。

(五)财务风险

我国民办学校办学模式多样、投资主体各异，但本质是以投资办学为主的。其资金来源渠道主要依赖于创始人投资、银行贷款和学费收入等。长期以来，由于实质地位的不平等，民办学校难以像公办学校一样在土地、财政、生均拨款等方面享受优惠政策。加之融资渠道不通畅、社会捐赠机制不健全、学费收入不稳定，资金问题成为制约民办教育发展的主要瓶颈。在财务管理方面，实践中相当一部分民办学校财务管理不规范，有的没有专门的机构；有的没有配备具有任职资格的专职财会人员，多由出资者亲属担任；有的

---

① 林毅夫：《关于制度变迁的经济学理论：诱致性制度变迁与强制性变迁》[2018-8-7]，http://www.chinawenben.com/file/iziox303spxrcxaevoe3vuea_2.html。

资产管理混乱，出资者凭借对学校的控制权，通过各种隐性的方式变相营利。

新政实施后，现有的民办学校的办学成本可能更大。一是转设为营利性民办学校的成本较高。《促进民办教育健康发展的若干意见》(2016年)第十五条规定："土地使用权人申请改变全部或者部分土地用途的，政府应当将申请改变用途的土地收回，按时价定价，重新依法供应。"《民办学校分类登记实施细则》第十五条规定：现有民办学校如果登记为营利性民办学校的，首先应进行财务清算，同时要"依法明确土地、校舍、办学积累等财产的权属并缴纳相关税费"，重新办证，重新登记。这意味着非营利性民办学校转为营利性民办学校时将面临巨大的转设成本。二是新政实施后办学成本普遍上升。《促进民办教育健康发展的若干意见》(2016年)第十三条规定：民办学校"应从学费收入中提取不少于5％的资金，用于奖励和资助学生"。第十八条规定："民办学校应依法为教职工足额缴纳社会保险费和住房公积金。"第二十四条规定："学校要在学费收入中安排一定比例资金用于教师培训。……提高教师工资和福利待遇。"同时，学校应将党建、思想政治以及群团工作等经费纳入学校经费预算。在目前多数地方政府财政趋紧，扶持政策语焉不详的情况下，主要依靠学校自身解决上述办学成本上升问题无疑会给民办学校带来新的压力。

(六)党建工作风险

2016年中共中央办公厅印发了《关于加强民办学校党的建设工作的意见(试行)》(以下简称《党建工作意见》)专门对民办学校党建工作作了详细规定。《党建工作意见》指出"民办学校党建工作仍然面临一些新情况新问题新挑战。党组织覆盖率比较低，隶属关系不顺畅，党组织书记队伍还不强，党员教育管理比较松散，党组织保证监督作用发挥不到位，思想政治工作薄弱"等突出问题。一直以来，民办学校整体上不太重视党建和学生思想政治教育工作，党组织建设处于"宽""松""软"状态。作为社会主义教育事业的重要组成部分，如何坚持和加强党的领导，确保民办学校按照党的要求办学立校、教书育人，既是新时代高校党建工作的新要求，也是保证正确的办学方向、防范办学风险的重点。

需要强调的是，随着分类管理的推行，尤需重视营利性民办学校的一些风险防范重点。

第一，治理风险。《营利性民办学校监督管理实施细则》着重从三个方面对营利性民办学校的组织机构问题进行了规定。[①] 一是明确了学校的主要组织机构。营利性学校应当建立董事会、监事会、行政机构、党组织、教职工代表大会和工会等机构。二是对学校组织机构提出了人员要求。监事会中教职工代表不得少于 1/3，一个自然人不得同时在同一所学校的董事会、监事会任职等。三是对学校党组织参与决策作出专门规定。推进"双向进入、交叉任职"，监事会中应当有党组织领导班子成员，以确保党组织在重要决策中发挥指导、保障和监督作用。这表明营利性民办学校不同于一般的公司、企业，其本质具有教育的公益性属性，不能单纯以追求机构经济利益最大化为根本目的。不仅要求营利性民办学校具备完善的学校治理机构和监督机制，还要加强党组织建设，切实保护师生利益，以维护正确办学方向，促进民办教育事业健康发展。因此，对于营利性民办学校，建立健全学校治理机构，提高学校治理能力，是规范办学的基本要求，否则将诱发学校办学风险。

第二，教育教学质量风险。一直以来，作为校内教学有益补充和满足人们教育多样化、个性化和分众化需要的产物，具有营利性目的的民办学校（主要是各类民办教育培训机构）发展迅猛，并日益

---

① 柯进：《社会力量兴办教育有了"操作手册"——教育部相关负责人解读民办学校管理两个实施细则》，载《中国教育报》，2017-01-19。

受到资本市场青睐。但品质良莠不齐，特别是"无证办学、教育质量不高、教师队伍流动性强、教学质量难以保障、遇到学费纠纷时学生权益难以得到有效保护等问题，也作为'顽疾''痼疾'长期困扰民办教育培训行业的健康发展"①。《营利性民办学校监督管理实施细则》对营利性民办学校的教育教学质量作了如下规定：强调要以培养人才为中心，抓好思想政治教育和德育工作。要严格按照国家和地方有关规定设置专业、开设课程、选用教材、开展教育教学活动。招收学历教育学生、境外学生应当遵守国家有关规定，招生简章和广告应当报审批机关备案。要加强教师队伍建设等。因此，如何规范营利性民办学校办学行为，保障教育教学质量，防范质量风险是营利性学校风险防控的重点之一。

　　第三，财务与资产管理风险。新法新政明确提出允许设立营利性民办学校，并在产权、收费、收益分配、税收优惠等方面作出了规定，进一步扫清了其发展的制度障碍，营利性民办教育将迎来新的发展契机。同时，营利性民办学校财务及资产管理的风险也将进一步加剧。除类似企业的投资风险、经营风险外，融资风险成为制约其发展的重要风险源。以当前教育培训机构普遍采取的 VIE 模式为例，作为境内企业境外融资的一种特殊的利益安排，这种模式通过间接的国外资本"上市"，一定程度上解决了国内上市"无望"导致的融资难问题。但该模式也存在诸多弊端，诸如境外资本市场融资需要支付比国内上市更高的上市费用、审计费和咨询费以及可能出现的信息披露风险等。② 在财务及资产管理方面，为严格管理、防范风险，新政作了较为细致的规定，指出要依法执行财务会计制度，

①　赵婀娜、于小珊：《对症下药，规范民办教育培训机构》，载《人民日报》，2018-1-25。
②　张梦薇：《教育培训行业上市公司财务风险分析》，载《管理学家（学术版）》，2014（6）：22—23。

独立设置财务管理机构，建立健全财务内部控制制度；实行财务专户管理制度，学校收入由学校财务部门统一核算、统一管理；落实学校法人财产权，办学结余的分配应当在年度财务结算后进行；要求营利性民办学校加强信息公开，建立信息公开制度及信息公开保密审查机制。

二、民办学校办学风险防范走向

(一)坚持事前与事后相结合，建立风险预警与退出机制

第一，科学设计民办学校风险预警指标。为准确判断私立学校经营状况，日本通过设定经营判断指标对私立学校进行先期预警。[①]2009 年，我国台湾地区颁布《私立高级中等以上学校转型及退场机制方案》，确立了 12 项营运风险评价指标；2013 年又出台了《私立大专校院改善及停办实施原则》，规定了"经营困难学校改办及退场指标体系"。这两项政策构成台湾地区私立学校预警机制的重要组成部分，并作为衡量学校经营状况，决定是否列入观察名单，执行督导或决定是否停办的标准。[②] 结合民办学校主要办学风险类型，从政策风险、管理风险、质量风险、财务风险、环境风险等维度出发，依据《普通本科学校设置暂行规定》、《普通高等学校本科教学工作合格评估指标体系》、《党建工作意见(试行)》、《高等学校财务分析指标》、《营利性民办高校监督管理实施细则》、新《民办教育促进法》和《促进民办教育健康发展的若干意见》(2016 年)等对民办学校办学方面的规定及要求，设定风险评价与预警的一级指标和二级指标。可借鉴日本及我国台湾地区的做法，采取以定量为主、定性与定量相结合的指标设定方法，适度增加设备更新指数、常态现金结余率、

---

① 徐志明：《少子化趋势下私立大专院校转型为培训机构之研究》，载《国家发展委员会研究报告》，2015：108－109。

② 范高阳：《台湾私立高等院校退场制度研究》，宁波，宁波大学硕士学位论文，2014：45。

在校学生保留率、减薪指数等定量指标，对民办学校给出相应的风险评价和预警等级。

第二，完善民办学校退出机制。建立规范有序、良性循环的退出机制是关系民办教育持续健康发展，保障社会和谐稳定的重要课题，也是化解民办学校办学风险的有效路径。新政有关退出问题主要在新《民办教育促进法》、《促进民办教育健康发展的若干意见》（2016年）、《营利性民办高校监督管理实施细则》等加以规定，较为零散，内容也比较粗糙，难具操作性。建议借鉴日本和我国台湾地区的相关经验，为民办学校提供多元化的退出路径。如日本把私立学校重建作为退出的最重要方式，设计了合并、企业支援型（学校法人的资助者）、联盟（业务合作型）、部分教育事业终止等多种形式。除传统的学校间合并、停办、解散退出方式外，台湾地区又设置了学校法人合并、转型改办两种新型退出方式。建议丰富和完善我国民办学校转型退出路径，规范民办学校合并、终止、解散、破产等退出形式。积极引入重整再生制度、适度放宽民办学校合并、重组的条件，以减少退出给民办教育和社会带来的社会动荡。同时，主动适应民办教育领域并购兼并等新趋势，加强并购兼并等退出形式的研究和立法。条件成熟时，积极构建民办学校退出法。建议以营利性与非营利性民办学校为基本分析框架，构建专门的《民办学校退出法》。基本架构主要包括如下内容：民办学校退出的立法目的、基本原则，以及非营利性民办学校退出法律制度（退出方式、退出标准、法律程序、财务清算清偿、剩余财产分配、教职工权益保护、学生安置、法律责任等）、营利性民办学校退出法律制度（退出方式、退出标准、法律程序、法律后果、债务清偿、剩余财产分配、债权人利益保护、法律责任等）。要重点解决好民办学校法人财产权制度问题、利害相关者权益保护问题以及民办学校终止清算制度等。[①]

（二）坚持输血与造血相结合，提升民办学校风险防范能力

第一，完善民办学校鼓励扶持制度，为民办学校创造公平健康的发展环境。各级政府应切实贯彻落实民办教育相关法律、法规和政策规定，依法落实税收、收费优惠政策。健全完善政府补贴、购买服务、助学贷款、土地划拨、基金奖励、捐赠奖励等制度，明确政府补贴的项目、对象、标准、用途。建立绩效评价制度，制定向民办学校购买各类服务的具体政策措施。各级政府应设立民办教育发展专项基金，奖励为民办教育做出贡献的集体和个人，或者用于学校转型升级、社保分担以及高层次人才引进等。切实落实政府在民办学校学生资助、教师资格认定、职务评聘、培养培训、评优表彰等方面与公办学校的同等待遇。积极发挥税收优惠政策的杠杆作用，采取税前列支、减免所得税和土地优惠政策等鼓励投资办学；支持有条件的民办教育集团发行教育债券，吸引社会资金发展民办教育；引导设立民办教育投资担保公司；在条件成熟的地区积极推行教育凭证制度。[②]

第二，提高民办学校自我造血能力。办学经费短缺，融资渠道单一，一直是制约民办学校发展的瓶颈，也是诱发各类风险的重要源头。应积极拓宽融资渠道，充分发挥民办学校办学自主权，运用合法手段面向市场多方筹集办学资金。《促进民办教育健康发展的若干意见》(2016 年)提供了民办学校多种筹资方式，"鼓励金融机构在风险可控前提下开发适合民办学校特点的金融产品，探索办理民办学校未来经营收入、知识产权质押贷款业务，提供银行贷款、信托、

———————————

　　① 张利国：《民办学校退出法律问题研究》，重庆，西南政法大学硕士学位论文，2013：4。

　　② 李钊：《民办高校办学风险防范研究》，301－304 页，北京，社会科学文献出版社，2009。

融资租赁等多样化的金融服务，鼓励社会力量对非营利性民办学校捐赠"。应积极推动银校合作、银府合作，推进民办学校与资本市场结合。一是鼓励民办学校以非教育用途的土地、教师公寓等资产向银行申请抵押贷款；二是允许民办学校以知识产权、收费权质押贷款。当前，收费权质押逐渐成为私立医院等机构重要的融资方式，应积极探索民办学校收费权抵押。收费权质押主要包括学校收费权、新生收费权、事业性(学费、住宿费)收费权、收费许可证等多种方式出资的情况。为防范收费权质押的法律风险，建议要关注授信对象教育收费权的可质押性、确认收费权据以产生的基础物是否存在权利瑕疵、收费权质押是否获得授信对象主管部门的同意认可、密切关注收费收入账户质押风险、收费权被撤销的风险以及收费权基础物灭失风险等。[①]

从长远看，除强化政府依法办学、规范管理外，民办学校更要立足国家战略，科学规划办学定位，自觉加强内涵建设，积极培育办学特色，严格规范办学行为，不断完善治理结构，切实提升教育教学质量，不断提高办学风险防范能力。

(三)坚持管控与引导相结合，优化政府风险防范功能

第一，依法加强民办学校风险的政府管控。政府有效的监督管理是规范民办学校办学行为、防范办学风险的重要措施。当前，中央和地方政府对民办学校主要通过年检、评估、督导等方式加强外部监管。由于年检和评估主要以政府为主，在实践中，一些教育行政部门对民办学校变更、退出等问题存在监管不到位的情况。如对民办学校内部动态跟踪不够，对民办学校或举办者的一些不规范的资产交易行为和变更行为信息反应滞后、查处不力等。督导和督导

---

① 张利国：《民办学校产权制度研究——以分类管理为视角》，142-143页，北京，中国民主法制出版社，2016。

专员制度实施以来，尽管取得了一定成绩，但还存在一些突出问题，如有的督导专员凭借个人力量难以应对财务会计、法律等督导事务的专业性和复杂性要求；有的督导专员可能被民办学校"收买"，站在民办学校举办者利益一边，损害其他利益相关者的利益。①

因此，应进一步规范政府对民办学校的管控功能。一是进一步完善民办学校年检制度。政府相关部门应根据本地区具体情况，进一步规范民办学校年检制度的程序、标准，扩大年检结果公示范围。结合新政对民办学校信息公开制度的相关要求，畅通年检结果知悉渠道，帮助他们做出理性的教育选择。二是分别制定营利性与非营利性民办学校评估标准。对于非营利性学校，积极推进评估主体多元化，建立以政府评估为主导、专业评估机构为支撑，民办学校自评为补充的评估机制；对于营利性学校，按照新政要求，以市场化为导向，积极引入第三方评估机制，规范学校评估与退出。加强评估的公开透明和评估结果的有效使用。对评估结果不合格或界定为"营运困难"的学校要建立观察名单或预警名单，及时向社会公布。三是强化对民办学校督导。《促进民办教育健康发展的实施意见》提出建立民办学校监事（会）制度，可在督导制度基础上建立民办学校监事会制度。监事会成员构成，可以由督导专员、熟悉财务会计和法律事务的人员、教职工代表等组成。明确监事会工作职能，改变部分督导专员个体专业能力不足、对民办学校举办者监督乏力等缺陷。此外，严格落实新政相关规定，进一步完善民办学校年度报告制度、年度检查制度、财务会计制度、内部控制制度、信息公开制度等，加大举办者资格审查和违规失信惩戒力度，积极引入第三方组织参与监督、评估，提高民办学校风险防范能力。

第二，加强民办学校风险防范引导。日本和我国台湾地区对处

---

① 周海涛：《民办学校分类管理政策研究》，259 页，北京，经济科学出版社，2016。

于风险状态的私立学校，都赋予了多元化、弹性化的转型辅导。如对陷入困境但经过经营判断有重整再生可能的私立学校，日本文部科学省积极指导其订立《营运改善计划》并根据计划进展情况给予及时的行政指导建议和必要协助。台湾地区规定了退出"缓冲期"，通过派遣专案辅导小组开展发展辅导，帮助学校化解危机，解除退出预警。

新法新政出台后，民办学校面临着是否转设、如何转设，以及是否退出、如何退出等现实问题，政府应切实发挥其辅导功能，在顶层设计和具体操作上为民办学校转型退出创造良好的制度环境，提供有效的辅导和帮助。建议积极建立政府主导下的多元化转型退出辅导机制。包括经营状况改善辅导、融资辅导、专业人员辅导等，同时给予陷入困境的民办学校一定的"缓冲期"，通过积极创造合并诱因、介绍合并重整等典型案例、减免一定的税费，帮助民办学校渡过难关。

(四)坚持政府与市场相结合，拓展风险防范主体和内容

按照现代治理理论，治理是一个由多方利益主体综合作用的结果。规范民办学校办学风险必须充分发挥第三方组织和个人的监督作用，形成以政府为主导、社会广泛参与、学校高度自律的监管体系。要积极扩大民办学校监管主体范围，丰富监管内容，畅通监管机制。一是扩大监管主体范围。当前民办教育协会、学会、研究会以及其他组织在提供决策咨询服务、教育辅导、完善行业自律、加强政校沟通合作等方面起到了积极作用。但客观上讲，"缺乏政府支持的纯粹教育协会组织很难获得社会的信任，难有很大的发展空间。这种状况的产生与我国行政力量的强大和对教育资源的高度垄断有

关"①。实践中，由于年检和评估主要以政府为主，缺乏非政府组织和专业评估机构参与，一定程度上影响了评估结果的专业性和科学性。

为提高民办学校的风险防范能力，政府应进一步转变职能，通过购买服务、定向委托、立项资助等方式鼓励教育协会或其他专业组织参与民办学校的监督管理和服务，提高工作的专业化、规范化水平。如积极引进第三方审计机制、教育评估制度、风险预警指标设计等。此外，要充分发挥媒体的舆论监督作用，引导学生和家长对学校办学行为进行监督。二是丰富监督内容。第三方组织和个人既可以对民办学校在招生宣传、收退费项目和标准、办学行为、社会声誉等公共性问题上进行评价和监督，也可以对办学方向、教育教学质量、资产管理、审计等专业性方面作出评价和监督。三是畅通监管渠道。可以采取定期征求意见、专家座谈会、专项审核、定向监督、社会公告、设置专家智库等传统监管形式，也要善于运用现代新媒体技术，开发线上线下舆情信息收集和信息发布等平台，提高风险发现、识别的效率和覆盖面，增强民办学校风险预警、干预和危机处置能力。

---

① 周海涛：《民办学校分类管理政策研究》，260页，北京，经济科学出版社，2016。

第九章

民办教育研究进展

1978 年来，改革开放的不断推进和市场经济的繁荣发展，为中国民办教育事业提供了全新的发展机遇。随着办学规模的扩大、类型的丰富和层次的提高，民办教育的社会效益和影响力也不断扩大，逐渐形成了多层次、全方位和宽领域的办学格局。2018 年既是改革开放和中国当代民办教育恢复发展 40 周年，也是新《民办教育促进法》颁布实施的第一年，在这个关键的历史时间节点上，系统梳理改革开放以来中国民办教育理论研究的成果，总结主要内容和观点，对于明确中国民办教育理论研究中的基础性、关键性和前沿性问题，以及民办教育办学实践中面临的重点和难点问题，进而更好地把握中国民办教育办学规律，深化综合改革，推进民办教育持续健康发展等都具有十分重大的理论和现实意义。

第一节　民办教育研究 40 年概况

文献是相关研究领域研究成果展示和交流的平台，同专著和研究报告等学术文献相比，期刊等电子文献对学术领域重点与热点的把握更加连续、敏锐和直接。① 在中国知网以"民办教育"为主题进行检索，通过计量分析 1978—2017 年发表的"民办教育"研究相关文献，可以勾勒出改革开放以来中国民办教育研究概况。

一、文献总体数量

民办教育研究文献量呈增长趋势，社会影响力不断增强。通过对改革开放以来中国民办教育研究文献量的统计分析发现（见图 9-1），民办教育研究相关文献整体呈增长趋势，依据增长曲线的波动情况，可将改革开放以来的中国民办教育研究分为 5 个阶段：1978—1991 年是恢复起步期，每年相关文献量都在 10 篇以内；1992—2001 年是初步探索阶段，文献量在缓慢增长；2002—2010 年

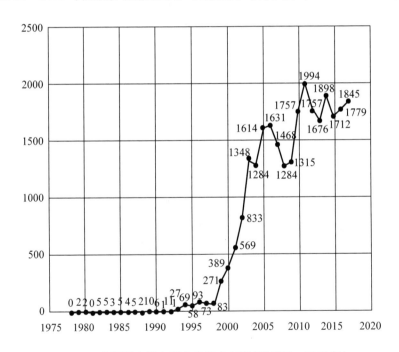

图 9-1　中国民办教育研究发表文献数量（1978—2017 年）

<hr />

① 胡万山、李庆丰：《中国高等教育评估研究的进展与趋势——基于 1985—2014 年重要文献的可视化分析》，载《高教发展与评估》，2016，32(6)：1—15。

是快速发展期，文献量在波动中快速增长；2011—2015 年是深化发展阶段，文献量在波动中呈现相对稳定的状态；2016 年至今是创新发展阶段，文献量又开始呈现增长趋势。这反映了民办教育问题不断引起研究者的关注，研究者群体规模不断扩大，民办教育研究已成为教育研究的一个重要领域。

二、主要作者群体

民办教育研究高产作者群体规模较大、身份类型多样。根据对改革开放以来我国民办教育研究前 30 名高产作者信息的统计发现，经过 40 年的发展，我国民办教育研究产生了众多高产作者，这些高产作者是中国民办教育研究的中坚力量。依据高产作者所在单位情况分析作者身份，发现高产作者身份类型多样，包括民办学校领导和研究者、政府领导和民办教育管理机构人员、公立高校的民办教育研究者、国家与社会科研机构的领导和研究者等，这说明中国民办教育问题已经引起了包括民办学校、政府机构、高校和科研机构等在内多方主体的关注，且各个角度和层面的研究都得到了深化。

三、主要依托单位

民办教育研究主要依托单位是以重点师范大学为首的教育学科实力较强的公办高校和部分民办高校。通过对中国民办教育研究前 30 位主要依托单位的分析发现（见图 9-2），改革开放以来中国民办教育研究的主要依托单位为教育学科排名靠前的公办高校和部分民办高校，其中公办高校 21 所，民办高校 9 所，如公办高校中的华东师范大学、厦门大学、北京师范大学，以及民办高校中的浙江树人大学和黄河科技学院发表相关文献的数量较多，每所高校发表的相关文献都在 190 篇以上。这两类主体都在民办教育研究中发挥了不可替代的作用，共同推动着中国民办教育理论研究和实践探索的深入发展。

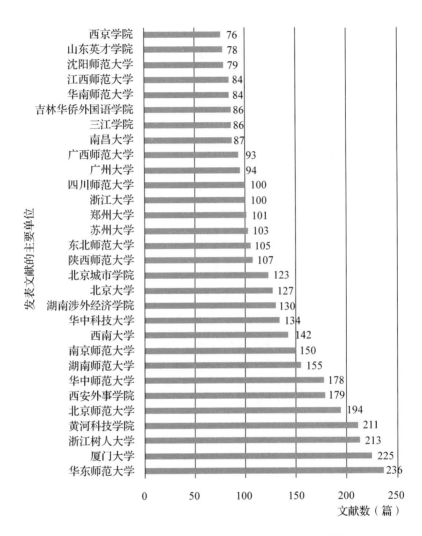

图 9-2　中国民办教育研究发表文献的主要依托单位

四、主要基金项目

民办教育研究依托的基金项目类型、层次多样。立项的基金项目层次和数量反映了一个领域的研究水平和国家对该领域的重视程度。通过对中国民办教育研究重要依托基金项目前 20 名的统计分析可知（见图 9-3），改革开放以来中国民办教育研究获得了重要基金项目的支持，在类型上涉及了教育科学规划课题、社会科学基金、自然科学基金和福特基金等基金项目类型，在层次上既有中央层面的全国教育科学规划课题、国家社科基金、国家自然科学基金等重大项目，也有地方层面的社会科学基金等项目，更有国际基金组织项目的支持，依托基金项目的类型和层次十分多样。这一方面反映了中国民办教育研究拥有较高的水平，另一方面说明了国家对民办教育发展的高度重视。

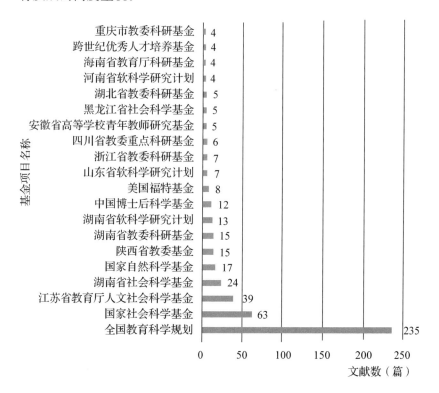

图 9-3 中国民办教育研究重要依托的基金项目

五、主要文献载体

民办教育研究文献发表的主要载体为教育类的报纸，以及部分教育类期刊和民办高校学报。通过对民办教育研究文献前 20 个主要载体的统计分析可知（见图 9-4），改革开放以来，中国民办教育研究文献的主要载体可分为以下三类：一是报纸，如《中国教育报》《人民政协报》《中国教师报》《光明日报》等；二是教育类期刊，如《教育发展研究》《教育与职业》《民办教育研究》等；三是民办高校学报，如《浙江树人大学学报（人文社会科学版）》和《黄河科技大学学报》等。特别是《中国教育报》《人民政协报》载文量达到 1577 篇，为中国民办教育发展营造了良好的舆论氛围；《教育发展研究》《教育与职业》《民办教育研究》《浙江树人大学学报（人文社会科学版）》的载文量都在400 篇以上，对民办教育研究的繁荣发展做出了巨大贡献。

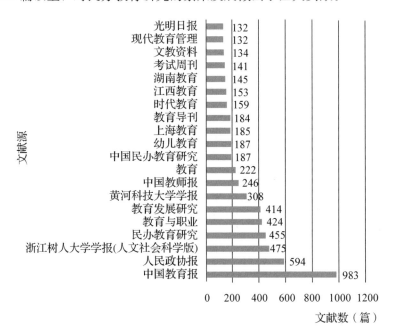

图 9-4 中国民办教育研究的主要发文载体(前 20 名)

六、涉及学科领域

对民办教育研究涉及的前 20 个主要学科领域分析发现（见图 9-5），改革开放以来，中国民办教育研究涉及的学科领域比较广泛，在以教育学科为主的同时还涉及政治、经济、法律、文学等学科。民办教育研究在教育学科之内涉及的领域也较为广泛，包括教育理论与教育管理、高等教育、学前教育、职业教育、中等教育、成人教育与特殊教育、中等教育等领域，涉及这些领域的文献占有较大比例，涉及其他学科领域的文献量则相对较少，这在一定程度上反映了从多学科的角度分析民办教育问题还有待加强。

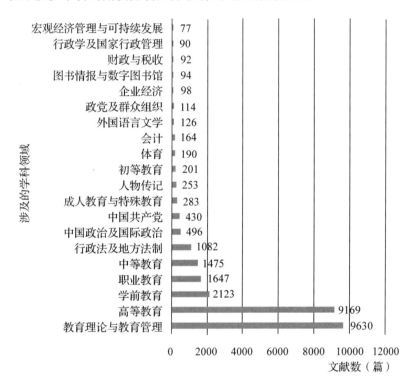

图 9-5　中国民办教育研究涉及的主要学科领域

第二节　民办教育研究 40 年：阶段与特征

教育研究总是与教育政策和教育实践有着千丝万缕的联系，改革开放以来我国民办教育理论研究史也是一部民办教育的政策史和实践史。根据 40 年来中国民办教育办学实践和相关政策指向，结合相关文献数量的变化情况，可将改革开放 40 年来的民办教育研究分为恢复起步期(1978—1992 年)、快速发展期(1993—2002 年)、规范发展期(2003—2016 年)和内涵式发展期(2017 年至今)4 个阶段。随着民办教育实践重点和难点以及民办教育政策指向的变化，各阶段民办教育研究的侧重点也有所不同，呈现出了不同的阶段性特征。

一、恢复起步期

1978—1992 年是民办教育恢复发展的初期阶段，这一时期国家相关政策以"默许"为导向，民办教育研究也处于初步酝酿和起步阶段。1978 年，党的十一届三中全会的胜利召开拉开了改革开放的帷幕，打破了国有经济的垄断地位，促使市场经济逐渐萌芽和发展壮大，激发了经济社会发展的活力。在这种背景下，使不满于现实生活状况、有志于通过教育来改变人生的人士看到了发展的可能，也使社会各界产生了学校办学主体可以变化的思想，以社会知名人士和知识分子等为主体的社会力量跃跃欲试，民办学校逐渐开始恢复发展。这一时期，在民办学校产生初期，国家并没有迅速制定相关政策，只是采取了"静观其变"的"默许"和"观望"态度，直到《宪法》从宪法的高度明确了民办教育的合法地位，并在《中共中央关于教育体制改革的决定》中把民办教育作为我国教育事业的重要组成部分提了出来，随后的几年内又出台了一些专门针对民办教育发展的政策文件，开始在承认民办教育的基础上，将其纳入整个国民教育体系。① 这一时期的民办教育研究相对较少，还处于酝酿和起步阶段，相关研究关注的核心是民办教育的"价值"问题，关注的主题主要有对民办教育重要性的探讨，以及对全国优秀民办学校案例及部分民

---

① 杨全印：《关于我国 20 年民办教育政策的思考》，载《黑龙江高教研究》，2002(2)：18—21。

办学校优秀教师的宣传，显现出了社会对民办教育的极大热情。

二、快速发展期

1993—2002 年是民办教育的拓展发展阶段，民办教育研究处于初步探索状态，国家政策以"鼓励"为导向。1993 年，中国社会改革的进程在邓小平发表南方谈话之后明显加快，随着党的十四大报告明确提出"鼓励多渠道、多形式社会集资办学和民间办学"，教育领域迅速做出反应。在中央层面，《中国教育改革和发展纲要》和《教育法》使民办教育在国家层面得到认可，并对民办教育发展提出了鼓励、引导和支持的基本方针；在地方层面，各地政府也根据具体情况制定地方法规和条例，鼓励发展民办教育。在这种背景下，中国民办教育进入拓展发展阶段：一是原有民办学校的规模不断扩大、层次不断提高；二是民办学校数量不断增多，在整个教育系统中所占的比例不断扩大；三是民办学校的类型不断多样化发展，实行学历教育的民办学校数量不断增多，学历教育各层次中都出现了相应的民办学校，非学历民办学校的类型也不断丰富。这一时期的民办教育研究逐年增多，对民办教育相关的众多问题都进行了初步探索，研究关注的核心是民办教育"生存"问题，关注的主题主要有：第一，对民办教育发展本身的反思，包括民办教育何去何从、适度发展、规范发展，以及发展中要注意的问题等；第二，对民办教育生存环境的思考，如民办教育立法问题、民办教育的优势和劣势等；第三，对民办教育已有办学经验的总结，包括对民办教育办学经验的反思，对各地民办教育优秀模式的概括与推广，以及对民办教育管理、筹资、教学等方面经验的总结。

三、规范发展期

2003—2016 年是民办教育的规范发展期，国家政策以"促进"和"规范"为导向，民办教育研究也处于规范发展的阶段。《民办教育促进法》奠定了国家对民办教育"促进"和"规范"的政策基调，并在后续

颁布了《民办教育收费管理暂行办法》等系列专门规范民办教育发展
的相关政策文件，有效地促进了民办教育事业的健康发展。① 这一
时期中国的民办教育进入规范发展期，各级各类民办教育规模不断
扩大，民办学校在发展中的滚动积累持续增长，办学实力不断增强，
中国民办教育事业繁荣发展。民办教育研究在这一时期也处于规范
发展期，不仅相关研究论文的数量急剧增长，而且还出现了大批专
著，民办教育研究的科学性、专业性和系统性显著提升。相关研究
主要围绕民办教育在扩大规模过程中的问题展开，关注的主题包括：
一是对民办教育发展环境的研究，如民办教育面临的机遇和挑战，
以及立法等问题；二是对民办教育发展战略的思考，如民办教育的
发展动力、发展规模、规范发展、转型发展、可持续发展等问题；
三是对民办教育办学问题的探索，如民办教育的税收优惠、办学模
式、合理回报和风险防控等问题；四是对民办教育研究和实践的总
结，如对民办教育研究的反思，以及对中国民办教育发展和国外私
立教育经验的研究等。

《国家中长期教育改革和发展规划纲要（2010—2020 年）》对民办
教育制定了"大力支持""依法管理"的方针，并提出了"分类管理"的
要求，促使民办教育政策进入了修订和完善时期，支持和规范成为
政策调整的基本方向。随后几年国家出台的《教育法律一揽子修订草
案（征求意见稿）》《中共中央关于全面深化改革若干重大问题的决定》
等政策文件，都对支持和规范民办教育发展作出了相应的规定和要
求。② 国家对民办教育政策的不断调整，促使民办教育发展进入全
面提升质量的关键期和分类管理的探索期。这一时期中国的民办教
育规模持续扩大，办学层次和水平都取得了突破性进展，涌现出一

---

① 张胜军、张乐天：《1978 年以来我国民办高等教育政策建设的历史、成就与问
题》，载《黑龙江高教研究》，2007(12)：35—38。
② 《民办教育酝酿"分类管理"新体制》，载《新京报》，2015-03-09。

批高水平的民办学校，民办高校首次获得了研究生教育资格。我国民办教育研究在这一时期处于规范发展期，相关研究紧紧围绕民办教育在"提高质量"过程中的问题展开，关注的问题有两个方面：一方面是对提高民办教育质量问题的研究，如民办教育特色发展和可持续发展，以及民办学校建设、教育教学质量、教师和学生发展等研究主题；另一方面是对支持和规范民办教育发展政策的相关研究，如民办教育产权、政府资助、风险防控、分类管理和法律修订等主题。

四、内涵式发展期

2017 年至今是民办教育的内涵式发展期，国家政策将对民办教育的"支持"和"规范"同时落到了实处，民办教育研究也进入了内涵式发展时期。进入 2017 年以来，国家积极回应社会对民办教育发展的热切期盼，对支持和规范社会力量兴办教育作出了重要部署，先后颁布了新《民办教育促进法》《促进民办教育健康发展的若干意见》(2016 年)等一系列法律政策文件，将"支持"和"规范"民办教育发展全面落到了实处。国家对相关政策的重大调整和支持，促使民办教育发展进入了内涵式发展时期，当前中国民办教育正于保证数量和提高质量的基础上，走内涵式发展之路，致力于探索和促进民办教育走特色发展之路，形成中国特色的民办教育体系。顺应民办教育实践和国家政策指向，民办教育研究也步入了内涵式发展的阶段，并在理论研究中持续推进。相关研究以民办教育"创新"发展这一核心问题展开，关注的研究问题主要有新法颁布后的民办教育改革问题，如《民办教育促进法》修订后民办教育的改革重点、民办教育分类管理的理论与实践等主题；民办教育内涵式发展问题，如民办教育创新发展、特色发展，以及民办教育的支持和规范、高水平民办学校建设问题等主题；民办学校办学问题，如民办学校举办者权益、公共财政资助、教师和学生发展等主题。

第三节　民办教育研究 40 年：主题与观点

我国民办教育研究始终与民办教育实践和政策同向同行。改革开放 40 年来，当代民办教育研究从无到有、从部分到系统、从对实践问题的关注到对国家重大战略的关切、从紧跟民办教育实践和政策动向到引领民办教育改革发展，表现出了持续深入发展的强大生命力，为中国民办教育持续健康发展注入了强大动力。通过对民办教育研究文献前 50 个高频关键词的统计分析可知（见表 9-1），改革开放以来，民办教育研究涉及的范围较广、系统性较强，研究对象涉及民办教育整体、民办高等教育、民办高职、独立学院、民办中小学和民办幼儿园等各个方面，研究内容可分为以下 6 个方面。

表 9-1　中国民办教育研究高频关键词信息

关键词	频次	关键词	频次
民办高校	4253	产权	111
民办高等教育	1175	政策	110
民办教育	1158	政府	109
对策	751	教育公平	107
民办学校	533	研究	100
发展	436	非营利性	94
问题	432	公益性	92
高等教育	377	启示	89
现状	319	教师队伍	89
思想政治教育	306	改革	89
民办高职院校	288	营利性	89
民办	267	创业教育	87
独立学院	262	思考	85

续表

关键词	频次	关键词	频次
民办幼儿园	235	义务教育	85
可持续发展	222	建议	84
大学生	199	民办中小学	82
学前教育	167	困境	81
民办院校	165	发展战略	75
教师	156	建设	74
分类管理	151	合理回报	73
教育	143	核心竞争力	71
创新	135	辅导员	69
民办高职	128	定位	69
管理	119	民办中学	68
策略	112	人才培养	67

一、民办教育的内涵、地位及属性

民办教育基本问题涉及民办教育的内涵、由来、意义和属性等，相关关键词有"民办教育""民办高校""民办高等教育""公益性""非营利性"和"营利性"等。自民办教育恢复发展以来，研究者从未停止对该领域问题的研究。对这些问题的探索，有利于明确民办教育的性质和地位，对民办教育的长远发展具有重要意义。

（一）民办教育的内涵

民办教育一般被界定为"国家机构之外的社会组织或个人，通过利用非国家财政性经费，面向社会举办学校及其他培训机构的教育活动"。正确理解民办教育的概念要把握民办教育办学主体是非国家机构，办学经费为非国家财政性经费，办学类型为培训机构和学校，办学方向具有社会性等关键特征。①

（二）民办教育的重要性

当前民办教育的价值已经得到了广泛认可。研究认为民办教育扩大了教育资源，促进了教育公平，保障了适龄儿童的受教育权利；优化了教育结构，丰富了教育门类，满足了人民群众个性化和多样化的教育需求；推动了教育管理体制改革，加快政府职能转变和现代大学制度建设；激发了教育活力，促进了教育质量和办学效益的提升。

（三）民办教育的属性

在民办教育分类管理之前，对民办教育性质的讨论形成了"营利性"和"非营利性"两个阵营，多番讨论之后，有研究提出民办学校的营利和非营利并非全然对立，教育的公益性和投资的营利性可以相互统一②，民办教育可兼具营利和非营利性质。在对民办教育实施分类管理以来，研究者较少讨论民办教育到底是否应有营利性质的问题，而是更加关注民办学校在选择营利或非营利之后的发展问题。

二、民办教育制度

良好的制度环境是民办教育健康发展的保障，随着民办教育办学实践的推进，理论界也非常关注民办教育制度问题，具体包括法人制度、产权制度、财务制度和税收制度等方面。涉及的关键词有"产权""营利性""非营利性""合理回报"和"公益性"等。

（一）法人制度

法人制度是国家规范市场主体的重要的法律制度。对法人分类

---

① 邱鸿勋、张定：《民办教育的概念性质与功能》，载《国家教育行政学院学报》，2000(1)：67—69。

② 潘懋元、邬大光、别敦荣：《我国民办高等教育发展的第三条道路》，载《高等教育研究》，2012(4)：1—8。

制度的研究认为，我国对非营利性民办学校法人的民办非企业单位法人定位存在缺陷，应探索非营利性民办学校登记为事业单位性质的法人制度，给予公办和民办非营利学校同等法律地位。① 在法人筹资制度方面，认为民办学校筹资渠道狭窄、规范筹资行为的政策欠缺，应借助债券融资和股权融资等模式拓展筹资渠道②，国家应建立有效的政策和法律体系，以规范和帮助民办学校获得更多办学资源③。在法人治理制度方面，认为建立完善的法人治理结构，在外部制度上要实现民办学校法人财产权的独立，在内部权力配置上要建立二元管理体制、实现决策和管理的分离，完善学校的决策和监督机制。④

（二）产权制度

产权制度是对产权界定、运营和保护等的体制安排和法律规定。对民办学校产权归属的研究，形成了产权归国家所有、归投入主体所有、政府直接投入之外的投入和收益私有，以及依据财产来源和学校类型做不同制度安排这四种观点⑤，而实际上当前我国民办学校产权归法人或学校所有，学校存续期间的举办者和办学者不拥有产权，国家政策对民办学校产权关系界定不清⑥。明晰民办学校产权归属，要承认举办者投资办学逐利倾向的客观性，在借鉴国外私立学校成熟法例的基础上，建立产权清晰、责权明确、权义统一的

---

① 王文源：《中国民办教育：在理想与现实之间》，197—198 页，北京，北京出版社，2007。

② 张驰、韩强：《学校法律治理研究》，292—300 页，上海，上海交通大学出版社，2005。

③ 邵金荣：《中国民办教育立法研究》，1—23 页，北京，人民教育出版社，2001。

④ 谢锡美：《民办学校法人治理结构制度渊源探析》，载《教育发展研究》，2005（24）：41—46。

⑤ 刘建银：《民办学校产权问题研究：一个基于案例、理论和法律制度的综述》，载《教育科学》，2006，22(6)：19—24。

⑥ 肖晗：《民办学校产权制度的修改与完善》，载《职业技术教育》，2008(4)：73—77。

产权制度。① 民办学校产权结构包括举办者投入的资产、国有资产、接受社会捐赠和学校滚动发展的资产等，单一产权结构对建立现代法人治理结构不利，多元产权结构对实现教育资源配置更有利，在多元产权结构中多考虑校长及教师的人力资源价值，有利于保障学校产权制度的效率。②

（三）财务制度

财务制度是民办学校财务活动和处理财务关系的行为规范。我国民办学校财务制度存在会计主体地位不明确、人员短缺、制度缺失、核算不规范、监督弱化和收费票据管理不规范等问题。③ 完善财务制度，在国家层面上要调整不适应和歧视性的规定，对民办学校财务资产实行全面审计，将财务管理规定进一步可操作化，强化对财务政策执行的监督④，民办学校会计准则须全国统一，营利性和非营利性民办学校分别执行以《企业会计准则》和《民间非营利组织会计制度》为基础的会计制度⑤。在民办学校层面上要通过配备合格的会计人员、健全会计预决算管理制度、完善财务审核审批制度、严格资产管理制度、建立监事会财务监管制度等方式加强财务管理。⑥

（四）税收制度

对民办学校税收制度的研究，早期的研究分析了税收制度的问

① 孟繁超、胡慧萍：《论我国民办学校的产权归属及其法律规制》，载《河海大学学报(哲学社会科学版)》，2005，7(1)：16—19。
② 吴华、徐正福、徐晓东：《民办学校产权模式新视角——椒江"教育股份制"实践价值的再认识》，载《教育研究》，2004(12)：39—43。
③ 陈叶珍：《民办学校财务管理存在的问题及对策》，载《宁波工程学院学报》，2006，18(3)：39—41，53。
④ 赵雄辉：《论民办学校财务管理政策的完善》，载《当代教育论坛(综合研究)》，2010(7)：65—68。
⑤ 袁连生、王翠林：《营利与非营利民办学校财务会计问题探讨》，载《徐州工程学院学报(社会科学版)》，2014，29(5)：55—60。
⑥ 严安：《民办学校如何加强财务管理》，载《财会信报》，2006-5-15。

题，认为税收政策存在公办民办教育税收待遇差距较大、管理不公、营利和非营利性不分、对落后地区缺乏照顾等问题。[①] 随着分类管理的推进，研究者均支持对非营利性民办学校实行免税政策，也可给营利性民办学校一些税收优惠。[②] 进一步完善民办教育税收制度，应健全相关法律制度，明确各级政府的监管、扶持职责和权限，建设学校财务监管和信息公开平台，区别存量和增量资产税收方式，注意防范权力寻租空间的衍生问题等。[③]

三、民办教育发展战略

发展问题是民办教育生存和延续的根本问题，既需要扎根实践的务实探索，也需要科学深入的理论研究。理论界对包括民办教育的发展状况、发展阻碍、发展策略，以及发展的宏观保障政策等方面都进行了系统研究。涉及"对策""发展""可持续发展""策略""改革""思考""建议""创新""困境""建设""发展战略"和"定位"等关键词。

（一）民办教育发展状况

对民办教育整体发展状况的研究，典型的是北京师范大学自2012年开始发布的《中国民办教育发展报告》，该报告至今已连续发布6年，对中国民办教育自2003年以来，从国家宏观政策到中观学校治理再到微观教育教学等方面都做了系统分析。对民办高等教育的研究，通过对2003—2013年全国民办高校数据的分析，发现民办高等教育发展存在规模不断扩大，招生比例、专任教师数、教育经

---

①　杨龙军：《民办教育税收问题探讨》，载《税务与经济》，2005(2)：17—20。

②　吴华、王习：《营利性民办学校应该享受税收优惠》，载《中国教育学刊》，2017(3)：14—18。

③　周海涛、张墨涵：《完善民办学校税收分类优惠政策的思考》，载《教育与经济》，2014(5)：25—30。

费逐年增长等特征。① 对民办基础教育的研究，通过对民办基础教育发展状况的调查，发现其在用人制度、设备资金和政策扶持上较公办学校更有优势，但存在产权制度不明确和教师队伍不稳定等问题。② 对民办学前教育的研究，通过对 1997—2007 年我国民办幼儿园发展状况的研究，发现民办幼儿园数和在园人数不断增加，师资力量也在不断提升。③

（二）民办教育发展的阻碍

民办教育发展面临着社会地位不高、营利性和非营利性选择两难、师资队伍质量较差、稳定问题突出、生源质量较差等问题④，对民办教育价值认识不清、国家政策规定不明、政府的扶持力度不够、与公办教育待遇不平等，学校内部管理自主权缺乏、硬件设施不完善等问题也制约了民办学校的发展⑤。还有研究指出我国民办教育出现了体制性歧视被强化、与公办教育对立情绪增强和办学竞争力降低等制约发展的新倾向。⑥

（三）民办教育发展策略

在发展战略方向选择上，当前我国民办教育发展处于过渡阶段，国家必须承认和允许不同举办主体民办学校的存在和发展，坚持推

　　① 周海涛、刘侠：《民办高等教育发展研究报告——基于近十年全国民办高校数据统计与政策文本分析》，载《中国高等教育》，2016(2)：18—22。
　　② 李智、张陆、龚涛：《从对比中看民办基础教育的发展状况——河南省项城市民办基础教育调查报告》，载《中国统计》，2006(12)：20—22。
　　③ 王佳媛、吉军、王西明：《1997—2007 年我国民办幼儿教育发展状况研究》，载《中华女子学院学报》，2009，21(4)：85—89。
　　④ 孙承毅：《民办教育的问题与困扰及可持续发展》，载《教育探索》，2004(12)：60—61。
　　⑤ 邓志伟：《民办教育发展问题与分析》，载《北京成人教育》，1999(11)：25—26。
　　⑥ 张铁明：《关注阻碍民办教育发展的新倾向——兼谈教育利益国家化是民办教育新制度安排中最核心的理念》，载《教育发展研究》，2005(8)：13—19。

进分类管理，促进民办教育健康发展。① 在国家政策调整方向上，要准确把握民办教育的重要地位，出台切实有效支持民办教育发展的政策，加大对民办教育的监管力度，通过体制机制创新激发民办教育活力。② 民办学校要借助国家政策优势坚持正确定位、开放办学、面向市场、规范竞争和强化管理，实现特色发展和可持续发展。③

(四)民办教育发展保障政策

对民办教育发展保障政策的研究可分为三类：一是对改革开放以来政策变迁的研究。主要有两种划分方式：一种以《中国教育改革和发展纲要》和《民办教育促进法》的颁布为分割点，将民办教育政策分为允许阶段、鼓励阶段和依法办学阶段④；另一种是以《宪法》《中国教育改革和发展纲要》和《社会力量办学条例》为关键点将国家政策分为观望阶段、认可阶段、扶持为主辅以规范阶段，以及依法规范辅以扶持阶段。⑤ 二是对民办教育政策的反思。认为我国民办教育政策存在歧视现象，表现在民办学校的税收、教师待遇、学生资助等方面。⑥ 三是对国家政策制定的建议。指出民办教育政策顶层设计要科学设定发展目标，实事求是的确定发展方向，统筹协调发展

① 谈松华：《民办教育的发展模式与制度选择》，载《教育科学论坛》，2004(1)：19—24。
② 张志勇：《关于加快民办教育发展的几个问题》，载《当代教育科学》，2004(17)：16—19。
③ 徐长发：《关于目前民办教育发展策略的思考》，载《黄河科技大学学报》，2001，3(3)：21—26。
④ 朱为鸿：《论中国民办高等教育政策的演变与趋势》，载《教育发展研究》，2006，6(22)：17—22。
⑤ 周国平：《改革开放以来(1978—2006)中国民办高等教育政策法规回顾与思考》，载《民办教育研究》，2007(5)：48—54。
⑥ 胡伶：《民办教育政策歧视现象分析》，载《现代教育管理》，2013(12)：62—67。

全局，突出重点扫除发展障碍，研究路径落实顶层设计。①

四、民办教育治理

民办教育治理包括内部治理和外部治理两个方面，构建良好的内外部治理结构、建立现代化的民办教育治理体系，是民办教育研究和实践关注的重要内容。对民办教育治理问题的研究，依据主导思想和国家政策状况可分为对民办教育管理、民办教育治理和民办教育分类管理这三个问题的研究。涉及"管理""治理""政府""分类管理"等关键词。

（一）民办教育管理

对民办教育管理的研究涉及三个方面：第一，内部管理。认为民办学校内部管理在师资队伍、专业设置、科学研究、教育经费和学生管理等方面存在问题。要提高管理质量应加强师资队伍建设，建立科学的内部管理制度，加强学生管理，健全教学秩序。② 第二，外部管理。认为加强外部管理是民办教育健康发展的关键，国家在对民办教育实施外部管理中要坚持平等、自主、鼓励和引导原则，坚持以平等和自主为基调、以鼓励和引导为方向，促进民办教育的持续快速发展。③ 第三，对制定管理政策的建议。认为加快制定地方配套政策对民办教育发展具有重要意义。在制定地方政策时要着眼于国家政策未解决的核心问题，重视本地区的适用性，遵循"不抵触、有特色、可操作"的原则④，制定出既能将地方条例和国家政策

---

① 徐绪卿：《关于民办高等教育政策顶层设计的思考》，载《教育发展研究》，2013（21）：60—64。

② 张瑞：《民办高校教育管理问题归因及对策》，载《中国成人教育》，2017（17）：57—58。

③ 常思亮：《论我国民办教育管理的基本原则》，载《湖南师范大学社会科学学报》，1999（4）：125—129。

④ 陈武元：《制定地方民办教育管理条例的思考：以 S 市为例》，载《教育发展研究》，2006（24）：30—36。

紧密结合，又切合地方发展实际的民办教育管理条例。

（二）民办教育治理

民办教育治理是治理理论引入教育领域产生的一种新"管理"理念，相关研究对民办教育治理中的问题、治理策略和政府责任等都进行了深入分析。研究认为我国民办教育治理存在教育行政部门监管力度不够、监管单位缺乏协同、民办教育评估组织发育迟缓、缺乏有效的国家教育质量标准、相关法律不完善等问题。[①] 建立良好的治理机制，要加快国家制度顶层设计，尊重高校各利益主体的权益，落实国家各项优惠政策，解决好民办学校的办学自主权，健全内部法人治理结构。[②] 政府在民办教育治理中扮演着宏观协调者和监督者的角色，责任在于构建民办教育多元治理模式，促进形成政府、民办学校、市场和社会等主体的平等对话、相互协调和上下互动的伙伴关系，维护民办教育公益导向及其公平的发展环境。[③]

（三）民办教育分类管理

随着分类管理的推进，相关研究对民办教育分类管理的内涵、缘由，面临的风险和推进策略等问题都进行了深入探讨。分类管理就是把民办教育分为营利和非营利性两类进行管理。非营利性民办学校举办者不得取得办学收益，办学结余应全部用于办学；营利性民办学校举办者可以取得收益，办学结余依照有关法律法规进行分配。民办教育分类管理是出于国际惯例的考虑，也利于差别化扶持和国家法制的统一。[④] 实施分类管理可能面临政策认识不到位、产

---

① 李清刚：《民办教育公共治理的缺失与重建》，载《教育理论与实践》，2015(11)：16－18。

② 徐绪卿：《治理背景下我国民办高等教育管理的转型》，载《中国高教研究》，2014(8)：17－20。

③ 郑扬波：《试论当下我国民办高等教育发展过程中的政府责任——基于治理的视角》，载《继续教育研究》，2010(11)：72－74。

④ 吴华：《重新审视民办学校分类管理的理由》，载《教育经济评论》，2016(2)：3－7。

生"政策性恐慌"的风险①，也可能使民办学校面临财务管理风险、生源质量风险、教学质量风险、就业压力风险、社会舆论风险等各类风险②。推进分类管理，国家在分类管理风险防控中要不断完善政策法规、将地方配套政策和中央法规紧密结合，建立完善的民办学校办学风险的防范、预警、监督和处理机制。③

五、民办学校教师

教师是学校教育教学的主体，教师队伍状况对民办学校发展具有重要意义。改革开放以来，相关研究从对学校层面教师队伍建设和权益保障等问题的关注，到教师个人层面的发展问题等都进行了深入思考。涉及"教师""教师队伍""辅导员""建设"等关键词。

（一）教师队伍建设

民办学校教师队伍建设存在整体素质偏低、师资结构不合理、教师队伍不稳定、合理流动机制不健全和忽视教师培养等问题④，教师社会地位不高、待遇保障不足、职称评聘不畅、参与管理不够等问题也影响着师资队伍建设⑤。加强教师队伍建设，要优化发展环境，建立健全民办学校教师人事代理制度、财政支持制度、社会保障制度，以及合理的流动和职称评审机制，也要落实主体责任，通过坚持教师聘任标准、提高薪酬体系、搭建教师事业发展的平台，

---

① 胡卫、董圣足：《立足国情 正视问题 积极稳妥推进民办学校分类管理试点》，载《教育发展研究》，2011(15)：3。

② 黎利云、杜继军：《民办高校教育风险调查与分析》，载《当代教育论坛(管理研究)》，2010(20)：123—125。

③ 方建锋：《完善相关政策法规 促进民办教育发展——全国人大科教文卫委员会考察上海〈民办教育促进法〉实施情况座谈会综述》，载《教育发展研究》，2006(18)：82—85。

④ 李国军、李雪平、张丽萍：《新时期民办学校教师队伍建设存在的问题与对策分析》，载《内蒙古师范大学学报(教育科学版)》，2009，22(8)：153—156。

⑤ 周海涛、景安磊：《民办学校教师队伍建设面临的问题及其成因》，载《当代教师教育》，2015(3)：7—11。

不断完善学校内部管理体制。[1] 在保持教师队伍稳定上，要全面落实国家政策、提高民办学校教师的社会地位，做好教师思想教育、增强教师归属感、提高专职教师比例、减轻教师工作压力，完善教师管理制度、切实保障教师的合法权益。[2]

（二）教师权益保障

民办学校教师人事代理制度未真正建立起来，教师常规管理落实不到位，教师的政治、生活权利还未得到有效保障。[3] 维护民办学校教师权益，需建立多方联动机制。政府要转变观念，充分发挥宏观调控职能，加强宏观制度建设、推进地方配套政策建设，积极推进和监督民办学校落实教师权益保障政策，理清教师权益实现的基本思路，明晰实现途径措施[4]；民办学校要构建完善的教师权益保障机制、统一的社会保障制度、良好的教师发展机制、畅通的学校事务参与机制和有序的教师流动机制，自觉履行法人义务，规范办学行为，保障教师权益不受侵害[5]；民办学校教师要转变观念，增强自我保护意识，努力争取合法权益[6]。

（三）教师发展问题

民办学校教师发展在教师培训方面存在培训内容不合理、水平

---

　　① 段海军、霍涌泉：《新时期民办学校教师队伍建设的问题及对策——以陕西省为例》，载《河北师范大学学报（教育科学版）》，2010，12(2)：5—8。
　　② 李清刚、李柏宁：《民办学校教师流动问题探讨》，载《教育理论与实践》，2013(11)：16—18。
　　③ 吴恕成：《如何确保民办学校教师的同等法律地位和权利》，载《人民教育》，2003(17)：23—24。
　　④ 景安磊：《民办高校教师权益实现的问题、思路和措施》，载《国家教育行政学院学报》，2014(12)：63—67。
　　⑤ 尹晓敏、陈新民：《构建民办学校教师合法权益的保障机制》，载《辽宁教育研究》，2006(7)：77—80。
　　⑥ 周昆：《民办学校教师的权益如何保障》，载《内蒙古师范大学学报（教育科学版）》，2006，19(8)：59—61。

较低、方法不当、效果较差等问题①；在心理上，存在利益心态、归属心态、忧患心态、打工心态和揣摩心态等心理障碍②，教师多缺乏安全感、归属感、满足感，容易引起职业倦怠、自我同一性冲突、成就感缺失、产生高度焦虑③；在生存状态上存在教师队伍不稳定、成就感不高、焦虑感强烈、生活条件较差等问题④。促进教师发展、改善民办学校教师生存状况，在教师培训方面，要强化实用知识技能培训，关注教师职业生涯设计，帮助教师缓解压力，允许和鼓励教师合理流动⑤；消除教师心理障碍，民办学校要努力做到事业留人、待遇留人、情感留人、环境留人和管理留人，要改善待遇、尊重教师，培养爱岗敬业精神，提供丰富的发展机会⑥；改善教师生存条件，国家要加强立法和对民办教育的监督力度，帮助改善教师生存条件，稳定教师队伍，解决后顾之忧，教师也要树立法制观念，依法保护自身的合法权益⑦。

六、民办学校学生

学生是学校教育教学的中心，是民办学校生存和发展的关键。高度关注学生学习发展状况是民办学校办学的核心优势，相关研究对民办学校学生管理问题、学生权益和学习问题等进行了系统探讨。

---

① 张彤、李云娥：《民办学校教师培训与发展的调查分析——以温州市为例》，载《教育发展研究》，2007，29(66)：42—45。

② 钟乐平：《浅议民办学校教师的心理障碍及对策》，载《教学与管理》，2001(7)：43—45。

③ 魏青：《民办学校教师的心理健康问题透视》，载《中国成人教育》，2006(11)：28—29。

④ 于光君：《民办学校教师生存状况调查与思考——基于一所民办学校的个案调查》，载《天津市教科院学报》，2006(6)：14—17。

⑤ 张彤、李云娥：《民办学校教师培训与发展的调查分析——以温州市为例》，载《教育发展研究》，2007，29(6b)：42—45。

⑥ 杨敏：《民办学校教师主观幸福感的实证研究——以湖南省为例》，载《湖南科技大学学报(社会科学版)》，2013，16(3)：177—181。

⑦ 于光君：《民办学校教师生存状况调查与思考——基于一所民办学校的个案调查》，载《天津市教科院学报》，2006(6)：14—17。

涉及"大学生""发展""管理""创业教育""人才培养"等关键词。

（一）学生管理问题

民办学校学生管理面临着学生群体日趋复杂化、思想政治教育不到位等多重挑战。学生思想既存在理想信念模糊、学习兴趣与动力不足、目标不明、法制观念淡薄等问题[①]；也存在轻思想修养、重智育发展，轻集体荣誉、重个人好恶，轻理想信念、重现实利益，轻为人奉献、重回报索取，轻艰苦奋斗、重安逸享乐，以及生活和学习都面临较大压力等问题[②]。民办学校思想政治教育存在认识误区、工作失范、缺乏配套硬件设施等问题，使学生思想问题更加突出。[③] 改善民办学校学生管理和思想教育问题，在学生管理方面，要明确培养目标，树立全新的学生教育管理理念，完善相关制度，加强思想政治教育师资建设，创新学生教育管理工作方法和手段。[④]在思想政治教育上，要全面系统地开展思想品德教育，将思想教育贯串于学生学习全过程，在充分发挥学生自我教育作用的基础上，形成全员育人的教育合力，尽可能地促使形式多样化，增强思想教育的吸引力。[⑤]

（二）学生权益问题

民办学校学生权益，在奖助优待方面存在实施规则性不强，资

[①]　杨海涛：《关于民办高校学生思想政治教育的思考》，载《学校党建与思想教育月刊》，2008(11)：65—66。

[②]　贾咏梅：《民办高校学生思想政治教育现状调查与思考》，载《思想教育研究》，2007(9)：43—45。

[③]　郑杰、张雁：《民办高校学生思想政治教育探究》，载《浙江树人大学学报》，2004，4(1)：19—23。

[④]　林峰：《民办高校学生教育与管理现状及对策研究》，载《教育与职业》，2005(2)：79—80。

[⑤]　陈庆省：《民办高校学生品德培养教育探索与实践》，载《思想教育研究》，2008(12)：58—60。

助精准性和有效性较差的问题①；在学生学习和发展方面，存在学习较被动、容易被异化，学习的功利性强、学习态度消极被动、学习方法单一落后，学习缺乏内在动力、学习层次水平较低，自主学习能力亟待提高等问题②；在参与管理权益方面，存在对参与管理不自信，参与主体多为学生干部、普通学生呼声容易被忽略等问题③。有效保障民办学校学生权益，国家和地方应加快相关配套法律政策体系建设，构建民办学校学生权益保障机制，加强对民办学校办学的规范和监管，民办学校要切实履行法定职责，构建学校内部的学生权益保障体系，民办学校学生自身要增强维权意识，依法维护合法权益。④

(三)学生学习问题

民办学校学生学习策略水平较低，其中认知策略水平最低，县市学生和东部地区学生的学习策略水平有较大提升空间，独生子女学习策略水平较低⑤；学生学习倦怠水平较高，大二学生倦怠水平最高，男生学习倦怠水平高于女生，专科生高于本科生⑥；部分学生学习比较被动、缺乏内在动力，学习能力仍停留在较低层次⑦。解决学生学习问题，民办学校要强化对学生学习策略的指导，重视

①　黄洪兰：《民办高校学生资助政策研究——基于公共财政运行规则的视角》，载《教育发展研究》，2012(11)：29—33。
②　权麟春：《民办高校学生学习能力的现状与对策》，载《教育与职业》，2013(17)：180—182。
③　潘丽娜：《民办高校参与型学生教育管理探究》，载《经济师》，2015(1)：204—205。
④　尹晓敏：《构建民办学校学生合法权益的保障机制》，载《浙江树人大学学报(人文社会科学版)》，2009，9(1)：10—14。
⑤　张墨涵、王纾然：《民办高校学生学习策略考察》，载《国家教育行政学院学报》，2016(6)：80—87。
⑥　张莉、张晋：《民办高校学生学习倦怠状况调查与对策》，载《中国教育技术装备》，2014(22)：13—15。
⑦　权麟春：《民办高校学生学习能力的现状与对策》，载《教育与职业》，2013(17)：180—182。

不同群体学习策略运用的差异，帮助提高学生学习效能和学习能力，对学生开展学习策略训练，提高学习策略使用水平[①]；要培养学生学习效能感，帮助缓解学习倦怠状况，努力创造有效的学习环境，激发学习兴趣和学习动机，引导合理规划学习时间，加强职业生涯规划教育[②]；也要培养学生的自主学习、知识理解、应用实践和创造性思维能力，提高学习能力和水平，着力促进学生的全面发展[③]。

第四节　民办教育研究 40 年：总结与展望

改革开放以来，民办教育研究在取得巨大成就的同时，也存在一些突出问题，深入分析有益经验，把握关键问题，可以准确推测民办教育研究的发展趋势，促使民办教育研究更好地反哺民办教育实践，为我国民办教育发展做出更大贡献。

一、取得的主要成就

改革开放以来，越来越多的研究者从事该领域研究，促使民办教育成为教育研究的一个专门领域，并初步建立了民办教育理论体系，在借鉴多种理论分析民办教育问题和对国外私立教育展开研究的同时，始终关注民办教育理论和实践前沿，产生了大量有价值的理论观点。

（一）民办教育已成为一个专门研究领域

民办教育研究已成为一个比较专业和系统的研究领域。在研究主体上，研究人员逐渐专业化，成立了专业的民办教育研究中心和

---

① 张墨涵、王纾然：《民办高校学生学习策略考察》，载《国家教育行政学院学报》，2016(6)：80—87。

② 张莉、张晋：《民办高校学生学习倦怠状况调查与对策》，载《中国教育技术装备》，2014(22)：13—15。

③ 权麟春：《民办高校学生学习能力的现状与对策》，载《教育与职业》，2013(17)：180—182。

行业协会，在教育学硕、博士点上增设了民办教育研究方向，着力培养民办教育研究专业的后备人才；在研究内容上逐渐走向系统化，从关注民办教育的基本问题，到关注民办教育发展的重点和关键问题，研究内容体系逐渐完善起来；在研究方法上，有思辨的逻辑推理，有量化的实证分析，还有借助其他学科理论的深入探讨，研究方法论体系逐渐成熟；在概念体系建设上，初步建立了以民办教育为中心的，包括民办教育基本理论、民办教育制度和民办教育治理等在内的概念体系。

（二）初步建立了民办教育的理论体系

随着相关研究成果数量的增多、质量的提升和内容的扩展，民办教育理论体系初步确立。在学术论文不断增多的同时，出现了一些民办教育发展报告和研究专著，民办教育研究的专业性、系统性明显增强。相关研究内容涉及民办教育的内涵、由来、意义和属性等基本问题，民办教育法人制度、产权制度、财务制度和税收制度等制度问题，民办教育发展状况、发展阻碍、发展战略、保障政策等发展问题，民办教育管理、治理和分类管理等管理问题，民办学校教师队伍建设、权益保障、专业发展，以及学生管理、权益保障和学习状况等师生问题。中国民办教育研究从对民办教育基本问题和制度的关注，到对民办教育发展和宏观管理问题的分析，再到对民办学校内部的管理、教师和学生发展等问题的探讨，初步确立了民办教育理论体系。

（三）运用多种理论分析民办教育问题

是否善于借鉴其他学科理论分析相关领域的问题，是这一研究领域成熟的重要标志。中国民办教育研究在实践中养成了这种优秀品质，善于从政策分析的视角研究国家民办教育政策，运用系统论和重点论相统一的视角分析民办教育发展战略，以经济学、财政学、政治学等理论为依据分析民办学校法人制度、财务制度和税收制度，从现代公共管理理论、治理理论和组织行为理论等角度探讨民办教育治理问题，利用现代课程论、学习共同体理论和现代教学论等研究民办学校课程建设和教学改革的相关问题，借助交换理论和资源配置理论等研究民办学校发展与社会的关系问题等。借鉴这些理论分析民办教育发展问题，反映了中国民办教育研究已初步成熟起来。

（四）注重对发达国家私立教育的研究

我国民办教育研究十分注重对发达国家私立教育理论和经验的研究。西方发达国家私立教育办学历史较长，办学经验丰富，系统化较强，私立教育理论较为成熟。我国民办教育研究始终密切关注国外私立教育的理论成果和发展动向，通过对成熟理论的引入和相关经验的研究，极大地促进了民办教育理论研究和实践探索的快速发展。从研究对象来看，主要是对一些国家私立教育的研究，主要如美国、英国、法国、俄罗斯、日本、澳大利亚、新加坡、墨西哥、巴西、韩国、泰国、马来西亚和印度等国，其中以对美国、英国和日本私立教育的研究为最。从研究的内容来看，主要是对这些国家私立教育发展状况、特点和办学经验的研究，以及对其私立教育理论的分析等。

（五）始终与我国民办教育政策和实践紧密结合

我国民办教育研究始终与民办教育政策和实践紧密结合。我国现代民办教育的恢复和发展受国家宏观政策的影响显著，民办教育研究亦是如此。改革开放以来，我国民办教育研究始终在国家政策导向下，密切关注办学实践中的重点和难点问题，紧随民办教育政策和实践，具有比较明显的阶段性特征。依据国家政策对民办教育发展的"默许""鼓励""促进和规范""支持和规范"导向，以及民办教育发展的"恢复发展""拓展发展""快速发展""转型发展"和"创新发展"的阶段性特征，中国民办教育研究呈现出了"恢复起步""初步探索""快速发展""深化发展"和"创新发展"的阶段特征。

（六）产生了大量有价值的理论观点

我国民办教育研究产生了大量切合民办教育发展实际的理论观点。在概念层面，形成了"民办教育""民办学校""私立教育"和"社会力量兴办教育"等相关概念，对民办教育内涵与外延的讨论越来越切合民办教育办学实际。在民办教育性质方面，认为民办教育应坚持公益导向，将营利和非营利性民办学校统一纳入国家教育体系，营利性民办学校应该属于企业法人，非营利性民办学校属于事业单位法人。在民办学校管理方面，建议在民办教育合理分类的基础上，实施营利性和非营利性民办学校的分类管理、分类扶持。在教师和学生的权益上，公办和民办学校的教师和学生应该享有同等法律地位与权益，国家和民办学校应加强制度建设，切实保障教师和学生的合法权益等。

二、存在的主要问题

我国民办教育研究仍有一些待提高之处。在研究对象和范围方面，对民办教育根本问题、世界欠发达国家私立教育和本土化的民办教育理论研究不足；在研究内容方面，研究的学理性较为欠缺，对一些重要问题仍没有达成共识，部分观点还有待商榷。

（一）对民办教育根本问题的研究不够

民办教育是我国教育系统的重要组成部分，既与公办教育相互重叠，又存在一些差异。在民办教育发展中，"培养什么样的人""如何培养这样的人"，以及"培养这样的人需要什么样的条件"等问题，构成民办教育发展的根本问题。当前对这些问题的研究还未完全从整个教育系统分离出来，往往从教育系统的角度分析相关问题，没有结合民办教育的特殊性做单独讨论。从理论上讲，作为教育系统的组成部分，民办教育应该与整个教育系统的教育目的一致，但对于"如何培养人"和"需要什么样的条件"等问题，则应更多结合民办学校特点进行单独分析，探索更加适合民办教育的发展道路，目前对这方面的研究还比较欠缺。

(二)对世界欠发达国家私立教育研究不足

当前，理论界对世界发达国家私立教育的发展特点、发展战略、国家政策、办学模式、管理经验和教育教学等方面都进行了较为深入的分析，但对世界欠发达国家的研究相对不足，相关研究的数量、质量和深度远远不够。从民办教育发展的现实状况来看，我国民办教育正处于"将强未强"的过渡阶段，借鉴发达国家私立教育经验和理论固然重要，但欠发达国家私立教育发展也不乏创新性的举措。我国民办教育研究也应关注这些国家的办学经验，尤其是私立教育水平与我国相当的欠发达国家，其经验对于我国民办教育改革发展也极具借鉴意义。

(三)本土化民办教育理论研究不够

我国民办教育研究对国外私立教育理论和经验的研究与借鉴居多，对本土化的民办教育理论研究不足。已有对国外私立教育理论和经验的研究，往往只依据国外私立教育理论和经验对我国民办教育发展提出一些对策建议，没有就如何将国外私立教育理论和经验本土化的问题进行深入思考。随着我国民办教育不断发展壮大，理论研究不仅要有世界眼光，更要有本土意识，只有将全球化和本土化紧密融合于民办教育发展和研究的全过程，我国民办教育才能更好地在世界私立教育中取得一席之地。

(四)研究的学理性有待提高

我国民办教育研究整体理论性稍显薄弱，学理性较为欠缺。从整体上看，理论界对民办教育的探索还停留在经验介绍、特点分析、观点阐述等较为浅薄的层面，较少做更深入地理论分析。在对国外私立教育的研究上，相关研究成果多介绍国外私立教育的特点、办学经验和理论成果，少有做更进一步的理论分析；在我国民办教育发展问题方面，相关研究较多的是对民办教育办学经验或个人经验的阐述，还处于观点介绍和简单阐述层面，甚至只是工作和实践经验的总结，没有深入的理论思考。即使是民办教育专著，也多是实践经验的总结和概括，具有一定理论深度的高水平学术专著较少。

（五）对一些重要问题没有达成共识

在分类管理方面，关于民办学校的分类标准问题，营利性民办学校的法人属性和产权归属问题，如何界定营利性民办学校的合理回报，以及营利性民办学校到底应不应该享有或应享有多少国家财政支持和税收优惠等政策优待问题都在讨论之中。在民办教育发展方面，如何调整和制定出适应我国民办教育发展实际状况的政策体系，如何定位政府在不同类型民办教育发展中的责任，民办学校要如何有效提高办学质量、办学水平，以及在发展中如何建立有效的风险防控机制等问题也都在研究之中。在民办学校治理方面，民办学校如何建立现代学校制度，对外处理好民办学校与政府、社会的关系，对内处理好校长、董事会、理事会和学校内部管理机构之间的关系也是还在探讨中的重要问题。

（六）部分观点还有待商榷

民办教育研究产生的一些理论观点有待商榷。有些研究民办教育和公立教育不分，以公立教育研究相关成果来佐证和解释民办教育现象，致使结论有待商榷；有的研究者善于借助国外私立教育理论和经验来分析中国民办教育问题，未对理论和经验本土化的问题做系统分析，其对策建议的可行性有待考证；有的研究仅以一个或几个地区的一所或几所民办学校为研究对象，在调查分析之后却得出了整个民办教育的相关结论，准确性和科学性有待推敲；甚至还有研究将民办教育狭义地理解为学历教育领域的民办学校，没有考虑到民办培训机构和短期培训班等，窄化了民办教育的实质内涵，与民办教育办学实际不符。

三、未来的研究趋势

40年来，众多专家学者对民办教育这一领域进行了艰苦卓绝的探索，使民办教育成为教育研究的一个重要领域，为中国特色社会主义民办教育事业，甚至是整个教育事业的发展做出了巨大贡献。随着中国特色社会主义进入新时代，站在新的历史起点上，我国民办教育研究将继往开来，勇敢直面和改进研究中存在的问题，继续扩大和拓展已取得的辉煌成就。

（一）重视民办教育根本问题研究

强化民办教育根本问题研究，从系统的角度分析民办教育问题，增强民办教育研究的理论深度。在研究对象上，加强对民办教育根本问题的分析，结合新的时代特征、社会形势和民办教育特点，探讨民办教育的本质属性、人才培养目标、人才培养模式、内外部治理机制和学校发展模式等根本问题，找准新时期民办教育的目标定位、生存之基和发展之道。在研究方法上，更加注重从多学科和国际比较的角度分析民办教育根本问题，把握民办教育和公办教育在根本问题上的区别与联系，增强民办教育研究的理论深度。在研究过程中，更加善于通过民办教育实践问题研究反哺民办教育根本问题，通过准确分析和把握实践问题，不断深化对民办教育根本问题的理解。

（二）关注世界欠发达国家的私立教育经验

增强对世界欠发达国家和地区私立教育发展经验的研究。鉴于我国国情、经济社会发展状况和民办教育发展实际情况，我国民办教育研究未来应更加关注以下四类国家的私立教育办学经验：一是社会主义国家和教育管理体制相似的国家；二是经济社会发展水平相当的国家；三是私立教育发展水平和阶段相当的国家；四是经济欠发达但具有典型私立学校的国家。

（三）注重发挥民办教育研究的引领作用

充分发挥民办教育研究对我国民办教育政策和实践的引领作用。在新时代，我国民办教育研究要不断提高理论影响力，以理论研究引领民办教育政策和实践。一方面，理论研究要强化服务国家重大战略的使命，为国家相关发展战略的制定和实施提供理论支撑，以理论研究增强政策的系统性和科学性，善于将理论成果转换为教育政策和改革实践，开展政策研究，参与民办教育决策，增强理论研究的咨政能力。另一方面，理论研究要在积极宣传解读政策、评估政策效果、正确引导社会舆论的同时，更加关注民办教育改革实践中的重大理论和现实问题，在理论的指导下分析实践问题，强化理论研究的实践引领作用。

（四）强化中国特色民办教育理论研究

强化本土化的民办教育理论研究，不断将中国特色社会主义民办教育理论研究和实践探索向前推进。我国民办教育研究将坚持以中国传统文化特点下的民办教育理论为对象，立足我国社会发展视角，以西方私立教育理论为参照，以现有民办教育政策和实践的实际效果为基础，以中国民办教育发展的特点、规律为核心，以建构中国特色民办教育理论体系为归宿，不断完善民办教育制度，逐步规范民办学校运行管理，持续沉淀举办者办学精神，日益形成教育公益文明氛围，推动健全我国民办教育理论基础、内容要素和框架体系。

后 记

40年弹指一挥间。回溯40年我国民办教育发展进程,首先需要认识在党和政府一贯重视、全社会关心支持的历史大背景下,民办教育改革始终与经济社会同行,形成了从学前教育到高等教育、从学历教育到非学历教育,层次类型多样且充满生机和活力的发展局面,有效增加了教育服务供给,为推动教育现代化,促进经济社会发展做出了积极贡献,已经成为社会主义教育事业的重要组成部分,显现出划时代的历史价值。

时值改革开放40周年,回顾这40年民办教育波澜壮阔的发展史,全面梳理和深入分析我国民办教育发展的发展历程和主要经验,客观认识民办教育的成就、地位及贡献,总结提炼民办教育发展的特征、模式和规律,展望民办教育的趋势和前景,是开拓新时代民办教育发展新局面的时代使命,对促进民办教育健康持续发展具有重要意义。

本书旨在分析和总结改革开放40年来我国民办教育改革发展的历程,坚持史实导向和问题导向相结合、提炼发展经验与含蕴实践地气相结合,共九章以飨同人。本书凝聚了撰写成员的集体智慧和心血,整体框架由我和参与撰写的专家多次研讨后提出。在撰写过程中,各章作者多次集中讨论、修改,具体分工如下:第一章,北京师范大学史少杰和周海涛；第二章，杭州师范大学张墨涵；第三章，无锡太湖学院阙明坤；第四章，北京信息科技大学刘永林；第五章，苏州大学王一涛；第六章，浙江越秀外国语学院施文妹和北京师范大学周海涛；第七章，北京师范大学景安磊、闫丽雯；第八章，大连民族大学张利国；第九章，北京师范大学胡万山。最后由我修改、统稿和定稿，景安磊、史少杰、朱玉成、郭二榕、李彤等人协助做了大量的联络和审稿工作。

在撰写过程中，为了能够更加全面地分析改革开放 40 年来民办教育事业的发展历程，我们参阅了大量政策文件，参考和引用了许多前辈、同行的相关研究成果，在此我们一并致以诚挚谢意！同时，感谢北京师范大学科研院社会科学处、北京师范大学出版社为本书研究、撰写、出版所给予的大力支持，感谢出版社各位编辑老师为本书出版发行所付出的无尽辛劳！

本书是我们基于已有研究和探索，对改革开放 40 年来民办教育改革发展的思考，由于识见、资力所限，本书欠妥之处定有不少，恳请同行批评指教。

周海涛

图书在版编目(CIP)数据

中国教育改革开放 40 年:民办教育卷 / 周海涛等著. —北京:
北京师范大学出版社,2019.2
（中国教育改革开放 40 年/朱旭东主编）
ISBN 978-7-303-24419-5

Ⅰ. ①中…　Ⅱ. ①周…　Ⅲ. ①教育改革－成就－中国
②民办学校－教育改革－成就－中国　Ⅳ. ①G521

中国版本图书馆 CIP 数据核字(2018)第 272664 号

营 销 中 心 电 话　010-58805072　58807651
北师大出版社高等教育与学术著作分社　http://xueda. bnup. com

ZHONGGUO JIAOYU GAIGE KAIFANG 40 NIAN:MINBAN JIAOYU JUAN
出版发行：北京师范大学出版社 www. bnup. com
　　　　　北京市海淀区新街口外大街 19 号
　　　　　邮政编码:100875
印　　刷：北京盛通印刷股份有限公司
经　　销：全国新华书店
开　　本：710 mm×1000 mm　1/16
印　　张：17.5
字　　数：210 千字
版　　次：2019 年 2 月第 1 版
印　　次：2019 年 2 月第 1 次印刷
定　　价：88.00 元

策划编辑：陈红艳　　　　　　责任编辑：齐　琳
美术编辑：王齐云　　　　　　装帧设计：王齐云
责任校对：段立超　　　　　　责任印制：马　洁